中国『就近城镇化』和『就地城镇化』模式研究

李强 等著

生活·讀書·新知 三联书店　生活書店出版有限公司

图书在版编目（CIP）数据

中国“就近城镇化”和“就地城镇化”模式研究 / 李强等著. -- 北京 : 生活书店出版有限公司, 2025.1
ISBN 978-7-80768-399-5

Ⅰ. ①中… Ⅱ. ①李… Ⅲ. ①城市化－研究－中国 Ⅳ. ①F299.21

中国国家版本馆CIP数据核字(2023)第008014号

责任编辑 欧阳帆
装帧设计 张 军
责任印制 孙 明
出版发行 生活書店出版有限公司
（北京市东城区美术馆东街22号）
邮 编 100010
经 销 新华书店
印 刷 天津睿和印艺科技有限公司
版 次 2025年1月北京第1版
2025年1月北京第1次印刷
开 本 635毫米×965毫米 1/16 印张23
字 数 300千字
印 数 0,001—3,000册
定 价 69.00元
（印装查询：010-64004884；邮购查询：010-64052612）

目 录

序　言

我对于城市化、城乡关系最初的切身理解，源于五十多年前在农村生活的体验。1968年7月我服从当时国家的上山下乡安排，到了黑龙江边境比较荒凉的农村地区。从1968年到1977年，我在那里劳动生活了整整九年。我去的那个地方，名义上叫“沈阳军区黑龙江生产建设兵团三师二十团”的一个连队，其实就是个农村的村庄。知识青年没来之前，原来的老百姓有200多户，1968年突然宣布改为“兵团建制”，其实老百姓的日常生活并没有大的改变，还是以种地为生。我在那里生活了九年，没感觉和部队、军事编制有什么关系。

黑龙江农村的冬天夜晚比较漫长，有太阳的时间十分短暂，记得下午劳动到大约3点的时候就得急急忙忙往村子里赶路，否则天很快就会黑下来，搞不好要迷路的。尤其是进了大山，迷路是很容易发生的，记得村子里一位从哈尔滨来的知青，那还是在夏天，一次他进山采木耳，结果迷路了，整夜都在森林里乱闯，直到第二天，找到了离我们的村落几十里外的另一个单位，那个单位打电话告知我们，这才知道这位老兄的去处。

黑龙江农村里，当地人称度过漫长的冬季为“猫冬”，就是大部分时间躲在屋子里把火炕烧暖，熬过冬天。村子里，夏天偶尔还有机会来个放映队放个电影，冬天里什么娱乐活动也没有。而且，农村里停电是家常便饭，为了照明，就将机油、柴油放在一个小的瓶子里，用棉花做个“灯捻”，点燃照明，豆大的灯光就成为熬过冬季的一点儿希望。整整一个冬天十分漫长，我待的那个村落常常10月就开始下大雪，要到第二年5月土地才开始解冻。我相信，没有人会喜欢这样枯燥的农村生活。

我们村子里有从北京、哈尔滨、上海、天津等大城市来的知识青年，大家当然知道什么叫城市、什么叫城市生活。所以，这就是我最初所体验的：住在农村的年轻人向往城市生活，即使不是我们知识青年，村庄里本地的年轻人同样渴望有进城的机会。所以，改革开放是巨大的社会进步，允许人民群众自由流动，允许农村的人到城市里去。从农民、农村人的角度看，所谓城市化就是农村人为追求美好生活而聚集到城市里来的过程。

本书的所谓“就近城镇化”“就地城镇化”讲的就是这件事。读者会问，为什么你前面说的是“城市化”，这里用的概念却是“城镇化”？说实在的，城市化与城镇化并没有本质区别，而且在别的国家也没有文字的区别，翻译成英文两者都叫urbanization。只有我们国家，目前定义两者是有区别的，我认为，从长远看，总有一天，中国的户籍改革会将两者归为一回事。不过，既然目前还没有统一，我就仍然使用“城镇化”概念。

关于城市化、城镇化的概念，读者们肯定都很熟悉。而本书使用的“就近城镇化”和“就地城镇化”概念，有些读者就不一定熟悉，我稍作一下解释。从人口迁移的角度看，城镇化分为近距离的城镇化和远距离的城镇化。中国在改革开放以后的很长一段时间里，长距离人口迁移的城镇化曾经占据了半数以上的比例，也就是我们看到的全国2亿多农民工不顾千辛万苦，到北京、上海、广州、深圳等大城市或其他省会城市去打工，即所谓每年春节前后的“民工潮”。那种出行高峰、超载客运、背着行李人潮涌动的画面，在全世界都极为罕见，但却是我们每一个中国人都非常熟悉的。而本书讨论的所谓“就近城镇化”则是与这种长距离人口迁移完全不同的，即农民到家乡附近的县城打工。近年来，我在调研中也常常看到这样的情况，由于这些年来公路交通的迅速发展，很多农民仍然住在属于自己的宅基地的家里，每天骑着电动车（号称“电驴子”）到附近的县域规模的城镇打工，近的来回也就是半小时，远的也不过1—2小时的路程，比大城市里的上下班还方便。当然，就近城镇化还有其他多种形态。

所谓“就地城镇化”，是指农民并没有离开本地，由于本地城镇化与产业的迅速发展以及工商业开发，农民自然而然地融入了城市生活。比较典型的如大城市周边的农村和农民，由于城市向周边蔓延而被卷入到城市中来了，政府管理部门往往规定了农民“市民化”（所谓“农转非”）的各种制度安排。当然，我在本书中特别强调，“就地城镇化”一定要尊重农民的意愿和权益，我们历来坚决反对那种不尊重农民意愿、侵害农民权益的所谓“拆村并镇”“合村并居”，反对违背农民意愿的“村民上楼”。本书从一开始就说了，城市化、城镇化是农民和广大人民群众追求美好生活的过程，对于那种违背农民意愿、违背人民意愿的城市化、城镇化，本书认为是要坚决抵制的。“就地城镇化”也有其他多种形态，本书各章节会有详述。

就近城镇化、就地城镇化与我国城市群的发展战略、大城市的发展战略并不矛盾，甚至可以说是同步进行的。上文已述，大城市向周边蔓延就是一种就地城镇化的重要模式。而我国城市群的发展，也是一种辐射状的发展趋势，带动了区域内很多中小城市、中小城镇的发展，这也正是本书所阐述的就近、就地城镇化。我们看到，无论是珠三角城市群、长三角城市群、京津冀城市群，还是成渝城市群、长江中游城市群，以及其他诸多城市群的发展，都带动了区域内甚至是区域周边城市、城镇的发展。所以，就近城镇化、就地城镇化的发展，与我国城市群的发展战略是相辅相成的。

本书的成书经历了理论研究与实证研究的较长期的积累。借此回顾一下笔者本人对于城市化、城镇化研究的学术和实践经历，大体上有这样三个阶段。

第一阶段，理论研究阶段。我1985年7月起在中国人民大学社会学研究所任教，任教初期除了做社会分层研究以外，还关注了城市化、城镇化研究，当时也正是费孝通先生主张在中国推进小城镇的时期，所以，自然就读了费先生的《小城镇 大问题》等著述。我进行比较深入的城市化文献阅读是在1990—1991年，这段时间里，我得到“中英友好奖学金”的资助，到英国英格兰西南部港湾的一座环境优美的城市布里斯托尔（Bristol），在布里斯托尔大学（University of Bristol）社会学系做访问学者。那段时间里，除了参加一些学术交流和听一些课程外，大部分时间是在该大学的图书馆里面读书。虽然在那之前我也出过国，但是，在1990—1991年这段时间里，是我第一次较长时间在国外大学学习访问。当时非常深刻的印象，就是在布里斯托尔大学获得文献数量之充足和便利是当时任何一所国内大学图书馆都无法相比的（当然，这里是指英文文献）。以往在国内图书馆，想找到某一领域的相关英文著作，十本里能够找到两三本就很不错了，而在布里斯托尔的这段时间完全没有这种苦恼，如果布里斯托尔没有，图书馆就负责从英国其他地方调来。在这段时间里，我阅读了关于城市研究（urban study，city study）、城市化（urbanization）、移民研究（migration study）等方面的大量文献。所以，1992年10月回国后，就开始致力于这个领域的实证研究。

第二阶段，实证研究阶段。记得是1993年，在郑杭生老师的协助下，中国人民大学社会调查中心成立了。此后，在1993年到1999年，我组织和运作了众多的全国规模的以及地方的社会调查，很多都是非常严格的等比例、等概率抽样（PPS）问卷入户调查。当年，在全国各大学的社会学系里，中国人民大学社会学系的社会调查是非常突出的。在这段时间里，也进行了城镇化和农民工的定性与定量的调研，发表了这方面的一些论文，承担了这方面的一些课题，后来结集这方面的一些成果出版了《农民工与中国社会分层》一书。

第三阶段，1999年秋季，我调入清华大学以后，比较多地进行了关于城市、城市化的研究，与清华大学建筑学院城市规划系的师生们也有很多合作。两次承担了城镇化方面的国家社科基金重大项目，发表了不少关于这个领域的论文，后来又先后结集出版了《城市化进程中的重大社会问题及其对策研究》（获第六届高等学校人文社会科学研究优秀成果奖二等奖）和《多元城镇化与中国发展——战略及推进模式研究》（获第七届高等学校人文社会科学研究优秀成果奖一等奖）两本著作。

这段时间里，逐渐形成了清华大学社会学城市化研究、城市社区治理研究的优秀研究团队，后来又组织了“新清河实验”研究团队。上面提到的很多学术成果，都是我所带领的团队精诚合作、集体研究的成果。

这段时间里，印象比较深刻的研究还包括我带领本课题组参加了清华大学与中国工程院合作的中国工程院重大咨询项目“中国特色新型城镇化发展战略研究”课题，该课题由徐匡迪院士和周济院士带领，我所带领的课题组负责的是“我国城镇化过程中的人口迁移研究”，研究中提出了“城镇化的核心是人的城镇化”的观点，后来我所带领的课题组出版了《城镇化进程中的人口迁移与人的城镇化研究》（见《中国特色新型城镇化发展战略研究》第四卷）。当然，这方面的其他研究项目还有很多。

本书初稿成书后，距今已经有五年多了，五年多以来，一直在进行稿件的修订。当我为本书作序的时候，凶恶的新冠疫情在全世界蔓延开来，中国人民以及全世界人民都处在抗击疫情的特殊时期。疫情对于中国乃至世界经济社会的发展造成了重大冲击，很可能带来较长时期的经济萧条。

那么，在这种局面下，疫情与中国的城镇化是什么关系呢？笔者认为，尽管有疫情的冲击，但多种类型的城市化、城镇化、就近就地城镇化依然是中国经济社会发展最为强劲的动力。中国仍然处在城市化、城镇化、产业化的高峰时期，迄今为止中国农村户籍人口仍占比较高，数亿人的城市化仍然是中国经济社会发展最为巨大的发展潜力和发展动力。上文已述，目前，我们比较重视城市群的发展竞争力，而就近城镇化、就地城镇化与城市群战略是完全一致的，会使得中国人口与城市布局更为合理。城镇化、城市化，农民工进城，极大地激发了中国人的经济活力，像中国全国各地“快递小哥”这样的拼命劳动的群体，在全世界也并不多见，9亿多勤劳刻苦的中国劳动者和全体中国人民对于美好生活的追求是我国经济社会发展的最重要源泉。

本书是课题组全体成员团结一致、全力合作、集体研究的成果，笔者所组织的确实是一批非常优秀的学者，各章执笔者名单如下（以执笔者撰写的各章先后为序）：

李强：第一章、第三章一部分、第四章一部分、第五章、第六章；

陈振华：第二章、第三章一部分、第四章一部分、第七章、第十一章；

张莹：第三章一部分、第四章一部分；

谈小燕：第八章、第二十章；

胡宝荣：第九章；

葛天任：第十章、第十四章；

赵丽鹏：第十二章；

贺旺：第十三章；

李斌：第十五章；

王迅：第十六章；

陈宇琳：第十七章；

刘强：第十八章；

江易华：第十九章。

在本书付梓之际，还要特别感谢我的夫人，张华女士，她对于我生活上无微不至的照顾，才使得我有精力从事社会学的各项研究。

在本书的最后编辑阶段，清华大学社会学系的博士后安超做了很多编辑和校对的工作，她虽然没有参加书稿的执笔，但是，她的贡献也是非常重要的。书稿成稿前期，清华大学社会科学学院县域治理研究中心的张莹博士也协助做过很多组织、编辑方面的工作。

此外，我的很多学生和同事，参加了本书的调研，虽然没有参加最后的执笔，但是也做出了很重要的贡献。对于上述各位的贡献，在此表示深深的谢意。

此外，还要感谢生活书店的曾诚、肖严、欧阳帆，他们对于本书做了非常认真的编辑、勘校工作，在此特别致以谢意。

本书也是国家社科基金重大研究专项“加快构建中国特色哲学社会科学学科体系学术体系话语体系”（项目号：18VXK005）的成果之一，对于基金的资助给予感谢。

虽然本书从初稿到成书历经数年，但是，我的感觉是，越是读书和研究，就越是感到自己的学识浅薄，知也无涯，在做学问上就越是感到诚惶诚恐。本书肯定也存在一些疏漏，所以，我也真诚地希望得到各界读者的教导。敬希读者对于本书的疏漏、不足之处给予批评指正。

李 强

2022年9月19日于清华大学熊知行楼

第一章
就近城镇化、就地城镇化与人的城镇化

一、什么是就近城镇化与就地城镇化

就近城镇化、就地城镇化是从城镇化人口迁移、人口聚集的形态或远近角度来区分或进行的城镇化模式。

仅从字面上讲，就近城镇化是指原农村人口并不是远距离迁徙，而是近距离迁移，迁入或定居到家乡附近的市镇。就近城镇化，避免了远途迁徙的各种困难和障碍，而且中国农民历来很看重乡土生活、乡土习俗，所以这是一种与中国传统文化比较吻合的城镇化模式。但是，农村附近的乡镇，往往城镇社会各要素的集约化程度不高，教育、医疗等公共服务的水平有限，工资和收入水平有限，所以，小城镇对于农民的吸引力有限。关于农民城镇化定居意愿的调查数据也表明，农民在选择定居城镇时，大部分都希望到县城和县城以上的城市定居。传统的“小城镇”模式，虽然在江浙的某些地方还是有吸引力的，但在除江浙以外的很多地区，难以成为一种“主导模式”。本书所说的“就近城镇化”不是重复“小城镇”模式，而是强调城镇化应具备一定规模的集约程度，强调以县城、县域经济、地级市为中心，也就是强调大体上是一种“中等城市”规模，人口在50万上下或50万—100万之间的城镇化，这与近来我国户籍制度改革提出的“有序放开中等城市落户限制”的思路是一致的。

“就地城镇化”则更突出了农村的就地改造，即农民并没有迁移到其他地方，而是在世世代代居住的村庄里完成了向城镇化、向现代生活方式的转型。在中国的大地上，目前比较成功地实现了就地城镇化的案例比比皆是。之所以会如此，有三个重要原因。第一，中国的农村历来具备了较充分的工业要素，早在改革开放以前的人民公社时期，农村的“社队企业”就已经存在。改革开放以后，农村的乡镇企业更是取得了突飞猛进的发展。所以，就地城镇化得到了很强的工业产业的支撑。第二，很大一部分农民早就不是以农业为生了，而是从事非农业的多种行业，早已完成了就业方式的转变。近年来，中国大陆基础交通网络建设极为迅速，很多农民到附近城镇就业，当天就可以往返，这与城市居民上班下班的通勤方式没有本质区别。第三，近年来新农村建设、农村新型社区建设，很大程度上改变了农民的居住方式和生活方式。在众多的农村，村民从住平房变为住楼房，再加上自来水管道的建设、输电网络的建设、电话的普及、移动网络的普及、互联网的普及、一系列新型科技手段的普及，农民就地实现了向城市生活方式的转变。当然，“就地城镇化”也有多种不同类型，有在大城市周边被大城市吞并的就地城镇化，也有因土地资源等优势吸引来巨大外来投资的就地城镇化，这些在本书的案例部分都有详细介绍。

本章作为开篇，主旨是要阐述就地城镇化、就近城镇化的基本理念或核心理念。城镇化有多种形态、多种模式，但是，最为核心的理念是什么呢？近年来，在我国城镇化的讨论中，人们越来越认同一个观点，即城镇化的核心是“人的城镇化”[①]。怎样认识人的城镇化呢？一方面，“人的城镇化”的说法一时鹊起，不绝于耳；但另一方面，究竟什么是人的城镇化，理论内容并不十分清晰。口号一旦被泛化，往往容易脱离本意。因此，有必要进行详细辨析。

---

① 徐绍史主编、胡祖才副主编：《国家新型城镇化报告（2015）》，中国计划出版社，2016年，第2页。

二、就近城镇化、就地城镇化有利于实现人的城镇化

笔者认为，人的城镇化的对立面是“物的城镇化”或“土地城镇化”，即片面重视城镇化过程中的物质设施的建设，大片土地被改变为“城镇建设用地”，表面上看起来十分风光、气派，高楼大厦林林总总，人的核心位置却往往被忽视了。在我国城镇化的实践中，这种忽视人的主体地位，突出物的城镇化、土地城镇化的现象十分普遍。从实践层面看，我国“土地城镇化”的速度大大快于“人口城镇化”的速度，笔者根据《中国统计年鉴》数据计算发现[①]，2000—2009年间，我国城市建成区面积增长了69.8%，而城镇常住人口仅增长了35.5%。不少地方不尊重农民的意愿，人为造城、人为推进农民上楼，号称建设新型农村社区，实际上既伤害了城乡居民的利益，激化了社会矛盾，造成人们的抵触心理，又不符合市场规律，损害了经济，造成巨大的财政赤字等。所以，人的城镇化，是针对我国城镇化实践中出现的诸多政策偏颇、发生的一系列社会矛盾和社会问题而提出的重要原则。

就地城镇化与就近城镇化仅仅是城镇化的两种外在形式。本书之所以重视这两种形式的城镇化，是因为就地城镇化与就近城镇化可以更多地突出“人的城镇化”的核心理念。那么，究竟什么是“人的城镇化”呢?

笔者认为，人的城镇化就是“以人为本”的城镇化，就是将城乡居民的利益置于首要位置的城镇化。以人为本的城镇化的中心任务是解决我国长期以来存在的城乡分割的二元社会结构的难题，解决我国的农民和农民工问题，实现他们生产方式和生活方式的转变。一方面，农村转移人口融入城镇生产、生活体系；另一方面，农村从传统自然经济向现代产业经营生产方式转变。城镇化的主体是人，其最终目标也是为了人，最重要的目标是增进人的福祉和实现生活

① 笔者根据国家统计局《中国统计年鉴》（2001—2010）数据计算。

水平的提高。就地城镇化和就近城镇化体现了尊重农民的意愿、感情、乡土习俗的理念，因为按照中国人的传统观念，“背井离乡”往往是让人难以接受的，虽然不排除有些年轻人愿意闯荡天下，但大部分中国人依然将回归故里、“衣锦还乡”视为人生目标。

当然，“人的城镇化”也是一个比较复杂的概念，它所涵盖的内容十分广泛。笔者以为，人的城镇化最重要的是作为城镇化主体的人在自身的生产方式、生活方式、文明素质和社会权益四个方面发生重大变化，都进入现代文明体系①。

1. 生产方式的转变

人的城镇化最重要的变化就是人们的劳动方式、生产方式发生变化。城镇化意味着，人们进入现代产业就业体系中来。当然，这种转变包括农民、农民工进入城镇，农业生产转为工业、服务业等非农生产。然而，不可忽视的是，它也包括农业产业运营方式的现代化，即农民从传统小农生产方式转变为按照现代产业运营方式经营，这样传统农民就转变为现代职业分工体系中的新型农民或者农业经营者。在生产方式的转变方面，人的城镇化具有重大意义，它强调的是生产运作的体制、机制所发生的变化，即劳动者与现代产业运营方式相接轨。农民、农民工进入城镇工业及服务业就业，完成市民化是一种形式，而农民就地城镇化，学会和接受现代产业运营方式，也是城镇化的重要方式。

按照这样的理解，未来的现代化农业与工业的劳动者，都是现代生产方式的从业者。城镇化不意味着放弃农业，而是强调将农业生产方式也转变为现代产业运营方式，它更体现为城乡一体化。在现代产业体系中，工业、农业的界限已经模糊。比如食品生产，种

---

① 李强：《中国特色新型城镇化发展战略研究（第四卷）：城镇化进程中的人口迁移与人的城镇化研究　城镇化进程中的公共治理研究》，中国建筑工业出版社，2013年，第53—54页。

植是一个环节，食品加工、食品包装、食品销售也都是产业链条上的不同环节。目前，国内已经有很多这样的成功案例：农村采用了现代生产技术，建立专业的生产合作社，建立了食品技术和安全监督的环节，并出色地完成了市场推广。总之，人的城镇化在生产方式的转变上，更体现为城乡一体化，而这种城乡一体化的特征，恰恰与就地、就近城镇化的模式最为接近。

2. 生活方式的转变

人的城镇化表现在生活方式的转变上，是指农村居民进入和融入现代文明的生活方式的过程，包括获得现代化的交通条件，基础设施条件，高品质的文化娱乐、医疗卫生、体育休闲等生活服务条件。生活方式的转变可以通过农民、农民工进城转化为城镇市民来完成，但是，就地城镇化、就近城镇化也是生活方式转变的重要途径。生活方式的转变在某些城镇化建设中往往被忽视了，比如，我国城镇化、工业化的发展很典型的一种模式就是“开发区模式”。开发区吸引了大量农民、农民工就业，确实完成了他们生产方式的转变，可他们生活方式的转变则完全被忽视了。在这些开发区，政府建设了大量的宿舍区，农民工只能像“工蜂”一样工作，完全没有享受到城市生活方式带来的乐趣。繁重的劳动加上单调的宿舍区生活，甚至造成了一些年轻农民工患上精神疾病[①]。所以，人的城镇化特别强调要实现现代生活方式的转变。

在生活方式的转变中，一个重要的方面是居住方式的转变。城镇化意味着进入现代文明的居住方式中来，这并不是说“农民上楼”就是城镇化的生活方式。目前，在置换宅基地、“农民上楼”背后有着巨大的经济利益，所以，在就地和就近城镇化的过程中，尤其要警惕打着城镇化生活方式的旗号，损害农民利益的行为。要突出人

---

① 王春光：《农村流动人口的“半城市化”问题研究》，载《社会学研究》2006年第5期。

的城镇化，在住房问题上就要以人为本，住房的运作要符合当时当地的实际情况，不是以置换宅基地的利益为驱动，而是以改善农民、农民工的居住条件为目标，这才是人的城镇化的本意。

还要注意，生活方式的转变需要一个过程。虽然从生活品质上看，在衣食住行各个方面，城市的生活水平高于农村，城市的生活方式更具备现代特征。但是，生活方式是人们在长期生活中形成的，农民，尤其是年龄大一些的农民，他们生活方式的转变更需要一个过程，在这方面也要以人为本，而就地城镇化与就近城镇化模式往往有助于加快农民的适应过程。

3. 现代文明素质的形成

人的城镇化还表现为现代文明素质的形成。城镇人口聚集，大城市、特大城市更是巨型人口密集居住地。因此，城镇、城市生活，对个体提出了更高的要求。在城镇、城市尤其是大城市，如果不遵守公共秩序、公共卫生规范，人口密集的乘数效应就会造成巨大灾难。城镇、城市生活也要求每一个人具有较高的公共意识和公民素质。所以，人的城镇化也是指参与城镇化的每一个人的文明素质的形成。在文明素质上，无论是进入城镇还是留在乡村的农村居民，都应随着生产和生活方式的转变形成现代文明的行为、规范、意识和理念，特别表现为教育素质、守法素质、公共卫生素质、公共活动素质的大大提升，同时包括与现代生产方式转变相适应的知识素养、技能素质、劳动素质的提高，以及与生活方式的转变相适应的交往素质、心理素质和审美素质的提高。

城市生活需要现代文明。城市的信任不是基于熟人关系，而是基于现代分工体系、法治体系形成的社会诚信。村庄文明属于传统文明，需要与现代化接轨。由于各种历史原因，中国从传统农业文明进入现代文明的进程明显滞后了，每一个中国人都需要提高现代文明素质。当然，农民也要提高教育素质，养成现代文明习惯，比如，农村以前给大家印象最深的就是厕所不卫生，而这需要通过人的城镇化来改变。

城镇化的过程在外观上表现为高楼大厦兴起了、房屋变化了、现代化街区形成了，但是，更深刻的变化发生在人们自身、人们的行为方式上。我国一些城市街区的突出问题是“脏、乱、差”，其本质是人的现代文明素质的缺乏。近年，接连发生的食品安全事件，如“毒姜事件”等，都凸显了传统农村以熟人关系建立起的信任体系的瓦解，而现代城市信任体系又没有建立起来，可见在传统文明向现代文明转型的过程中出现了脱节和漏洞。总之，现代文明素质的形成，是人的城镇化的十分重要的内容，在就地和就近城镇化中尤其要予以重视。

4. 公平公正的社会权益

人的城镇化特别强调，在城镇化中要实现公平公正的社会权益。城乡分割的突出问题是权益上的不公平、不公正。为此，城镇化就要建立和完善一整套包括权利公平、机会公平、规则公平的制度和机制。人的城镇化的最终目标是，城乡居民拥有平等的经济权利、社会权利、政治权利和发展权利，例如土地和住房等财产权利、获得社会保障和公共服务的权利等。

在实现城乡公平的社会权益方面，目前遇到的突出难题有三个：

一是户籍制度改革问题。目前关于户籍制度改革的讨论已经很多了，但问题确实极其复杂。人人都想追求美好的生活，农民工当然也愿意在条件好的地方落户，但难题是，城市生活成本高，农民工负担不起。同时，农民工又认为农村的土地、宅基地有潜在的经济利益，不愿意放弃。调研发现，农民、农民工户籍改革的动力并不强。农民工多数希望到比较大的城市定居，小城镇对其吸引力不大，原因是大城市的资源优势明显，尤其是附着在户籍上的教育资源，而我国教育资源的分布，地区差异极大。所以，表面上是户籍问题，本质上是资源分布不均等问题，这都需要渐进式地进行改革。

二是社会保障体系问题。目前，全国参加城市保障的农民工在城镇就业农民工中的占比甚低[①]，在小规模企业、个体户那里就业的农民工基本上没有参保。此外，目前城乡保障体系不能接轨，各个省市之间保障体系也不能够完全接轨，农民工流动性大，流动后享受不到原来的保障，导致农民工参与社会保障的积极性不高，很多人不愿意进入保障体系，更愿意得到现金。

三是城镇化后的农村权益问题。农村的宅基地、承包地、林地都意味着经济利益，怎样解决城镇化、市民化后农民的利益承续、交换，以及怎样建立农村退出机制等，都是一道道难题。在权益公正方面，人的城镇化的改革任重而道远。

从以上问题来看，人的城镇化的提出，一方面，确实意义重大，另一方面，它也是一项长期而艰巨的任务，需要我们不断改革创新。而在处理和解决所面临的难题之时，就地城镇化和就近城镇化模式比远距离迁徙的城镇化更具优势。

---

① 国家人口和计划生育委员会流动人口服务管理司编：《中国流动人口发展报告2012》，中国人口出版社，2012年，第88—89页。

第二章
就近城镇化、就地城镇化：战略选择与现实意义

一、就近城镇化与就地城镇化的提出

关于中国的城镇化模式，历来有大城市论、中等城市论、小城镇论和多元模式论等不同的争论，其区分更多着眼于城市的规模。主张大城市发展论的认为大城市资源集中、效率高，而小城镇过于分散，基础设施不足，公共服务效率低；主张小城镇发展论的则认为小城镇具有拦阻和蓄积流动人口的作用，是防止人口向大城市过度集中的“蓄水池”[①]，具有连接城乡，“离土不离乡，进厂不进城”的优点，有利于实现就近、就地转移[②]；中等城市发展论则认为强调大城市和小城镇的观点各有偏颇，主张采取中庸道路。20世纪90年代中期以后，前一阶段粗放型小城镇发展的问题逐渐暴露，农村产业发展动力不足，小城镇生活条件差，公共服务落后。以发展小城镇为主的理论开始强调促进小城镇发展应适度地集中，以发展县城或县域中心城镇为主[③]。

---

① 费孝通：《小城镇　大问题（之二）——从小城镇的兴衰看商品经济的作用》，载《瞭望周刊》1984年第3期。

② 赵新平、周一星：《改革以来中国城市化道路及城市化理论研究述评》，载《中国社会科学》2002年第2期。

③ 辜胜阻、李永周：《实施千座小城市工程　启动农村市场需求》，载《中国农业银行武汉管理干部学院学报》2000年第1期。

在国家政策层面，改革开放初期到20世纪90年代，我国一直强调“严格控制大城市”的方针，一直延续到“八五”规划和“九五”规划。这一时期内，伴随着乡镇企业的快速增长，小城镇发展迅速。2000年以后，国家提出“多样性城镇化道路”的方针，不再提“控制大城市规模”，改为“完善区域性中心城市功能，发挥大城市的辐射带动作用，防止盲目扩大城市规模”。而到2006年以后开始提出“城镇群作为推进城镇化的主体形态”。在不同时期，围绕着城市规模和布局的政策也有所调整。

随着东部沿海地区的快速工业化和城镇化，学术界开始从迁徙距离的角度关注就近城镇化和就地城镇化的现象。一些学者研究发现，在中国东南沿海部分城镇化发达地区，乡村人口并未大规模向城镇迁移而实现了就近和就地城镇化[①]。弗里德曼（Friedmann）认为这种现象是中国自20世纪80年代以来最不寻常的转变之一[②]，一些学者还视其为当今城乡界限淡化条件下，人类聚落系统发生重大改变的证据之一[③]。联合国人口基金《2007世界人口状况报告》甚至专门以案例的形式报道了关于泉州市就近就地城镇化现象的初步研究。由此，部分学者提出，就近和就地城镇化是中国城镇化进程中有别于异地城镇化的一种独具特色的道路[④]。董宏林等人认为，政府要依据农民的意愿、生存发展能力和经济实力，引导他们及其供养的农村人口，就近、循序迁入县级市及县城、建制镇、乡集镇及中心村

---

① Yu Zhu, “Changing Urbanization Processes and In Situ Rural-Urban Transformation: Reflections on China’s Settlement Definitions” in *New Forms of Urbanization: Beyond the Urban-Rural Dichotomy,* edited by Tony Champion and Graeme Hugo, Aldershot: Ashgate Press, 2003.

② John Friedmann, *China’s Urban Transition*, London: University of Minnesota Press, 2005.

③ Tony Champion, Graeme Hugo, *New Forms of Urbanization: Beyond the Urban-Rural Dichotomy*, Aldershot: Ashgate Press, 2003.

④ 辜胜阻、易善策、李华：《中国特色城镇化道路研究》，载《中国人口·资源与环境》2009年第1期。

就业、定居，从而减少农村人口，让农民享受改革的成果[①]。很多学者强调发展县域经济对于农村和农民实现就近和就地城镇化的重要性[②]。更多学者是从空间与内涵的双重视角进行概念界定，认为就近、就地城镇化是指农村人口从过去向大城市、中心城市迁移，转变到向其户籍所在地的小城镇（包括中心镇、乡政府所在集镇和一般集镇）迁移，实现人口的“就近城市化”进城进镇，实现农民职业非农化、生活方式城市化和思想观念现代化[③]。也有学者将城市近郊农村城镇化定义为“就近城市化”，如谭炳才认为，“就近城市化就是以原区域内的中、小城市为核心，按一定的人口容纳规模，把城郊的农村地区纳入城市总体规划，拉大城市骨架，就地建设中心城市的过程”[④]。

在就近就地城镇化的微观机制方面，部分学者研究了东部沿海地区就地城镇化的影响因素，提出发达地区乡村的拉力（就业机会、收入水平、社会保障与乡土情结）的作用强度要远大于大中城市的拉力（就业机会、收入水平、居住环境、子女教育等）[⑤]强度。也有学者研究了近年来的资产置换和股份模式，即农民通过宅基地的置换进入重新规划的“城镇化功能型社区”集中居住，通过土地的股权置换进入新的农业工厂、工业园区、城镇化之后的服务业工作[⑥]。

总的来看，现有研究对农村人口就近就地实现城镇化的现象、

---

① 董宏林、刘刚、黄亚玲：《西部新农村建设的低成本之路：农民就近转移与住房多模式置换机制相结合》，载《宁夏农林科技》2007年第4期。

② 辜胜阻、刘传江、钟水映：《中国自下而上的城镇化发展研究》，载《中国人口科学》1998年第3期；蔡荣、虢佳花、祁春节：《县域经济与城镇化的协调发展》，载《统计与决策》2007年第9期；张建华、洪银兴：《都市圈内的城乡一体化》，载《经济学家》2007年第5期。

③ 潘海生、曹小锋：《就地城镇化：一条新型城镇化道路——浙江小城镇建设的调查》，载《政策瞭望》2010年第9期。

④ 谭炳才：《促进农村人口就地城市化》，载《广州日报》2004年6月22日。

⑤ 祁新华、朱宇、周燕萍：《乡村劳动力迁移的“双拉力”模型及其就地城镇化效应——基于中国东南沿海三个地区的实证研究》，载《地理科学》2012年第1期。

⑥ 张向东：《昆山：消逝的乡村》，载《经济观察报》2010年2月25日。

动力和问题都进行了一定的研究，但是在具体内涵和空间指向上存在着一定的差异，大多偏向于小城镇的发展和建设，当然也有不少观点同时强调了县城和县域经济。另一方面，对于就近就地城镇化的意义探索更多依据东部沿海发达地区的现实经验，缺乏中国城镇化整体战略角度的思考。在就近就地城镇化的微观机制方面的研究也以总结现有模式为主，缺乏对农民流动意愿、制度设计和政策引导方面的研究。

本书认为，就近就地城镇化的特别意义在于有利于解决中国城镇化面临的一系列问题，包括减少城镇化的制度障碍、促进城镇化的合理布局与保障中国农业及乡村的可持续发展。同时本书对就近城镇化和就地城镇化进行了区分：“就近城镇化”是指原农村人口不是远距离迁徙，而是近距离迁移到家乡附近的市镇，主要界定为以地级市和县级城镇为核心的城镇化，“就近”主要是相对于跨省和跨地级市的长距离流动而言的。从中国的地理特点来看，地级市和县级行政单位，不仅在地域文化上具有相似性，而且随着交通机动化的发展也在通勤距离范围以内，非常有利于城乡流动和一体发展。而“就地城镇化”则更突出了农村的就地改造，即农民并没有迁移到其他地方，而是在世世代代居住的乡村地区，完成向城镇化、现代化的转型。

二、就近就地城镇化与城镇化健康发展

就近就地城镇化有利于城镇化的健康发展，在中国区域发展差异巨大和制度衔接面临巨大成本的情况下，有利于降低城镇化的制度障碍和农村人口城镇化的社会成本。

1. 改革开放以来的人口异地城镇化现象

改革开放以来，我国区域发展呈现出明显的非均衡发展特征。以珠三角、长三角和京津冀为代表的东部沿海地区快速发展，出口

导向型的劳动密集型加工制造业不仅吸引了本区域的农村劳动力，还吸引了中西部的大量农村劳动力，形成了大量农村人口跨省流动的“民工潮”现象，这也成为中国城镇化的一个显著现象。

段成荣、杨舸利用历次全国人口普查数据分析了流动人口变动趋势，结果表明，东部地区所吸引的流动人口在全国流动人口中的比例大幅度上升，1987年达43.8%，1990年接近全国的一半，2000年达57.0%，2005年则进一步提高到三分之二左右（见表2–1）。

表2–1 1982—2005年三大区域流动人口比例

地区	1982年（%）	1987年（%）	1990年（%）	2000年（%）	2005年（%）
东部	38.4	43.8	49.2	57.0	64.5
中部	37.9	28.7	29.0	20.4	17.2
西部	23.7	27.5	21.8	22.6	18.3

资料来源：段成荣、杨舸：《中国流动人口状况——基于2005年全国1%人口抽样调查数据的分析》，载《南京人口管理干部学院学报》2009年第4期。

如果以省作为单位分析可以看到，2000年跨省流动人口达到了4242万人，而2010年迅速增长到8588万人，在10年里增长了一倍（见表2–2）。

表2–2 跨省流动人口规模和比例（全国流动人口跨省迁移率）

年份	跨省流动人口（万人）	全国人口（万人）	占全国人口比例（%）
2000	4242	124399	3.41
2005	4779	130628	3.66
2010	8588	133354	6.44

而国家统计局的农民工监测报告表明，2013年外出农民工约1.66亿人，其中跨省流动7739万人，而省内流动到省会城市的还有1908万人。如果将跨地级市作为“就近”和“异地”的分界线，可以看到外出农民工中“异地”流动的比例应该超过一半（见表2–3）。

表2–3 2013年按城市类型分的外出农民工人数及构成

指标	合计	直辖市	省会城市	地级市（包括副省级）	小城镇	其他
外出农民工人数（万人）	16610	1410	3657	5553	5921	69
跨省流动（万人）	7739	1115	1749	3064	1742	69
省内流动（万人）	8871	295	1908	2489	4179	0
外出农民工构成（%）	100.0	8.5	22.0	33.4	35.7	0.4
跨省流动（%）	100.0	14.4	22.6	39.6	22.5	0.9
省内流动（%）	100.0	3.3	21.5	28.1	47.1	0

2. 异地城镇化模式下农村人口城镇化的困境

由于我国各地区财政独立核算，在人口长距离流动的异地城镇化模式下，人口流动中的各种权利转换和保障衔接难度大大增加，由此导致农村进城人口基本上很难获得城镇户籍和相应的社会保障、子女教育等公共服务权利，形成所谓"半城镇化"现象。根据2010年第六次全国人口普查数据，城镇常住人口和户籍人口分别为6.66亿和3.84亿，占总人口的比重分别为49.68%和29.14%，相差20个百分点。

从地方政府的角度来看，户籍改革的问题实际上是公共服务责任与支出的问题。放开户口实际上意味着社会福利的放开，势必引致地方财政的巨大压力，地方政府户籍改革的动力因此严重不足。而一些超大城市，为了控制人口规模，更难对农民工放开户籍。

在社会保障方面，我国社会保障统筹层次低，信息化建设有待提升，目前只能以县、市和省为单位，省内统筹和全国统筹困难很大，同时养老、医疗保险等都存在着账户积累等复杂的技术问题。提升社保统筹层次，不是短时间可以实现的。迄今为止，农民工跨省保障仍有较大难度，导致农民工参保率一直比较低。国家统计局的农民工监测调查数据显示，2013年雇主或单位为农民工缴纳养老保险、工伤保险、医疗保险、失业保险和生育保险的比例甚低，分别为15.7%、28.5%、17.6%、9.1%和6.6%[①]。

从住房的角度来看，长距离流动的城镇化，一方面导致农民工在城里居住条件非常差，另一方面，农民工留在农村的宅基地和住房根本无法得到有效利用，呈现出长期空置的状态，造成社会财富的巨大浪费。截至2009年，城镇建设用地约4万平方公里，而农村集体建设用地超过16万平方公里。据统计，截至2009年，全国所有村庄中，“空心村”内老宅基地闲置面积约占10%—15%，部分地区“空心村”空置住宅超过30%[②]。农村大量集体建设用地的闲置，与城镇建设用地指标短缺形成强烈的反差。城镇化本来有利于建设用地的集约节约，但农民工“候鸟式”的流动导致“两栖现象”和“两头占地”。

3. 就近就地城镇化有利于削减农村人口城镇化的障碍

就近就地城镇化，在我国区域之间发展水平差异较大的现实下，有利于解决社会保障、公共服务等制度衔接和城乡资产权利置换等一系列问题，削减农村人口城镇化的障碍。

以社会保障衔接为例，市县内的流动更有利于社会保障的衔接，例如一些地方推出“农地换城镇户籍和社会保障”的政策，虽然存在着如何衡量农地承包权的价值、用财产权益置换社会保障是否公正等争论，但客观上确实创造了一种城乡身份转换的机制。

就近就地城镇化也有利于解决农村转移人口的住房权益问题，一方面在就近流动和就业的情况下可以利用现有的农村住宅，另一方面可以在城镇化过程中对农村的土地权益（特别是建设用地权利）和住房权益进行必要的迁移和转换，例如通过设计“宅基地换房”

---

① 国家统计局：《2013年全国农民工监测调查报告》，http://www.stats.gov.cn/tjsj/zxfb/201405/t20140512_551585.html，访问于2014年5月12日。

② 李勤、孙国玉：《农村“空心村”现象的深层次剖析》，载《中国城市经济》2009年第10期。

等进城农民有偿退出农村资产或者将其置换为城镇住房的机制，实现农民“带资进城”或者“带指标进城”，减少城镇化的障碍。2018年，国家土地管理部门制定了“城乡建设用地增减挂钩”的政策，转换建设用地权利有利于化解耕地保护与城镇发展之间的矛盾，有利于在市县域内进行整体统筹和政策实施。

三、就近就地城镇化与城镇合理布局和区域均衡发展

对于中国这样一个幅员辽阔的大国，提出重点培育地级城市和县级城镇，也有利于国土均衡和区域均衡发展。这在改革开放以来我国人口出现过度向特大城市和大城市集中的背景下，尤其具有重要的意义。

1. 我国城镇行政等级与城市规模现状

从我国城镇发展实际来看，在20世纪80年代东部沿海的小城镇经历了迅速发展以后，90年代以后大中城市开始获得了明显优势，主要原因是在我国行政体系下，更高行政层级的城市在建设用地指标、招商引资及各类政策方面都更具有优势，特别是1998年新一版《土地管理法》颁布以后，事实上地级市以上城市获得了更大的发展。从GDP统计结果来看，2001年县域经济GDP约4.86万亿元，占全国总量（10.97万亿元）的44.3%，而到2010年县域经济GDP是11.41万亿元，仅占全国总量（40.12万亿元）的28.4%，比例明显下降。另外，根据农民工监测报告数据，从2001年到2009年农民工的分布和变化来看，地级以上城市所占比重一直呈现上升趋势，2009年达到63.3%。以2011年为例，在直辖市务工的农民工占10.3%，在省会城市务工的占20.5%，在地级市务工的占33.9%，综合统计在地级以上大中城市务工的农民工达到64.7%。由此可以看出，21世纪以来人口和产业都明显向地

级以上城市集聚[①]。

从城镇布局的合理性来看，截至2010年底，全国共有县和县以上城市2322个，其中地级以上城市287个，县级市370个，县城1665个。按照我国《城市规划法》的界定，20万以下人口为小城市，20万—50万人口为中等城市，50万以上人口为大城市，100万以上人口为特大城市。但中国社会科学院编制的《中国中小城市发展报告（2010）》提出，市区常住人口50万以下的城市为小城市，50万—100万的城市为中等城市，主要依据是许多县级城市市区人口规模已经达到20万、50万的临界值。城市化经济理论认为，330万人城市规模的城市化经济最显著。王小鲁等人的研究认为，中国城市50万—400万人城市规模的全要素生产效率最高[②]。考虑到要素集聚和中国人口规模巨大的国情，如果以50万人口规模作为划分大城市和中小城市的界限，可以看到县级市和县城基本属于中小城市，相当一部分地级市也属于这一行列。

表2–4 我国城市行政等级与城市规模的关系

级别	数量	中小城市数量（50万人以下）	比例（%）
直辖市	4	0	0.0
地级市	283	129	6.0
县级市	370	364	16.9
县城	1665	1659	77.1
合计	2322	2152	100.0

资料来源：《中国城市统计年鉴2011》《中国城市建设统计年鉴2010》。

从城市人口规模分布来看，170个人口超过50万的大城市中，有62个人口超过100万，这些百万人口以上的特大城市集中了1.66

---

① 国家统计局：《2011年全国农民工监测调查报告》，http://www.stats.gov.cn/ztjc/ztfx/fxbg/201204/t20120427_16154.html，访问于2012年4月27日。

② 王小鲁、夏小林：《优化城市规模 推动经济增长》，载《经济研究》1999年第9期。

亿人。以4个直辖市、重要省会城市和副省级市为代表，特大城市的“巨型化”趋势显著。2011年底，北京市常住人口已超过2000万人。2001年到2010年，人口规模超过400万的超级大城市从2001年的8个增长到2010年的14个。另根据统计，我国20万人以下的县城多达1560个，县城以外的建制镇大约1.77万个，这两个层级分别集聚了1.26亿和1.46亿城镇人口①。由此也可以看到，在大城市和特大城市高速发展的同时，我国相当一部分地级市和县级城镇的人口规模都普遍偏小，达不到经济发展和城市发展的适宜规模。

2. 培育地级市和县级城镇的重要意义

从前述分析可以看到，近年来中国城镇化的推进，已呈现出了明显的集中效应，珠三角、长三角和京津冀三大城市群已成为中国经济发展的主要引擎和人口集聚的主要区域，而全国范围内正在规划和形成中的城市群则更多。

毋庸置疑的是，未来以大都市为核心的城市群将继续在中国城镇化进程和参与国际竞争中发挥巨大的作用。但目前中国的“大城市病”已经开始显现，北京、上海、广州等城市人口规模已从1000万向2000万—3000万迈进，城市群人口规模则更大。核心城市群未来在产业和人口集聚方面，应该更加注重竞争力的提高和创新能力的提升，将劳动密集型产业向更大的区域进行疏散。

纵观历史上各国的城镇化，都先后经历了集中发展大城市和注重均衡发展的阶段。法国早期的工业化大多集中在巴黎、里昂、马赛等传统中心城市，其城镇化也主要凭借大城市的扩张实现，小城镇在第二次世界大战后才逐渐发展起来②。日本在1920—1950年也同样经历了大量人口向四大工业带——京滨工业区、中京工业区、阪

① 根据《中国城市建设统计年鉴2010》资料整理。

② 孟春、高伟:《世界城镇化的发展趋势与我国城镇化的健康推进》，载《区域经济评论》2013年第4期。

神工业区和北九州工业区聚集的过程，战后形成了以东京、大阪、名古屋为中心的三大都市圈，由此引发了国土均衡计划和“过疏地区”振兴计划。韩国也曾经历过人口膨胀造成大城市社会问题频发的阶段，从1980年至2005年，通过卫星城的发展和国家对欠发达地区的政策扶持，韩国的城市发展才渐趋平衡[①]。

客观来看，由于我国区域间经济社会发展水平和公共服务差异很大，如教育水平的差异、各地高考录取之间的差异，都可以导致大量移民向少数特大城市高度集聚。城镇化过程既要发挥核心大都市圈的积极作用，又要避免人口的过度集聚，如日本、韩国等国家的首都都市圈人口占全国人口的四分之一到三分之一，中国国情是不适宜这种模式的。而以地级市和县级城镇为单位，有利于促进区域间的平衡。

从我国现实国情来看，地级市市域大多数面积为5000—20000平方公里，市区交通辐射距离200公里以内。地级市一般是我国重要的工业基地、商贸中心、交通枢纽和地区政治经济文化中心，在我国工业和服务业发展中具有重要的战略地位，在人口城镇化方面既具有很强的动力，又有制度上的优势。2017年，我国283个地级市中，大部分城市人口规模在50万—100万人之间，可能会迈入100万人以上规模的大城市行列，但仍有129个地级城市人口规模不足50万人。从地理分布、宜居性和城市规模的效应看，将大部分地级市培育成为50万—200万人口的城市，对于城市的规模效应、城镇体系的合理布局和国土均衡发展都具有非常重要的战略意义。

县级行政单位大多数面积为1000—4000平方公里，交通距离不超过50公里，在区域公共服务中扮演着重要的角色。县域经济是在县级行政区划内，以县城为中心，以乡镇为纽带，以广大农村为腹地的区域经济。县域经济能形成核心竞争力，解决基层农村非农业人口的

① 李强等：《多元城镇化与中国发展——战略及推进模式研究》，社会科学文献出版社，2013年，第48、54页。

就业问题，直接推动城镇化进程和促进城乡一体化。但截至2017年只有东部地区经济发展较好的县级城市，如义乌、绍兴等城市人口超过了50万，1560个20万人口以下的县城平均城市规模只有8万人。增强县级城市的人口集聚能力仍然是未来一段时间内城镇化的重要任务。

从人口流动的角度来看，欧美国家的城镇化历程表明，人口的迁移也呈现出链式移动的特点：近郊的农业人口向城市流动，而其他地区的农业人口填补近郊的空白；小城市的人口向大城市流动，而农村人口向小城市流动。中国当下的人口流动也呈现出这样的特点，如本书中部分调查所反映的，高学历人口向大中城市集中，农民工倾向于在地级市和县级城镇居住，而本地农民则倾向于在邻近的县城或者小城镇居住。因此，在这样的背景下，加大各类公共资源向地级市、县城的投入，同时通过体制机制改革给予农村更多选择和活力，推动就近就地城镇化，对于解决农村人口的城镇化问题尤其重要。

四、就近就地城镇化与农村可持续发展

以市、县为核心的就近就地城镇化，不仅有利于降低农村人口城镇化的成本和障碍，也有利于城乡一体化发展。近距离迁移避免了远途迁徙的各种困难和障碍，也有利于区域文化的传承、社会关系网络的延续。

1.“留守现象”及其引发的社会问题

异地城镇化模式带来了“留守儿童”“留守妇女”“留守老人”“空心村”等突出现象。历次人口普查数据表明，农村年轻人口比重不断下降。20—39岁年龄人口从2000年到2010年下降了4.5个百分点，0—19岁人口下降了约7个百分点，40—49岁人口比重上升，50岁以上人口比重上升（见表2-5）。许多调查也表明，近年来农民工外出的比例也在不断上升。而发达国家的经验早已表明，城镇化

过程中乡村社区的衰败成为一个很大的问题，但由于中国农村人口基数庞大，尚未引起足够的重视。

表2–5　我国农村人口年龄分布

年份	0—19岁（%）	20—39岁（%）	40—49岁（%）	50岁以上（%）
2000	33.28	33.76	12.96	20.00
2005	28.05	30.87	15.45	25.63
2010	26.15	29.25	17.04	27.56

资料来源：国家统计局2000年、2010年人口普查和2005年1%人口抽样调查[①]。

表2–6　农村家庭结构情况

农村家庭结构	频数	百分比（%）
有成年男性在家	142857	73.52
只有老人在家	24826	12.78
只有儿童在家	2873	1.48
只有老人、儿童在家	3096	1.59
只有妇女在家	6313	3.25
只有妇女、儿童在家	5408	2.78
只有妇女、老人在家	5420	2.79
只有老人、妇女、儿童在家	3529	1.82

资料来源：根据第六次全国人口普查1%抽样数据计算获得。

第六次全国人口普查数据显示，我国农村地区没有成年男性在家的家庭户占比达到了26.48%（见表2–6）。显然，产生“留守儿童”“留守妇女”“留守老人”的这种城镇化流动模式是不可持续的，会导致种种社会问题。学术界也对此进行了很多研究，例如留守妇

① 转引自韩占兵：《破解“农民荒”：基于一个跨期限的动态分析框架》，载《信访与社会矛盾问题研究》2015年第2期。

女本身作为一个弱势群体，承担着生理、心理、安全等多重负担①。留守的少年儿童正处于成长发育的关键时期，他们无法享受到父母在思想认知及价值观念上的引导和帮助，成长中缺少了父母情感上的关心和呵护，极易产生认知、价值观上的偏离和心理发展的异常，一些人甚至会因此走上犯罪道路。而农村留守老人面临的诸多问题也日益凸现，生存状况不容乐观。实证调查的结果表明：农村留守老人的物质生活水平偏低，生活质量差，劳动强度大，精神缺乏慰藉，情感生活匮乏，身体健康状况不佳，生活无人照料②。这些问题不仅会影响大量留守家庭的生存与发展，也会影响整个农村社会的和谐和稳定③。有些留守老人由于监护孙辈，出现了代际经济的逆向流动，加重了生活负担④。

2. 与城镇化相结合的农村可持续发展

由于劳动力大量外出，“空心村”现象也引发了农地撂荒和农业可持续发展问题。经济学界从粮食安全⑤、现代农业发展和新农村建设的负向效益方面对“农民荒”进行了研究⑥。这表明中国的城镇化战略必须充分考虑乡村的可持续发展问题。只是由于我国农民数量庞大，“农民荒”的现象尚未充分显现。

由于农业劳动的季节性很强，兼业化一直是农业发展的一种选

① 许传新：《农村留守妇女研究：回顾与前瞻》，载《人口与发展》2009年第6期。

② 杜鹏、丁志宏、李全棉、桂江丰：《农村子女外出务工对留守老人的影响》，载《人口研究》2004年第6期；王俊文、曹涌：《新农村建设视野下的“留守老人”问题研究》，载《农业考古》2009年第6期。

③ 孙鹃娟：《劳动力迁移过程中的农村留守老人照料问题研究》，载《人口学刊》2006年第4期。

④ 叶敬忠、贺聪志：《农村劳动力外出务工对留守老人经济供养的影响研究》，载《人口研究》2009年第4期。

⑤ 杨明洪：《农村空心化比粮价上涨更可怕——四川农村空心化背景下的粮食安全战略选择》，载《四川党的建设（城市版）》2010年第10期；张洪州：《农村空心化挑战粮食安全》，载《共产党员》2012年第1期。

⑥ 戴星翼：《解读生态文明》，载《广东社会科学》2008年第2期。

择模式。改革开放以来，中国广大农村家庭事实上是通过“代际分工”和“家庭分工”实现了兼业化。对此，学术界也存在着争论。部分学者认为农业兼业化与规模化、专业化相矛盾，对农业长期发展产生负面影响①。但另外一些学者认为农业兼业化是工业化过程中世界各国农业发展的共同现象，有利于提高农业资本投入和集约化，提高劳动生产率，是对小农经济效率的改进②。

从世界范围来看，农业兼业化经营模式在日本、美国、德国和墨西哥等国家已经存在多年。在日本，农业兼业化非常典型。20世纪50年代中期以来，日本农民兼业化比重迅速提高，专业农户比重从1950年的50.0%下降到1985年的14.3%，兼业农民相应从50.0%上升到85.7%③。美国的大型农场规模、法国的中型农场规模分别可以达到几千亩和几百亩，但日本家庭农村经营的规模一般仅在1—2公顷之间。

我国自20世纪80年代实行家庭联产承包责任制以来，分散的小农生产方式表现出难以适应市场化、科技化和规模化的弱点。尽管近年来围绕着农村土地制度存在着强化集体所有制和强化农户权利、加快土地流转的不同观点，但关于促进农业规模化和产业化的观点具有一致性。从我国农业生产条件来看，以东北平原、华北平原和长江中下游平原为主的平原地区耕地占全国农地一半左右，另外一半为丘陵和山地。平原地区宜机械化和规模化经营，便于农村人口从农业中释放出来，向城镇转移。但是对于我国中西部大部分

---

① 速水佑次郎、神门善久：《农业经济论（新版）》，中国农业出版社，2003年；胡浩、王图展：《农户兼业化进程及其对农业生产影响的分析——以江苏省北部农村为例》，载《江海学刊》2003年第6期；袁军宝：《我国农业现代化进程中的农户兼业经营问题研究》，兰州大学2009年博士论文。

② 董智明、王建红：《日本的经济增长与农户兼业化》，载《日本问题研究》2004年第2期；向国成、韩绍凤：《小农经济效率分工改进论》，载湖南省科学技术协会编《推动新型工业化　促进湖南经济发展——2007年湖南科技论坛》论文集（下），第8页。

③ 梅建明：《从国内外比较看我国农户兼业化道路的选择》，载《经济学动态》2003年第6期。

丘陵山地地区，规模化经营具有一定难度，无论是零碎农地的维护和利用，还是民俗文化和边疆安全等，都需要保持一定数量的农村人口。

从农村人口城镇就业的角度来看，农村人口进入城镇后多选择从事制造业和非正规服务业。国家统计局2013年农民工监测报告显示，农民工中从事制造业的比例为31.4%，而批发零售、交通运输仓储、住宿餐饮和居民生活服务业等的比例也高达33.1%，建筑业和其他行业分别占22.2%和12.3%。而本地农民工中从事制造业和建筑业的比例略低，但服务业比例明显高于平均水平，达到39.5%。这些在城镇从事服务业的本地农民工很方便兼顾家庭农业。

通过就近就地城镇化促进农业的兼业化和职业化经营，逐渐使农民不再是一种身份而是一种职业——让进城农民可以享受城市文明，实现收入提高和家庭团聚；让在乡者愿意为土地耕种倾注心力，也能获得与付出相匹配的收益；让农民成为一种骄傲体面的职业，而不是一种缺少光彩的身份标签。农村面貌发生根本变化，田园风光醉人，具有独特的魅力，农民享受城市文明，农民素质提高，生产生活方式、思想观念发生根本变化，农业实现现代化，城乡公共服务均等化，社会保障得以完善。这本身就符合人的城镇化的内在要求，将会使农民对于农村和农业获得自豪感和认同感，实现改造传统农业，再造乡土中国的目标。

因此，对于我国西部和广大山地丘陵地区而言，城乡兼业是提升农民收入和兼顾农村发展的适宜模式，而长距离流动的异地城镇化模式不可避免地导致农村发展的困境。就近就地城镇化则有利于通过季节性投入、家庭分工和代际分工来支持农业的可持续发展。事实上，西部地区已经非常重视就近就地城镇化和兼业型的城镇化模式，例如，云南省在编制新型城镇化规划和制定城镇化政策时就明确提出，促进就近就地城镇化，允许进城农民保留农村资产等政策。这些政策和实践都表明了就近就地城镇化在城乡协调和城镇化健康发展方面具有重要意义。

五、就近就地城镇化的现实基础与政策引导

就近就地城镇化不仅有利于城镇化的健康发展和城乡一体化发展，也具有深厚的现实基础和农民意愿的支持。

1. 就近就地城镇化与农民工的流动意愿

就近就地城镇化与当前农村人口城镇化的趋势是相符合的。从近年农民工的流向来看，本地农民工的比例也在不断上升，增速快于外出农民工。从2009年到2012年农民工流向变化的比例变化可以看到，省内流动农民工从29%上升到33%，而本地（乡镇内）流动农民工一直保持在37%左右，而跨省流动农民工比例从33%下降到29%。这些变化表明，农民工“回流”的趋势开始逐渐显现。

随着新一代青年群体对生活品质的重视，地级市和县级市开始受到更多人的青睐。2010年和2014年，《中国经济生活大调查》调查了人们愿意选择在哪里定居。2010年选择直辖市的人最多（31.3%），其次是省会城市（18.5%）。但到了2014年，更多的人首选在地级市居住（28.6%），其次是县级市（24.8%），省会城市排名第三（21.8%），第四选择是镇（12.9%），排在最后的是北上广深（10.2%）。

关于农民城镇化定居意愿的调查数据也证明，农民在选择定居城镇时，大部分都希望到县城和县城以上的城市定居。清华大学城镇化调查组询问被访者：“如果您能在城镇定居，根据您或家人的条件，您最想定居在什么地方？”调查结果发现，愿意在城镇定居的农民工群体中，76.7%的人愿意在地级市、县城或镇上居住，仅有23.3%的人愿意在省会或直辖市定居。国务院发展研究中心的调查同样表明，只有23.7%的人希望定居在省会或直辖市。清华大学社会学系在四川德阳和河南舞钢两个地区针对本地农民的调研结果则表明，本地农民大多还是选择在附近的小城镇和县城定居（见表2–7）。

表2–7 如果放弃承包地和农村住宅，迁到城镇居住，您期望去什么样的城镇？

城镇类型	四川德阳地区		河南舞钢地区	
	人数	百分比（%）	人数	百分比（%）
附近小城镇	374	65.3	143	57.2
附近县城	110	19.2	98	39.2
附近城市市区	69	12.0	5	2.0
其他城市	20	3.5	4	1.6
合计	573	100.0	250	100.0

因此，依托地级市和县级城市的就近就地城镇化，非常符合相当一部分农民工和本地农民改善生活和居住条件的需求，已经具备了很强的现实基础。

2. 就近就地城镇化的政策引导

从历史发展来看，改革开放以来，比较成功地实现了就近就地城镇化的案例比比皆是，如浙江一些乡镇和村庄、河北的白沟镇，以及一批明星村庄如华西村等。这其中可以看到几个明显的动力：

第一是农村的非农产业发展。人民公社时期，农村的社队企业就已经存在。改革开放以后，农村的乡镇企业更是得到了突飞猛进的发展，一部分乡村因此实现了工业化带动下的就地城镇化。而随着国民经济发展和收入水平的提升，乡村旅游和休闲的需求也大大增加，促使一部分乡村地区旅游产业蓬勃发展，实现了旅游带动下的就地城镇化。

第二是交通的便捷化。近年来，中国基础交通网络建设极为迅速，很多农民到附近城镇就业，当天就可以往返，与城市居民上班下班的交通方式没有本质区别，这在大城市周边的小城镇和乡村中表现得尤为明显，推动了城市近郊社会形态的急剧变化。

第三是农民改善生活的需求和居住方式的转变。随着农民收入水平的提升，农民对居住品质也开始有了更高的要求。在许多较为富裕的农村，农民已经开始从平房居住变为上楼居住，再加上自来水管道的建设和电话、互联网的普及，生活方式和城镇差别日渐缩小。新型农村社区建设受到了相当一部分农村居民的欢迎。

因此，在中国城镇化的多元模式中，政府应该充分发挥地级市、县级城镇和中小城镇的优势，促进农村人口的就近就地城镇化。这其中除了放开中小城镇落户限制，加快城乡社会保障一体化等制度改革以外，关键是改革土地制度，释放基层和农村发展活力，为广大农民提供更多的选择。

在市县层面，应继续完善“城乡建设用地增减挂钩”的实施机制，建立更多“宅基地换房”等城乡资产和权益转化的机制，允许农户自由选择，给予那些愿意退出农村进入城镇的农民更多选择。在农村积极探索小城镇和新型农村社区建设，政府划定未来集中聚集区，并给予基础设施和公共服务设施配套方面的补贴和支持，让具有建房需求的农民自发渐进地向小城镇和新型农村社区迁移，就可以自然而然地实现农村居民点的调整。

对于具有一定产业基础的小城镇和村庄，政府应探索就地改造实现城镇化的模式和政策，积极引入社会资金参与村庄改造整治和建设。例如一些地区探索的“村企合作”模式，通过企业和社会资本向农村投资发展产业，整治村庄，改善生产生活条件，实现农民、企业和政府的多赢。

需要注意的是，就近就地城镇化本质上是给予农民更多的选择自由，实现城乡之间居住地迁徙和身份转换的自由选择，而不是行政推动或者强制推行，搞运动式的一刀切的“农转城”或者逼迫农民进城。当前农村的发展是明显分化的，调查结果表明，那些非农收入（打工收入、经商收入等）比较高的家庭，愿意卖掉农村住宅搬到城镇居住的比例要高一些。而完全没有非农收入的家庭更愿意在生活成本相对更低的农村居住。对于主要依靠农业收入的这部分群体，进入城镇可能导致其生活负担的加重。由于信息不对称，政府并不知道农民家庭的收入情况，在这种情况下让农民根据自身情况“用脚投票”，鼓励有意愿的农村家庭、高收入的农村家庭根据自己的意愿进入城镇，也有利于降低政策阻力。

如果说大中城市发展体现了市场导向和政府主导性，更多体现了“自上而下”的特点，那么就近就地城镇化模式则需要利用乡镇本地的特色资源、产业等优势，因地制宜地推进城镇化建设，发挥政府、市场和社会的多元合作优势，尤其是充分激发基层的能动性、积极性和巨大活力，体现城镇化进程中“自下而上”的城镇化特征。

总之，中国作为一个幅员辽阔的大国，在城镇化的路径和模式选择方面，应该高度重视就近就地城镇化的作用。从未来城镇化发展来看，核心城市群在提升国家竞争力和城镇人口集聚方面仍然具有很大的优势。但从中国区域均衡发展、城乡均衡发展等方面来看，又必须重视地级市和县级城镇的发展，通过“点面结合”促进城镇化的健康发展。而改善农村生产生活条件、促进建设用地集约的客观需求也凸显出引导农村城镇和村庄集聚，有选择地培育小城镇和新型农村社区的意义。应该从土地制度改革、公共服务投入方面给予基层更多活力，让广大农民根据自身情况和意愿选择适宜的城镇化路径。

第三章
就地城镇化模式研究

就地城镇化是相对于异地城镇化而言的。就地城镇化是一种具有鲜明中国特色的城镇化现象。就理论溯源而言，就地城镇化模式可以追溯到小城镇发展理论。费孝通在20世纪80年代指出，小城镇是城市和农村过渡的中间带，具有拦阻和蓄积人口流动的作用，是防止人口向大城市过度集中的“蓄水池”[①]。也有一些学者认为，小城镇可以把城乡两个市场较好、较快地连接起来，迅速地促进农村第二、第三产业的发展，乡镇企业能够大量吸纳农村剩余劳动力，缓解农村人多地少的矛盾，促进农业规模效益的提高和农民收入的增长。发展小城镇的理论主张农民“离土不离乡”，实现就地转移[②]。当然，就地城镇化与小城镇模式虽有关联，但含义并不相同。就地城镇化所指的农村地区，虽然包括小城镇和村庄，但更强调农民在自己世代居住的村庄，通过发展非农产业、增加非农收入，发展社会事业，提高文明素质，在生产、生活、思想观念等方面全面实现城市化。所以，就地城镇化是在一定条件下乡村转变为城镇化区域的过程，其中包括两个方面：一是就业结构的变化，实现新的产业就业；二是空间形态的变化，从分散居住的形态转变为人口比较密集的生产、生活、居住形态。

---

① 费孝通：《小城镇　大问题（之二）——从小城镇的兴衰看商品经济的作用》，载《瞭望周刊》1984年第3期。

② 赵新平、周一星：《改革以来中国城市化道路及城市化理论研究述评》，载《中国社会科学》2002年第2期。

一、就地城镇化的重要意义

1. 就地城镇化是一种具有鲜明中国特色的城镇化道路

第一，中国是超巨型人口社会，巨大的农村人口是就地城镇化模式的重要基础。欧美国家的城镇化进程是人口向某个产业中心聚集，达到一定的人口规模之后，形成城市。中国人口规模巨大，有数千人口聚集的村庄并不罕见，这种情况在欧美国家是没有的。如此大规模的人口集聚，如果通过发展非农产业、改善基础设施，培育现代的生产方式和生活方式，就具备了使农村就地转变为城镇的可能性。

第二，乡村工业为就地城镇化创造了条件。中国的乡村工业起源于人民公社时期的“两条腿走路”方针，即在推进“大工业”的同时，也不忽视“社队企业”。改革开放以后，乡镇企业得到了迅猛的发展。在欧美等经济发达国家，很少见到有农村工业发展的经历，也很少见到农业与工业并举的乡村。而在中国就地城镇化的众多案例中，工业与农业并存，创造了很多城乡一体化的模式，不仅发展了现代工业，也推动了传统农业向现代农业产业模式的转变。

第三，就地城镇化契合中国人故土难离的乡土情结。中国人的家庭宗族观念很强，故土难离，希望落叶归根。研究表明，我国外出打工农民将赚的钱寄回或带回家的比例，在国际比较中是最高的[①]。农民工不愿放弃家乡的土地，每年春节返乡，希望回家养老，因为家乡有亲人、有乡愁。就地城镇化正好符合中国人的乡土观念，农民不需要离开家乡就可以实现城镇化，家里的老人和孩子不必再孤独地守望。

2. 就地城镇化有利于克服异地城镇化的困境

在异地城镇化模式下，人口城镇化存在诸多困境。在农村人口

---

① 李强：《农民工与中国社会分层（第二版）》，社会科学文献出版社，2012年，第162页。

城镇化中的制度融入与权利保障方面，进城农民工的城市落户遇到诸多困难。在就业和收入、社会保障、住房等方面，外来农民工与城市户籍人口存在巨大差距，他们的城市社会融合难题甚多，社会参与、交往和心理认同都存在不小的障碍。在城市自身的和谐发展方面，人口大量向大城市聚集，使大城市在环境、能源、交通、房价、安全等方面都面临巨大的挑战。所以，中央关于城市发展的政策还是强调要严格控制特大城市人口规模。

从两种模式比较的角度看，就地城镇化能够从根本上解决上述难题，因而相比异地城镇化的确存在一定的优势。笔者调研的很多就地城镇化的案例，都实现了农民非农就业，实现了生产方式、生活方式的现代化转型。当然，就地城镇化与异地城镇化两者都有各自的优点，本书研究就地城镇化绝不是否定异地城镇化，两者都是中国城镇化的重要模式，关键是看在什么样的条件下适合哪一种模式，并不是任何一个村庄都适合就地城镇化。就地城镇化需要具备特殊的条件，这正是下文研究的重点。

3. 就地城镇化有利于城乡一体化和城乡统筹发展

农村劳动力过多地向城市转移，削弱了发展农村经济的力量，延缓了新农村建设的步伐。国务院发展研究中心的一项调查表明，74%的农村已无可以进城打工的“剩余劳动力”，仅有25%的农村还有40岁以下的劳动力[①]。农村“空心化”趋势从东部沿海地区向中西部地区蔓延[②]。农业劳动力整体素质下降[③]。大量劳动力外流，特别是年轻劳动力、高素质人才的外流，使农业效益下降[④]，削弱了农业生

① 穆光宗：《思考“农民荒”》，载《劳动保障世界（理论版）》2011年第1期。

② 刘彦随、刘玉：《中国农村空心化问题研究的进展与展望》，载《地理研究》2010年第1期。

③ 夏德孝、张道宏：《劳动力流动与城市化的地区差距》，载《西北大学学报（哲学社会科学版）》2008年第3期。

④ 陈仁禹、闫国平：《河南省人口流动特点及对社会经济发展影响》，载《河南科学》2003年第1期。

产后劲[1]。农村耕地因农村人口流出而得不到有效利用，土地抛荒严重，威胁粮食安全。

就地城镇化在发展乡村工业的同时不放弃农业生产，所以就地城镇化可以说是实现城乡一体化、城乡统筹发展的一种新模式。在笔者调研的案例中，成功实现就地城镇化的村庄都没有放弃农业，很多还创新了新型农业的产业链条。就地城镇化促进了农民本地兼业经营和职业经营，提高了农民收入和农业收益率，提升了农民的职业声望、认同感。农民在家附近找到一份合适的工作，既能照顾到田地和家庭，又能提高综合收益。这样不仅减少了留守现象和老人农业，更为农业留住了年轻的劳动力，让农业永远有新鲜血液，对于新农村建设、发展现代农业都是有利的。

就地城镇化把工业和农业、城市和农村紧密地联结在一起。农村居民的职业、收入、生活方式、思想观念、文明素质越来越接近城镇居民。这就是我们所说的就地城镇化——一种极具中国特色的真正使得农民生产方式、生活方式、文明意识实现现代化转型的城镇化道路。

4. 就地城镇化可以缓解城乡区域发展的不平衡

目前，我国经济社会发展中最为突出的问题是发展不平衡，而城乡发展的不平衡又是重中之重的难题。显然，就地城镇化是缓解城乡发展不平衡的一剂良药。改革开放以来，大城市、特大城市的发展确实极大地带动了中国经济的高速增长，但不可否认，城乡发展不平衡的问题也更加突出了。笔者认为，为实现均衡发展，中国需要有多元的城镇化发展模式[2]，而就地城镇化就是多元模式中的一种。

就地城镇化的突出优点是实现了城镇与农村的平衡关系。就地城镇化试图实现城镇经济与农村经济的匹配和互补，目的是缩小城

---

① 刘岳启:《农民外出务工对我国新农村建设的影响统计与决策》，载《统计与决策》2008年第7期。

② 李强等:《多元城镇化与中国发展——战略及推进模式研究》，社会科学文献出版社，2013年，第21页。

乡差距，最终消除城乡二元对立。在就地城镇化模式中，农业发展也成为城镇化的重要内容。就地城镇化本身就包含农业现代化，通过农业产业化规模化经营、村庄整治，实现节约、集约利用土地，提高农业收益率，使农村居民享受到城市文明。在笔者调研的很多成功实现就地城镇化的案例中，农民居住在环境宜居、景色优美、整洁漂亮的农村社区，有些就在本村的产业就业，有些在邻近的小城镇工作，实现了生产方式和生活方式的现代化转变。

目前与就地城镇化相关的研究，主要以探索东部地区小城镇发展和当年的乡镇企业为主[①]，而关于村庄就地实现城镇化的学术研究并不多。所以，本章立足就地城镇化的视角，试图将就地城镇化作为中国多元城镇化中的一种重要类型，进行探索和研究。

二、就地城镇化的三种模式

本章采用的研究方法是实地研究（个案研究）和文献研究，以实地研究为主。研究对象是村庄或小镇，对选中的每一个社区展开深入的实地调查，通过观察、访谈，收集每一个作为研究对象的村或镇实现就地城镇化过程的详细资料。对现存文献资料较多的少数几个研究对象，我们采取文献研究的方法。

在研究对象的选择上，我们力争使研究对象分布在全国不同的

---

① Yu Zhu, “Changing Urbanization Processes and In Situ Rural-Urban Transformation: Reflections on China’s Settlement Definitions” in *New Forms of Urbanization: Beyond the Urban-Rural Dichotomy*, edited by Tony Champion, Graeme Hugo, Aldershot: Ashgate Press, 2003, pp.207–228; John Friedmann, *China’s Urban Transition*, London: University of Minnesota Press, 2005; Tony Champion, Graeme Hugo, *New Forms of Urbanization: Beyond the Urban-Rural Dichotomy*, Aldershot: Ashgate Press, 2003; *State of World Population 2007: Unleashing the Potential of Urban Growth*, New York: United Nations Population Fund, 2007；葛立成：《产业集聚与城市化的地域模式——以浙江省为例》，载《中国工业经济》2004年第1期；邵怀友、朱宇：《大城市周边城乡融合区人口的就地城镇化——以福州市为例》，载《市场与人口分析》2007年第1期；洪银兴：《城市功能意义的城市化及其产业支持》，载《经济学家》2003年第2期。

区域，覆盖的区域包括东北、华北、华中、东南、西南地区。具体来说，在2013—2015年期间，笔者带领的清华大学课题组调研了北京市房山区的韩村河村、密云区的蔡家洼村和希望小镇、朝阳区的高碑店村、平谷区的夏各庄村、海淀区的四季青镇和朱房村、通州区的台湖镇，河北省保定市白沟镇，吉林省吉林市建华村，湖南长沙市铜官镇和双龙村，四川成都市安德镇和绵阳市桑枣镇，山西大同老城棚户区，河南滑县锦和新城社区，云南红河州南庄镇、西庄镇、虹溪镇、牛角寨乡。采取文献研究方法的研究对象包括江苏华西村、天津大邱庄、河南刘庄。

调研发现，村庄的就地城镇化有三种典型模式：一是大城市近郊乡村的城镇化，村庄依托特殊的区位优势和村庄的土地，分享土地收益，发展近郊产业。二是地方精英带动的村庄城镇化，能够获得村民广泛信任的乡村精英通过对村庄资源的整合，组织村庄非农产业的发展和基础设施建设。三是外部资源注入的乡村城镇化，政府或大型国有企业注资扶持产业，统一规划和改造村庄。当然，三种模式是理论概括，在实践案例中并不是截然分开的，即在某一个案例中有可能既包含大城市周边的特点，又具有地方精英带领的特点。但是，在具体案例中还是以某一种模式为主要特征。

1. 大城市近郊乡村的就地城镇化

大城市周边乡村具有明显的区位优势：一是借助或依托大城市的多种资源和发展机会，发展相关产业。大城市是多种资源的聚集地，周边乡村往往“近水楼台先得月”，借助大城市的资源（包括人力资源），发展适宜的产业，从而带动农村居民实现生产和生活方式的城镇化。二是土地资源优势。农村的巨大资源是土地资源，大城市周边的土地更是寸土寸金，土地往往给这些乡村带来了极大的收益，并有力地支持了这些村庄产业的发展，促进了村民生产生活方式的城镇化。

如果细分的话，大城市周边的就地城镇化有两种不同的方式。一种方式是大城市蔓延，自然吞并了周边的村庄。往往是地方政府对这些村庄整村改造、整村改制，通过改变户籍、整村拆迁或整村回迁，使这些地方完全变为大城市的一部分。还有一种方式是村庄仍保留集体经济，村民还是农村户籍，但生产方式和生活方式完全城镇化了。第二种方式往往是村庄有自发的城镇化动力，并得到了地方政府的认可。这也是我们更为关注的方式。

上文已述大城市周边乡村有区位优势，然而这种区位优势的社会后果并不相同。我们可以发现两种尖锐对立的城镇化社会后果。一种是充分发挥了区位优势，发展出新兴产业，实现了就地城镇化。其实，借助大城市的优势，只要选好适当的产业道路，坚持走下去，取得成功的概率是很高的。例如北京城东的高碑店村借助北京区位优势，发展古典家具市场，成功地实现就地城镇化；又如吉林市郊区的建华村，以为大城市服务为产业导向，也取得了成功。上述案例都既为农民创造了新的就业方式，实现了农民生活方式的现代化转型，又为社会创造了财富。

当然，同在大城市周边，也可以发现一些截然相反的景象。一些村庄家家户户依靠向外来人口出租房屋形成“地租经济”（农民俗称“吃瓦片”），不少农民收入也相当可观，但是“穷庙富和尚”，虽然一部分农民很富有，但村庄整体的集体经济萎缩。村庄内私搭乱建十分混乱，村内居住者成分混杂，与环境恶化相互作用，恶性循环，不但没有推进城镇化的现代化转型，反而成了秩序极为混乱甚至衍生犯罪的“城中村”或“城边村”。所以，大城市周边虽然有区位优势，可以利用大城市的土地优势、人口优势、市场优势、产业优势推进城镇化，但是，大城市周边的乡村也是分化的，成功实现了就地城镇化的只是一部分乡村。

2. 地方精英带动的就地城镇化

地方精英常常是实现就地城镇化的重要条件，这是一个十分具有中国特色的现象。成功实现就地城镇化的村庄几乎都有一个地方领袖或者说乡村社会精英在起着至关重要的作用，如华西村有吴仁宝、刘庄有史来贺、韩村河有田雄、蔡家洼有王大林等。改革开放以来，类似于天津大邱庄、江苏华西村、河南刘庄等，都是就地城镇化的典型案例。在特殊的历史条件下，这些村庄抓住了适宜的产业发展机遇，充分利用了政策优势，实现了迅速发展。笔者调研的北京郊区的蔡家洼、韩村河、高碑店等村庄和吉林市建华村等，都属于精英带动的典型案例。

乡村精英成功推进乡村就地城镇化，有两方面突出特点。

第一，乡村精英有组织才能，很好地整合了村庄各类资源，充分整合了政府、市场和社会三方面力量，促进村庄发展。村庄就地城镇化需要土地、产业、劳动力、技术等各种资源和要素。农村突出的资源是土地资源，拥有土地，就有可能通过发展产业，把土地资源转化为资本。但是，土地如果分散在一家一户手中，就难以实现这一点。村庄精英会与政府进行沟通，争取到政策资源或优惠政策，并取得村民的支持，对村庄本身具有的土地等资源进行整合，根据市场规律选择适合本地的产业道路，引进村庄缺少的资本、技术等资源。

第二，乡村精英通常有很高的威望，办事断事能出于公心，能够取得村民的广泛信任。就地城镇化需要农民的主动性和自发性。尤其是在整合村庄土地资源方面，农村一家一户的承包地、宅基地常常累积了多年的矛盾和问题，必须是深孚众望的带头人出面，取得村民的广泛信任，大家才会愿意合作，才能公正地解决这些矛盾和问题。乡村精英通常是土生土长的本地人，他们与村民血脉相连，熟悉村庄，懂得风土人情，他们最了解村庄里复杂的人际关系和各种家庭家族，他们的威望，能够服众，就比较容易成功。

3. 外部资源注入为主的乡村就地城镇化

城镇化需要资金、技术等投入，如果引入资源的动力不是内生的，那就只有靠外力来推动了。在我们调研的案例中，外部资源注入的就地城镇化主要来自政府的推动，也有来自企业的。

政府推动城镇化具有明显优势。政府统一规划能力强，能够短时间内集中大量优质资源迅速推进村庄的改造，这种改造的强度不是市场和社会力量可以相比的。比如四川绵阳桑枣镇的灾后重建、山西大同棚户区改造、北京平谷区夏各庄村整建制农转居，都体现了政府发挥的重要作用。

当然，政府投入资源推进村庄就地城镇化，也有其不足之处，最常见的就是对市场规律尊重不足和造成居民处于被动城镇化的位置上。一方面，在政府的推进模式中，投资的主观性往往很强，所投入产业的市场后果往往较差，有时候会造成巨大的投资浪费，甚至出现了“鬼城”现象。另一方面，有些政府推动城镇化，主要目标是追求政绩，是完成上级指令，缺乏对保护农民权益的考虑，农民自主选择权、财产权、迁徙权等没有得到保障。这样，造成的不利后果是，居民完全被动，回应冷淡，缺乏积极性，这违背了城镇化以人为本的原则。

近年来，国家鼓励社会资本和工商资本扶持乡村发展，也出现了一些“村企合作”模式，即由外来企业对乡村产业进行投资，对村庄居住空间实行集约化改造的模式。这种模式有利于解决村庄缺乏资金、技术和人才的发展困境，也能释放农村“沉睡”的土地价值。但目前部分模式仍存在一定的国企帮扶的政治因素，而不是充分市场化、社会化的结果。笔者调研的华润集团在北京密云区建设的“希望小镇”就属于此种案例。此种模式中，“村企合作”如何实现外部投资企业和村庄之间的“双赢”，企业实现盈亏平衡和获得一定的投资回报，村庄能培育和获得可持续的发展能力，仍然需要进一步观察。

应该承认，乡村社区自身知识、资金、技术等相对有限，在一定的时期内动员更多的社会力量投资乡村和扶持乡村，有利于提升乡村的发展能力，例如本章中的“村企合作模式”。实际上，从全球的乡村发展经验来看，NGO、地方大学等也有非常积极的贡献。例如中国台湾的社区营造，除了政府行政力量以外，就有非常多的

NGO、大学和专业规划人员参与，以其社会活动力调动社会资源关注农村、服务农村，尽可能为农村争取教育、智力和资金等资源。

三、就地城镇化的推动因素

根据民政部2015年的数据，全国建立了村委会的行政村58.5万个。在这样多的村庄中，真正能够实现就地城镇化的为数不多。那么，这些少数的村庄是在什么样的动力因素推动下实现了就地城镇化的呢？笔者在调研中发现，这些动力因素包括产业培育与就业结构的转变、土地资本化、地方精英的资源整合能力、交通机动化的影响、农民返乡意愿的推动等。

1. 产业培育与就业结构转变

实现就地城镇化关键在于产业发展，从而实现农村居民从小农生产者向现代职业从业者的身份转变，产业发展包括农业的产业化和非农产业的培育与发展。

大都市周边村庄因为具备良好的区位条件，有利于发展都市型工业、物流商贸产业或者近郊休闲旅游产业等，具有发展非农产业的丰富机会。远郊区的村庄，则需要乡村精英或者外部企业的扶持，来实现产业的发展。

改革开放初期，我国一部分乡村地区在乡村精英的带动下，抓住机遇实现了非农产业的发展，但随着短缺经济时代的结束和工业园区的普及与提升，大部分村庄已经很难复制早期的就地城镇化经验。

笔者以为，我国乡村地区非农产业仍然面临很多新的机遇。从各国经验看，在现代化工业集聚于大中城市发展的同时，小城镇和乡村地区在特色工业、手工业、文化创意产业和休闲旅游业方面都有一定的优势。以日本为例，现代化工业发展的同时，传统的手工业也得到了很好的保护和传承。实际上，与大规模工业相对应的多样化、个性化、具有文化特征的产品在今天受到了广泛的欢迎。例如，中国台湾的社区营造就积极推动文化创意产业、手工业，并与农业相结合，乡村地区很多特色手工业注入了文化创意因素后也得到了很好的发展。在农业产业化方面，我国人多地少的国情决定了发展劳动力和技术密集型的高效农业、有机农业仍然具有很大潜力。笔者调研发现，“村企合作”模式有助于帮助乡村获得资金和技术，从传统小农经济向现代农业经济转变，也有利于乡村培育生态旅游、手工业等新兴产业。

2. 土地资本化

在农村的发展中，土地至关重要，是农村最有挖掘价值的资源和资本。土地从农业用途转变为非农业用途意味着巨大的增值收益。但是对于中国的大多数村庄来说，因为法规政策的严格规定，农村土地用途的转变很难实现。在我们调研的案例中，成功实现就地城镇化的村庄很多都是在土地利用方面获得了一些优惠政策，扩大了可以经营非农产业的用地面积。最常见的做法是，村庄通过农民上楼居住，腾出大片宅基地用于非农产业经营。就地城镇化的村庄，大都利用了村庄集体建设用地作为初始资本和生产要素，发展了非农产业，例如高碑店的家具产业、大邱庄的钢铁等一系列产业。土地的资本化伴随着村集体经济的迅速发展和村庄的工业化，为村庄的就地城镇化转型提供了充足的资源，使村民实现了非农就业和生活方式的城市化。

改革开放初期部分乡村快速实现城镇化，确实有“短缺经济”下产业发展的外部机遇，但是与农村在一定程度上可以灵活利用土地也有很大关系，比如华西村的成功得益于当时国家鼓励通过发展乡镇企业带动农民致富，并不严格限制村庄土地的功能。但随着1998年《土地管理法》的出台，农村集体建设用地受到严格限制，在一定程度上也制约了村庄就地城镇化的发展。而新一轮土地制度改革，例如“统一城乡建设用地”“城乡建设用地增减挂钩”等政策的实施，有可能为乡村注入新的动力，有利于乡村盘活存量土地资源，而当前乡村旅游休闲、养生养老等产业的兴起，也为乡村就地城镇化带来了新的机遇。这方面，仍需要国家层面在土地制度和土地权利方面赋予乡村更多更平等的发展权利。

3. 地方精英的资源整合能力

上文已述，地方精英在村庄有较高威望，有较强的整合资源、协调人际关系以及办事运作能力，能够高水平地为村庄聚合资源。村庄就地城镇化的关键是获得实现就地城镇化需要具备的土地、资金、产业、技术、劳动力等条件，而地方精英能够带领村民们获得这些条件。

对于村庄自身本来就具备的土地、产业资源等条件，精英能够比较有效地组织和整合，能够比较好地沟通政府、市场与社会的关系，因而可以最大限度地利用好这些资源，发展集体经济，带领村民致富，并进一步改善村庄公共产品的供给和村民享受的社会福利。在土地资源的利用方面，精英与政府协商，争取到政策资源，扩展了村庄非农建设用地的面积，用于发展非农产业。在产业引导方面，精英为村庄发展筹集资源，在关键时刻把握产业发展机遇，引导村庄产业的发展道路。

精英能够积极主动地引进村庄就地城镇化必需的技术、产业、工艺等条件，能够利用其在村庄中的威望充分调动村民参与村庄发展的积极性。非农产业发展较好的村庄，进而会吸引大量外来就业人口，加速村庄就地城镇化的进程。

所以，培育乡村精英就显得尤为重要，培育精英就是培育乡村社区的自我发展能力。在乡村发展面临着很大不确定性的情况下，乡村精英在乡村发展中具有不可替代的作用，在那些远离大城市的乡村中更是如此。因此要鼓励更多的精英扎根农村，鼓励在城市务工经商的部分农民精英返乡创业。同时，要提升乡村社区的凝聚力和自组织能力，乡村只有在社区发展的基础上才有可能实现农业产业化和推进其他产业的发展。

4. 交通机动化的影响

交通机动化是就地城镇化的另一个动力。交通的便捷压缩了空间距离，使得居住和就业可以在一定交通距离范围内适度分离，扩大了城市的经济辐射半径，更加有利于城乡之间一体化发展，改变了农民的生产和生活方式。改革开放以来中国发生了人类历史上最大规模的交通革命[①]，愈加便利的交通条件使中国农村与城镇之间的距离大为缩短。在交通工具方面的突出表现就是公共交通和摩托车的迅速普及，2007年农村居民每百户摩托车拥有量达到了48.5辆，是2001年的两倍[②]。对城市近郊的村庄而言，农民即使在城里上班也可以居住在乡村。农民可骑摩托车在半小时或一小时内从家到达就业地点，每天可往返，这种情况已经越来越普遍。

便捷交通缩短了城乡的时空距离，这样的就地城镇化也是城乡一体化，农民不放弃土地，可以农忙时回家种田，农闲时到城市做工。如此的就地城镇化不仅发生在大城市周边，调研发现，很多中小城市也具备了交通便捷的条件，就地城镇化的范围得到了扩展。农民生产方式发生了转变，在城市中上班，一定意义上也在普及城市的生活模式。在这类案例中，村庄的房屋具有了别墅的含义，农民较之城里人住得要宽敞许多。同时，农民还把城市里的生活方式带进了村庄。

5. 农民返乡意愿

农民的返乡意愿也是就地城镇化不可忽视的动力。改革开放以来，虽然农民工大规模外出务工，但外出农民与家庭有着千丝万缕

---

① 胡鞍钢：《序：如何重塑中国经济地理》，世界银行：《2009年世界发展报告：重塑世界经济地理》，清华大学出版社，2009年。

② 国家统计局：《中国统计摘要2008》，中国统计出版社，2008年，第112页。

的联系，有一定比例的人希望叶落归根。从近年国家统计局发布的全国农民工调查数据来看，从2008—2014年农民工流向的比例变化可以看到，省内流动农民工从29%上升到33%，而本地（乡镇内）流动农民工一直保持在38%上下，近年也有增加的趋势，而跨省流动农民工比例从33%下降到29%（见图3-1）。这些变化表明，农民工确实有“回流”的趋势。

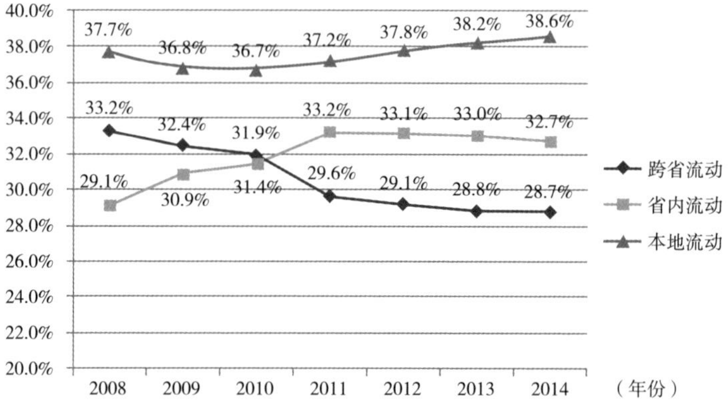

图3-1 2008—2014年农民工流动去向比例变化

资料来源：2008—2014年国家统计局发布的“全国农民工监测调查报告”。

在现有的农民工中，相当一部分人已进入40岁以上年龄组，他们就近就业、照顾家庭、养老的意愿明显增强。清华大学课题组在四川省三台县的调查①发现，总体样本中有82%的人愿意返乡，其中67.6%的人为外出务工人员，14.4%的人为现在尚未外出务工、将来有可能外出务工的人群，而愿意返乡的主要原因包括“养老”“农村生活成本低”等。

① 针对三台县农村家庭和外出农民工的调查，有效问卷745份。

四、对就地城镇化模式的思考

1. 对就地城镇化所需条件的进一步思考

通过上文对就地城镇化动力因素的分析可以知道，就地城镇化是在一系列动力因素的推动下实现的。换言之，具备或培育这些因素或条件才能够实现就地城镇化，而不具备或不培育就不能够实现。在就地城镇化问题上，要防止两种极端思想：一种是不具备条件，以为单凭长官意志、人为推动就能够实现就地城镇化。我们在调研中也看到一些不具备条件却人为推动村民上楼、人为造城的失败案例。另一种极端思想则是否定就地城镇化，以为城镇化就是人口迁移和向大城市集中，不了解中国的特殊国情，不了解各地已经有了一些成功的就地城镇化或城乡一体化案例。所以，关键还是要研究就地城镇化的具体条件，并在适合发展的村庄细心培育这些条件。

从人口方面来说，村庄的就地城镇化虽然是小规模的城镇化，但也必须有一定数量的人口聚集，没有一定规模的人口聚集，没有集约化效应，就无法实现成功的城镇化。调研中出现的就地城镇化的成功案例，都是靠非农产业或新型农业产业化的发展吸引了大量的外来劳动力到本地就业，并形成了规模化的聚集居住社区和规模化的服务业以及商业运营。

从区位方面来说，临近大城市、交通便利的区位条件不仅更容易吸引大城市的劳动力到村庄就业，也使村民更容易享受到大城市的基础设施和生活服务。所以，临近大城市和交通便利的区位条件也是符合城市的聚集效应或集约化效应原理的。

从产业方面来说，大城市周边的乡镇和村庄，依托城市具有丰富的就业机会，同时也可以分担城市的居住压力；而远离城市的乡村就必须因地制宜地寻找产业发展方向和城镇化模式，如一些具有历史文化和生态旅游资源的乡村可以发展旅游业，一些交通条件较好的地区可以发展商贸业等。

中国的不同区域，地形差异很大，在多山地、丘陵的地区，很多村庄距离县城很远且路途崎岖，自身更是缺乏发展现代产业的基础，没有资金，没有技术和人才，不具备就地城镇化的基本条件，不可能依靠本地的努力实现就地城镇化。在这种情况下，这类地区的农业人口只有迁移到大城市才能实现非农就业。在很多边远山区，这一进程已经在农民"用脚投票"的过程中悄然实现。

在城镇化进程中，农村常住人口的下降是一个客观趋势，大部分村庄人口将持续减少。因此，在城镇化的过程中，村镇由此将产生分化，只有具备了上述诸多条件的村镇才能够实现就地城镇化。

2. 防止违背村民意愿的过度干预的所谓就地城镇化

就地城镇化既需要具备比较多元的动力和条件，也需要有一个成长和培育的过程。但是，调研发现，一些地方政府对于推进城镇化有着强烈的冲动。这一方面是源于对政绩工程的考虑，因为城镇化、盖房子是一种明显的空间形态的改造，很容易被视作最为鲜亮的政绩；另一方面是受巨大的土地收益的吸引，即通过村民上楼可以置换出农民的宅基地，转变为生产建设用地，再通过土地流转，从而获得巨大收益。所以，在一些不具备就地城镇化条件的地方，出现了违背农民意愿的所谓城镇化建设，强行并村，建设所谓农民居住的"中心社区"。农民居住到中心社区以后，就业没有着落，又远离自己的耕地，引发了新的社会问题。

本书特别强调，要警惕将就地城镇化变成一种运动或口号。尤其要警惕，有的地方政府单纯凭"长官意志"，在明显缺乏产业、区位、人才、交通等要素和条件的情况下，在明显缺少一定数量人群聚集的地方，盲目推进所谓就地城镇化。盲目推进的结果往往是房子建成却没有人居住，甚至出现所谓"鬼城"现象，造成了巨大的浪费。上文提到的就地城镇化的三种典型模式，都体现了农民对于城市、城镇美好生活的追求，都是符合农民意愿的城镇化。而过度行政干预的城镇化，单纯追求政绩、完成上级任务的城镇化，往往违背农民的意愿，不但得不到农民的支持，还会激化社会矛盾。近年来，因农村征地拆迁引发的冲突事件时有发生。这些与本书所倡导的就地城镇化是背道而驰的。所以，就地城镇化必须以人为本，必须以农民的利益为本。城镇化不仅仅是农民居住形态的转变，更重要的是要为农民创造新的非农就业机会，使他们能够安居乐业。

3. 就地城镇化与大城市吸纳人口的异地城镇化相互补充、缺一不可

本章讨论就地城镇化，并不是反对大城市、城市群、城市带异地城镇化的发展。大城市集聚能力强、经济效率高、辐射效应大，能够为就业人口提供更多的发展机会，为人口提供优质的医疗、教育等公共服务。大城市对人口的吸纳一直在中国的城镇化过程中发挥着至关重要的作用。

但是，目前大城市吸纳人口占据了压倒性的地位，过多地聚集了各类资源，相比之下，县城和小城镇发展却严重缺乏经济资源和人才资源，缺少发展的动力和活力。长此以往，非常不利于城乡一体化发展，不利于中国农业的发展和乡土文化的传承。培育一批承接城市职能和实现产业疏解，同时辐射乡村的小城镇，引导农村居民点适度集聚发展，已经成为城镇化进程中的一个重要课题。

所以，本章提出的就地城镇化，是作为大城市吸纳人口城镇化模式的重要补充，以弥补目前以大城市为主导模式的城镇化引发的诸多问题。从国际经验来看，就地城镇化是一种具有中国特色的模式，它与中国人口高密度的社会环境有关。在我国平原地区，人口密度较高，很多大型村庄规模都达到了2000—3000人，已经达到了一些国家定义的城市人口规模，具备了城镇化的人口集约条件。

4. 就地城镇化需要破除体制障碍

农村集体建设用地历来是就地城镇化发展的极其强劲的动力，但目前村庄缺少建设用地指标，所以缺乏发展的动力。深层次的问题是，农民缺少真实的土地权益，缺少致富渠道。土地是农村最大的资源。若要成功实现就地城镇化，就需要村庄实现土地的资本化，发展非农产业。我们在调研中发现，这些成功实现就地城镇化的案例几乎无一例外是地方精英发挥个人能力的结果，他们能够获得宝贵的政策资源，使村庄能够更多地利用土地资源发展非农产业，带动了村庄经济的腾飞，为就地城镇化打下坚实的基础。地方政府支持和地方精英带动村民发挥自下而上的力量实现就地城镇化是可贵的，同时我们应当从制度的顶层设计考虑，让村庄多掌握一些可用于非农产业的发展资源，包括土地资源，给村庄未来的发展注入更多的机会和希望。

就地城镇化的村庄在政府支持、地方精英的带领下成功实现了村民生产方式、生活方式、文明意识的城镇化转变。村民虽然住进楼房，然而由于使用的是农民的宅基地或农村集体建设用地，根据国家对于农村土地的相关法律法规，这样的房产，农民无法拥有完整的财产权利，拿不到房屋的所有权证明。农民上楼居住后，个人的房产权利没有受到明确的法律保护。我们调研的大城市周边的一些村庄，实现就地城镇化后，农民和城里人一样住进了楼房，但就是因为使用的是农村宅基地或集体建设用地，他们无法像大城市居民一样拿到房屋产权证明。他们担心未来自己的住房在继承、转让、买卖时可能会遇到问题，就地城镇化中农民房产权利的法律保障、探讨建立城乡居民统一的住房登记与管理制度亟须提上日程。

户籍制度方面，村庄既然实现了实质上的就地城镇化，农民已经过上了和城里人一样甚至比城里人还富有许多的生活，从统计口径上来说，这样的村庄也就应当被统计为城镇了，农业户口也该转为城镇户口，但矛盾在于，一旦被当作城镇，村庄赖以发展乡村工业的农村集体建设用地和农民宅基地就不复存在，村庄实现就地城镇化的基础条件就没有了。所以，目前即便村庄实现了就地城镇化，彻底实现了生产方式、生活方式、现代文明素质的转变，农民成为实质上的城市人，但仍然还是农村户口。

总之，就地城镇化是中国农民在探索城镇化道路中的一种创造，但很多法律和政策问题目前还没有得到解决，今后的研究和政策实践探索还有很大的空间。

第四章
就近城镇化模式研究

一、就近城镇化的背景和意义

本章所研究的“就近城镇化”是指原农村人口不进行远距离迁徙，而是近距离迁移到家乡附近的城市或城镇，特别强调的是以具备一定规模的地级市和县域为核心的就近城镇化，这样的城镇化由于具有相当的规模而能够创造更多的就业机会，又可以避免人口跨省的长距离流动。家乡附近的地级市、县级市以及县城，是广大农民文化认同、习俗认同、生活认同最重要的地域单位，这样的城镇化社会融入比较容易，同时随着交通机动化的发展，这些城市的通勤距离大大扩展了，非常有利于城乡流动和一体发展①。同时，就近城镇化对于缓解人口过度集聚在特大、超大城市产生的“城市病”有显著的效果。就近城镇化强调的是中等规模城市的发展，区别于城镇化中的两极化倾向，一极是特大城市、超大城市，另一极是集约化效益不高的小城镇。

2014年，中共中央提出的“三个一亿人”战略包括实现中西部大约一亿人的就近城镇化。就近城镇化应当作为吸纳农村人口向城镇转移的主要形式之一，显然中国的城镇化只靠北上广深特大城市吸纳人口是不现实的，但是小城镇对农业转移人口又缺乏足够的吸纳能力，创造不出更多的就业机会。前一章讨论的“就地城镇化”

---

① 李强、陈振华、张莹：《就近城镇化与就地城镇化》，载《广东社会科学》2015年第1期。

模式，指村庄就地改造实现的城镇化[①]，但就地城镇化需要具备很多条件，不是什么地方都能够实现就地城镇化的，相比较而言，就近城镇化的普适特征更突出，更有可能普遍推广。

英文文献中与就近城镇化相关的概念有：ruralopolis（乡村都市带）[②]、desakata areas（城乡融合区）[③]、peri-urbanization（半城镇化）[④]。这些概念与本章的就近城镇化有联系也有区别，ruralopolis指由于乡村人口密度比较高，结果乡村产生了城市性和城市特征，更类似于笔者曾撰文讨论过的就地城镇化[⑤]。desakata areas和peri-urbanization指发生在大城市周边地区的城镇化。peri-urbanization不仅包含农村地区的城镇化过程，也包含大城市人口郊区化的含义[⑥]。相比较而言，就近城镇化是颇具中国特色的城镇化概念，其含义比上述概念更为宽广，就近城镇化在空间上不仅包括城市建成区，也包括城乡融合区、半城镇化地区乡村都市带，还包括广大具有生机和活力的城镇化的农村地区；在时间上则实际上是城市要素在城乡融合区甚至农村社区不断累积的一个动态过程[⑦]。

1. 中小城市比小城镇更具有聚集效应和集约效应

我国的小城镇战略，曾经激发了中国城乡社会巨大的活力。改

---

① 李强、张莹、陈振华：《就地城镇化模式研究》，载《江苏行政学院学报》2016年第1期。

② M. A. Qadeer, "Ruralopolises: The Spatial Organization and Residential Land Economy of High-density Rural Regions in South Asia", *Urban Studies*, 2000, 37(9): 1583–1603.

③ T. G. McGee, "The Emergence of Desakota Regions in Asia: Expanding a Hypothesis." In *The Extended Metropolis: Settlement Transition in Asia*, edited by N. Ginsburg, B. Koppel, and T. G. McGee. Honolulu: University of Hawaii Press, 1991.

④ *State of World Population 2007: Unleashing the Potential of Urban Growth*. New York: United Nations Population Fund, 2007, pp. 48–49.

⑤ 李强、张莹、陈振华：《就地城镇化模式研究》，载《江苏行政学院学报》2016年第1期。

⑥ 朱宇等：《中国的就地城镇化：理论与实证》，科学出版社，2012年，第12页。

⑦ 朱宇等：《中国的就地城镇化：理论与实证》，科学出版社，2012年，第65页。

革开放后很长一段时间里，国家在城市发展方针中都一直是采取“控制大城市规模，发展小城市、小城镇”的城市发展战略，强调以小城镇为主的发展思路。20世纪八九十年代由于乡镇企业的繁荣，小城镇得到很大发展。这符合当时的社会经济发展需求。

但是当小城镇发展到一定阶段后，这条道路就出现了一系列问题，甚至变成了难以逾越的障碍。服务业的发展需要一定的门槛和临界规模，由于小城镇的规模效应和集聚效应不高，许多小城镇不具备城市聚集功能，难以创造大量就业岗位，更难以提供人们所需要的有一定质量的教育、医疗、高端服务行业，因此对人口的吸引力不足。从全国范围看，除了沿海地区特别是江浙一带的部分小城镇发展较好外，其他很多地区的大部分小城镇发展停滞。根据我国的国情，宜居宜业的国土面积只有五分之一，耕地资源十分紧张，而且面临不断被侵蚀的严峻处境，大量发展小城镇对集约用地很不利。

与小城镇相比，培育地级市和县城，发展县域经济，以实现农业转移人口的就近城镇化是一个更好的选择。一方面地级市和县城聚集了相当规模的经济、政治、文化资源，有足够的产业支撑，县域内特色经济发展凸显，能在区域内形成核心竞争力。另一方面，地级市和县城聚集了一定规模的人口（50万以上），城市功能比较完备，能够提供具有相当水平的居民公共服务，满足人口聚集的要求。调研发现，从流动人口的意愿上来看，地级市和县城对于农民有很强的吸引力，特别是年轻一代的80后和90后农民都希望去有一定规模的人口聚集地，他们并不愿意到小城镇去。

县域经济的发展对于工业化、城镇化、农业现代化的健康发展至关重要。健康的城镇化要能跟上工业化的脚步，城镇化和工业化的成功实现都离不开农业的现代化。健康的城镇化必须要实现工业对农业的反哺。研究表明，以县级城市为核心进行反哺，效果最显著[①]。

---

① 张建华、洪银兴：《都市圈内的城乡一体化》，载《经济学家》2007年第5期。

2. 就近城镇化利于大中小城市发展均衡和缓解大城市过度扩张现象

根据集聚经济理论和弗里德曼的“中心—边缘模式”，在一国的城市体系发展的过程中，人口、资源等要素向中心大城市集中是一个必然过程。但如果城市规模太大的话，聚集效应则会转而下降[①]。目前，中国的大城市、特大城市发展极快，中小城市却缺乏活力。虽然之前政策一直强调严格控制大城市规模，但随着乡镇企业繁荣期过去，在行政资源、土地制度、集聚效应等各种因素影响下，大城市、特大城市、超大城市出现极化趋势，如北上广深，虽然采取极其严格的控制措施，人口仍然在极度膨胀，大量资源和财富迅速聚集。中小城市和小城镇缺乏发展的人力、资本等资源，吸引和聚集能力不足，甚至出现“鬼城”“空心城”的现象。农村缺少发展机会，日渐凋敝。目前一个显著的现象是一线城市和三四线城市的房价差距不断扩大。

中国拥有广阔的国土面积和庞大的人口规模，如果人口只向极少数中心集中，就会造成区域发展的严重不平衡，给中国未来的发展带来巨大风险。国际上发达经济体的发展经验表明，能够成功跨越中等收入陷阱的一个重要条件，是实现区域之间、城市之间的均衡发展。根据不同地域的发展条件，城市体系可按照点状式，或者网络式（多点都市区化），或圈层式来发展。中国地域广大，这些模式都可因地制宜地参考，比如东部和中部有条件的地区可以地级市为核心，以中心县、中心镇围绕地级市，形成圈层体系；中西部受自然条件限制，大城市、特大城市发育不足，可以着重增强特大城

---

① J. Friedmann, *Regional Development Policy: A Case Study of Venezuela*, Cambridge, Mass.: M.I.T.Press, 1966；王小鲁、夏小林：《优化城市规模　推动经济增长》，载《经济研究》1999年第9期。

市的点状式聚集效应，更加促进人口的聚集[①]。中国目前不断推进的城市群、城市带的发展战略更倾向于形成网络式的城镇体系。

不论哪一种城镇体系模式，中心城市和外围城镇、农村都必须是一个比较紧密联系的有机整体，通过劳动力在区域内的经济活动把整个区域城镇体系整合起来实现一体化。这个过程中可能是中心大城市先发展，也可能是周边城镇先发展。中心大城市先发展的情况比较多，然后通过地方政府的主动行动，把区域不平衡最大程度降低，形成一体化的状态。周边乡镇先发展起来的情况也有，比如福建省、浙江省等东南沿海省份的乡镇，再通过政府强调中心大城市的发展，进而使中心大城市的地位和作用凸显出来[②]。

但如果是远距离的异地城镇化，就没有办法达到区域一体化的效果。从经济发展来看，人力资本及其他各种资源都无法在打工目的地的大城市和流出地的中小城市和农村之间交流，起不到良好的带动作用，实现不了城乡一体化和反哺农业。经济落后地区仅仅在某个特定的方面，比如提供人力资本或各种资源方面为发达地区服务，某些经济活动或部门畸形增长，相互之间没有形成健康的城镇发展体系和自我运转的、有活力的经济社会协作链。从社会发展来看，从农村来到大城市打工的外来人口在特大城市、大城市的社会融入存在很多困难。农村老家有他们的妻儿、父母，乡土情结让巨量的外出打工农民往返于家乡和打工地之间，留守妇女、儿童和老人等一系列社会问题也随之出现。

相反，就近城镇化有利于区域均衡发展，缓解特大城市、大城市的经济、人口过度集聚对资源环境造成的压力，并且具有两方面的优势。一是社会融合的优势。我国地级市的空间距离一般在100公里范围内，县城辐射半径在30—50公里，截至2015年，全国共有

---

① 高媛、王竟梅：《从"苏南模式"和"温州模式"看吉林省农村城市化的发展模式》，载《吉林省经济管理干部学院学报》2006年第1期。

② 朱宇等：《中国的就地城镇化：理论与实证》，科学出版社，2012年；王国栋：《沿海与内陆就地城市化典型地区的比较研究》，中国科学技术出版社，2015年。

县级行政区划2850个，其中361个县级市，1566个县，我国人口大部分分布于县域范围[①]。由于地理位置在家乡附近，农民从农村迁到这里来很容易实现文化认同、语言认同、生活方式认同等，能够比较容易实现社会融入。二是制度优势，我国具有经济、社会、政治、文化等功能比较完备的行政区划单元，也有利于进行各种城乡一体化的制度改革。

3. 就近城镇化是目前我国城镇化的重要发展趋势

随着经济社会发展，就近城镇化也正在成为我国城镇化的重要发展趋势。2008年到2015年国家统计局发布的农民工监测调查报告数据显示，在外出农民工当中，在省内就业的比重正稳定持续地不断增加，从2008年的46.7%上升到2015年的54.3%，到省外就业的比重则不断降低。2008年全国外出农民工总量为14041万人，2015年为16884万人，按此比例，省内就业的外出农民工人数从2008年的6557万人增加到2015年的9168万人，增长了40%。这一比例不包括在本乡镇就业的农民工，所以该数据就是指在地级市、县域就业的农民工。这体现出了农业转移人口就近实现城镇化的趋势。

根据此数据，近几年，在本省内转移就业的外出农民工当中，流向本省省会城市和地级市的人数比例在升高，2015年比2013年都分别增长了1个百分点。2015年省内就业的外出农民工中在本省省会城市或地级市就业的比例达到54.1%，在小城镇、县就业的比例从2011年的47.1%下降到45.9%（见表4-1）。外出农民工在县域就业的比例下降，说明县对他们的吸引力不够大。

① 国家统计局：《中国统计年鉴2016》，中国统计出版社，2017年。

表4-1　省内乡外流动的农民工不同流向的比例

年份	流向比例（%）			
	直辖市	省会城市	地级市	小城镇
2013	3.3	21.5	28.1	47.1
2014	2.8	22.2	28.9	46.1
2015	3.0	22.5	29.1	45.4

分区域来看，东中西部三个区域外出农民工的数量比较接近，中部略多一些。东部外出农民工在省内流动的数量和比例一直都很高（见图4-1），2009年到2015年省内流动农民工增长率为10.72%，流动到省外的农民工的增长率为负，即东部流动到省外的农民工的绝对数量在减少。从农民工流向的增速来看，中部外出农民工在省内流动的比例虽然相对低于东部和西部，但增长率达到58.19%，这一增长率是省外流动增长率的6倍多；西部外出农民工省内流动的增长率也达到32.31%，是省外流动增长率的近6倍（见图4-2）。这些数据表明，东部地区的就近城镇化已经比较普遍，而中部和西部原本以远距离异地（跨省）城镇化为主，现在却正在快速地向就近城镇化（省内转移）转变。

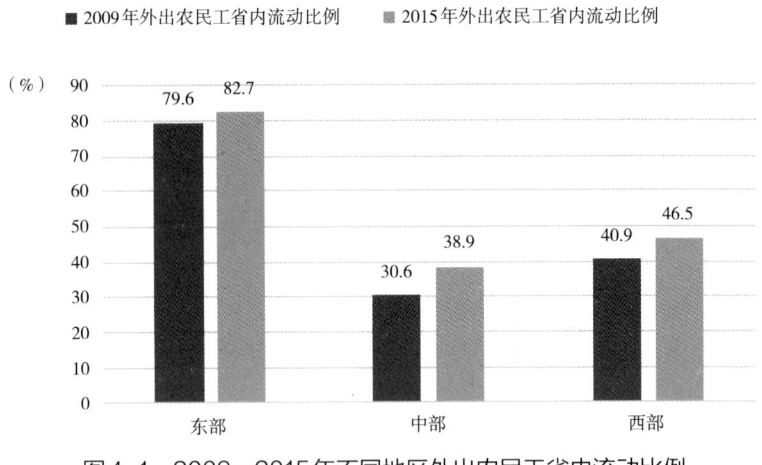

图4-1　2009—2015年不同地区外出农民工省内流动比例

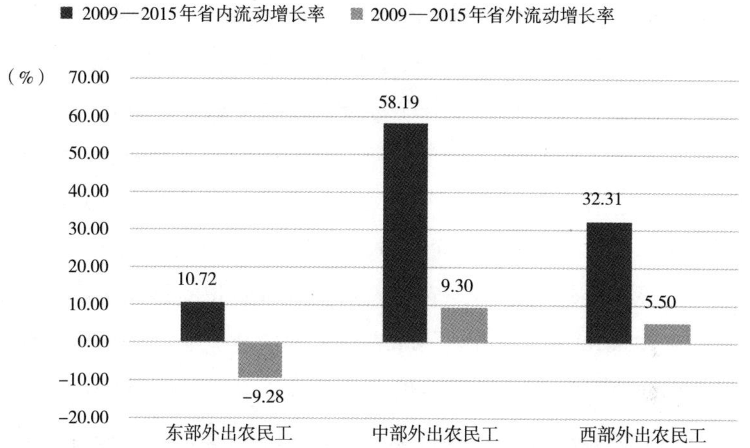

图4-2 2009—2015年不同地区外出农民工省内流动和省外流动人数增长率

数据来源：2009—2015年国家统计局发布的“全国农民工监测调查报告”。

二、就近城镇化的三种模式

本章采用的研究方法是实地案例研究与文献数据研究相结合的方法。笔者所在的清华大学社会学系与清华同衡城市规划研究院有密切的合作，笔者带领的课题组近几年完成了云南省红河哈尼族彝族自治州、四川省德阳市、河南省舞钢市等地的城乡统筹规划项目，又在广东东莞、广东清远、河北白沟地区、山东省邹平县等地做了许多城镇化调研。笔者还曾组织清华大学经济社会数据中心做了“中国城镇化与劳动移民研究”全国问卷调研。基于这些研究，笔者尝试总结就近城镇化的三种模式：第一，通过发展县域经济实现农业人口就近城镇化；第二，强镇崛起带动农业人口就近城镇化；第三，以地级市为中心推进全域的城乡一体化和就近城镇化。

1. 模式一：通过发展县域经济实现农业人口就近城镇化

在中国自古以来的行政区划中，县是最基本、最稳定的行政单位，其经济、社会、政治、文化功能比较完备，既有农业，也有工业、服务业，是联系城乡的关键节点。中国东部一些县域（县级市）的经济社会发展水平甚至已经明显高于中西部的一些地级市[①]。

就近城镇化可以从以下几个标准来理解：就业非农化、居住环境（生活方式）城市化、社会保障完善、接受城市文明、户籍性质转变，其中户籍性质只是一个名义上的指标，笔者以为它并不能准确反映城镇化水平。前面四个条件是递进的关系。

通过发展县域经济实现农业人口就近城镇化的路径是：首先要通过产业发展带动农业人口的非农就业和农业产业化的发展，至少是兼业化发展，实现农民收入的大幅提高以及县域经济性质的改变和提升，进而带动生活方式转变、社会保障完善、城市文明素质提升，与此同时，政府进一步推进体制机制建设。这样的就近城镇化往往会比较顺利。

通过发展县域经济实现农业人口就近城镇化的“强县”往往可以分为如下几种类型：

第一类是具有显著的地理优势。临近特大城市或自身居于重要国际口岸通道，能够接受特大城市强有力的辐射带动、承接产业转移、对于当地多个产业的发展都有全方位的推动作用。重要口岸作为资源、信息、技术集散的中心，对县域经济的拉动作用不言而喻。“一带一路”沿线上的重要空港山东胶州、毗邻北京和天津的河北三河、临近成都的四川双流、东北重要交通枢纽吉林延吉、临近郑州的河南新郑、临近长沙的湖南长沙县等都是这样的县城或县级市。

第二类是具有显著的资源优势、矿产优势。依托矿产资源，发展能源、矿产资源深加工，通常都是这些地方的支柱产业。以煤炭化工为主的内蒙古准格尔旗等几个经济强县，陕西神木，以钢铁为主的河北迁安，都是这样的县或县级市。但是，依托矿产资源优势

---

① 李强等：《多元城镇化与中国发展——战略及推进模式研究》，社会科学文献出版社，2013年，第271、273页。

发展的县域经济，往往会出现工业比重过高、农业和服务业发展不足的情况，如果不能统筹产业结构和产业转型，县域经济的发展也会遇到危机。在当前去产能、供给侧结构性改革的背景下，以煤炭、钢铁为主的经济结构如果没有及时、很好地走上产业转型升级的轨道，对县域经济的负面影响就会逐渐显露。

第三类是因地制宜地发展自身的产业（如农业、工业、服务业），依托传统优势产业，不断做大做强。比如山东寿光的蔬菜产业、山东邹平的纺织产业、四川郫县的川菜产业和人才培训、湖南浏阳的医药和花炮制造等。还有一类县域经济，它们自身条件很一般，但是由于有创新思路，探索到了新的发展方向，比如湖南宁乡县逐渐退出原有的煤炭产业，转而寻求其他产业的发展，取得了很好的成就。创新、开放、与时俱进，做长做大产业链，都是一些关键因素。如果说因为交通和通信技术的日益发达，城市的发展潜力与城市规模的关联性已经在不断减弱[①]，那么从这些案例中又可以发现，城市的发展潜力与城市本身先天优势的关联也不是必然的，县域发展更多是依靠后天所纳入的一些因素。

其实，中国强县最多的省份是江苏、浙江、广东等东南沿海省份，但是我们为什么不把它们归于这一类呢？因为通过比较，我们发现，内地的县域发展和东南沿海的是有差异的，东南沿海的城镇化更主要是从最基层的乡镇企业发展起来的，城镇化的动力更多是来自乡镇而不是来自县城，故而笔者将其归入下面的强镇崛起模式。这些地方的城镇化，来自最基层的自下而上的动力，从村镇延伸到县城再到中心大城市，形成了广大的城乡一体的绵延形态[②]。中西部县域的就近城镇化则是以县域为单位的整体发展，中心镇也发挥着重大作用，但更体现县域的整体性发展，从形态上来看，中

---

① 新玉言：《国外城镇化——比较研究与经验启示》，国家行政学院出版社，2013年，第5页。

② 李阿琳：《就地城镇化——强政府与弱产业下的农村发展》，社会科学文献出版社，2014年，第273、282页。

西部的发达县域并不是集中连片的，有的时候两个县域有相近的地理位置和资源禀赋，但是发展的程度却很不相同。可见这种模式的就近城镇化也需要满足一定的条件，比如交通区位因素、传统产业优势，特别是当地政府组织资源和实施政策的能力等。县域实现了经济腾飞之后，城乡差距大大缩小，农业得到反哺，农民生产生活环境大幅改善，社会保障全面提升以及城市文明素质得以养成。

2. 模式二：强镇崛起带动农业人口就近城镇化

这种模式主要发生在我国的东南沿海地区，特点是呈现连片分布，著名的如苏南模式、温州模式、晋江模式等，众多经济强镇密集分布在温州、晋江、昆山、东莞、佛山等地。这种就近城镇化模式主要是乡镇企业从加工制造业开始发展，大量吸引外资，融入全球分工体系，一开始从最简单最低端的来料加工做起，逐渐形成上下游的产业链，近来开始走上转型升级的道路。这些地区的资源条件并不好，人多地少的矛盾十分突出，但是它们抓住了时代机遇，充分发扬拼搏吃苦的企业家创业精神，此外，当地还有着浓厚的重商传统文化底蕴。发展初期自下而上的动力特点非常突出，政府的制度和政策引导在发展中后期也起到积极作用。目前东南强镇所面临的新挑战是劳动力成本上升和传统制造业的转型升级。

东南沿海的强镇崛起究竟算是“就地城镇化”还是“就近城镇化”呢？在强镇崛起的过程中，就地城镇化与就近城镇化常常是融为一体的。当然，作为学术研究，又必须做出明确分类。笔者认为，我们所定义的就地城镇化特指村庄就地改造，不存在村民迁移，是一种比较特殊的城镇化现象，比如北京高碑店、韩村河，河南刘庄，吉林建华村等，需要具备特殊的条件，包括位于大城市周边、土地资本化、有村庄精英领袖、外部资源注入等。

东南强镇兴起，虽然具有就地城镇化与就近城镇化的交融性，但实际上我们发现，这些镇并不是依赖我们曾分析的就地城镇化村庄发展的那些特点发展起来的[①]。当然东南强镇可能也符合这些特定条件，比如毗邻大城市，但往往这种条件对于它们的发展并不是决定性的。有一些强镇确实受到特大城市和超大城市的辐射和产业转移的有利影响，比如位于上海周边的镇，比如昆山，但是汤茂林对昆山的研究表明，这种影响小于其自身内部力量的[②]作用。再比如福建的晋江，并没有和特大城市距离那么近，福建的中心城市也没有上海那么大的辐射带动作用，而且一些学者以福建省为例的实证研究表明，距离中心城市的远近对县域的发展并没有显著性影响[③]。这些强镇一开始也没有享受到土地资本化带来的好处，有时候反而可能是乡镇的普遍发展推动了中心大城市的腾飞。这样的强镇也可能有村庄精英领袖，但更多的是一种普遍的创业精神和经商文化的浸染，比如福建多地是著名的侨乡，人人争相创业当老板。至于外部资源的注入，很多强镇特别是珠三角地区确实以吸引外资著称，但就地城镇化研究中所指更多的是政府的投资，东南强镇的这些外资都是在市场作用下到来的，二者有本质不同，而且研究表明，外资对于这些强镇的发展也不是必需的[④]。

因此，这些对村庄的就地城镇化来说至关重要的决定因素，并不是决定东南强镇实现就近城镇化发展的最核心要素。在东南强镇的城镇化模式下，广大范围内的村庄、乡镇、县城、中心城市密切结合在一起，没有哪一个村镇是孤立的城镇化，农业人口就业可以在本村、本镇、邻镇、县城、地市。从产业来说，是在整个地区形成产业集群，从城乡形态来说，是城乡结合在一起的一体化的绵延形态。我们把这种现象称为“就近城镇化”，就是从更大的范围来看待城镇化现象。

---

① 李强、张莹、陈振华：《就地城镇化模式研究》，载《江苏行政学院学报》2016年第1期。

② 朱宇等：《中国的就地城镇化：理论与实证》，科学出版社，2012年，第65页。

③ 朱宇等：《中国的就地城镇化：理论与实证》，科学出版社，2012年，第69页。

④ 朱宇等：《中国的就地城镇化：理论与实证》，科学出版社，2012年，第165页。

3. 模式三：以地级市为中心推进全域的城乡一体化和就近城镇化

我们对四川德阳、云南红河进行了实地调研，并对另外一些地区的城乡一体化实践进行了文献研究。这些地级市通过全域的城乡一体化和就近城镇化努力，不断缩小城乡经济社会发展差距，取得了较好效果。它们具有一些共同的特点。

第一，基于市域统筹，进行整体性规划，在整个市域推进城乡一体化，统筹城乡发展，引导农业人口向中心城市、县城和重点镇集中。这样的地区规划一般以区域内的主要地级市为中心，县城、重点镇、新型农村社区形成多级城镇体系，四川德阳、山东德州、四川巴中、云南红河等地都是很好的例子。

四川德阳市工业基础雄厚、县域经济发达，大力推进城乡统筹发展，在加强中心城区建设的同时，有选择地培育重点镇和特色镇，构建1个主城区、5个县城、21个重点镇和若干特色镇的城镇体系。

山东德州市通过"两区同建"（农村社区和农村产业园区建设）打造全域城乡发展一体化，市级规划包含1个德州中心主城区、10个次中心城市（县城）、36个中心镇、710个小集镇（农村社区）和1538个农村产业园区[①]。在整个范围内，城乡居民的就业机会、收入水平、居住条件、公共服务、社会保障向均等化看齐。

四川巴中地处秦巴山集中连片特困区，为把扶贫和统筹城乡发展、就近城镇化结合起来，巴中市制定了《巴中市扶贫开发规划（2011—2020年）》《"全域巴中"空间发展战略规划》《巴中市城市总体规划（2011—2020年）》，提出建设中心城市—次中心城市—重点和特色小镇—小集镇（中心村）四级城镇体系，一城两翼三副等中心城市，并以打造交通枢纽和节点城市，打造乡村公路全域畅通，建造便捷交通网络获取区位优势作为首要突破口[②]。

---

① 王景新、庞波：《就近城镇化研究》，中国社会科学出版社，2015年，第12—20页。
② 王景新、庞波：《就近城镇化研究》，中国社会科学出版社，2015年，第24页。

云南省红河州根据自身区域和城乡差异大的特点，提出构架“一核两轴”“组网共建”的城镇化思路，推动个旧、开远、蒙自、建水、弥勒协同发展，做强滇南中心城市，带动州域发展；依托蒙河铁路、昆河铁路两条交通要道，对内对接滇中城市经济圈，扩大对越南开放，承载州域主要产业发展；加快发展特色县城，提升中心集镇保障能力，促进人口就近就地城镇化；针对州域南北地形、民族和文化的差异，设计不同的城镇化发展路径，引导大部分农业农村地区就近城镇化，引导环境资源承载力非常有限的少数地区异地搬迁。

第二，根据不同区域的特点，发展不同的产业类型，在不断发展工业的基础上，重视农业产业化，发展现代农业、特色农业、旅游产业，引导农业人口就近就业。在平原地区，如山东德州整个区域、四川德阳的平原区域，着重推进农业规模化、产业化，促进土地流转和农业合作社的发展，确保农民获得优质的农业服务和分享农业产业化的收益。在以山地丘陵为主的地区，如云南红河州、四川德阳的山地丘陵地区，更多发展特色种植业和养殖业，依托当地民俗文化特色发展乡村旅游业，吸纳当地农业人口就业。

第三，以农村社区改造为引擎，促进土地流转，建立农业产业园区，加强基础设施建设，提供各种公共服务，使现代文明从城市浸入农村。比如，四川德阳建设新型农村的类型有城镇带动型、产业集聚型、文化特色型、异地搬迁型等多种类型，在产业发展、农民居住条件改善、村庄基础设施建设等方面都有不错的成就。德阳的社会保险实现统一的城乡全覆盖，并分为多个层次，城乡居民都可选择适合自己的参保档位。山东德州把“两区同建”作为德州市城乡统筹实现城镇化和农业现代化的着力点，合并村庄进而合并为社区，将8319个行政村合并为3070个行政村，并规划为710个社区（已建成和正在建设中的有378个），新农村社区依托产业园区来建设，发展特色农产品、粮食产业，社区将农业社会化服务体系和社区公共服务体系组合起来[①]。云南红河州针对不同类型的农村社区，在村庄就地改造或就近异地搬迁的同时，着力保障进城农民的土地承包经营权、宅基地所有权、集体收益分配权等各种权益。

三、关于就近城镇化的几点思考

1. 农民土地权益保护与建设用地资源配置

土地对于农民和村庄的发展来说是最重要的物质资源。很多研究表明，农民不太愿意获得城镇户口，更不愿意放弃农村土地，城镇化的形式多是兼业化的形式。根本原因是，农民在城镇内仍然以非正规就业为主，收入水平和城镇居民差距仍较为明显，只能保留农村土地作为保障的基础。这种农民兼业化的现象将会持续相当长一段时间，但从长远来看，这只是城镇化的一种过渡状态，比较理想的状态应当是大部分农民进城安居乐业，从事非农产业，享受城市文明；少量职业农民在农村从事现代农业并获得较高的农业收入[②]。另一方面，农民兼业化导致城镇建设用地和农村建设用地双双增长，不利于对耕地的保护。因此，在城镇化进程中，如何引导农民逐渐向城镇集聚，又不损害农民的土地权益和财产利益，是一个需要制度设计统筹考虑的重大问题。

目前，城镇化推进的主要方式是征地，但除了少数特大城市郊区以外，大多数地区征地给予农民的补偿是比较低的，政府通过征地获得了大量收入并将其用于城镇化建设，而农民成为城镇化中的受损者。实施“城乡建设用地挂钩”本意是对城乡建设用地权利进行置换，但实际操作中各地方政府“要地不要人”的倾向明显，以

---

① 王景新、庞波：《就近城镇化研究》，中国社会科学出版社，2015年，第48—50页。
② 华生：《城市化转型与土地陷阱》，东方出版社，2013年。

至于不得不有所控制。

同时，由于通常都是较高层级的政府获得土地开发权，比如省、市。特大城市、大城市获得用地指标和土地发展权，土地开发成为拉动经济、获得财政收入最重要的因素。而县、中心镇要发展、要建设，却没有建设用地指标，这制约了其就近城镇化的发展。特大城市的建设扩张中，获得收益的是地方政府、开发商、少数近郊因征地获得巨额补偿的农民，但是政府却没有制度上的动力和压力，多分一些利益给远道而来进城打工的人们，这是他们在为之做出很多贡献的城市中本应当得到却没有得到的。

因此，在制度设计上，应该建立“人地一致”的机制，建设用地的安排和布局转移要与农民城镇定居结合起来。中央政府2016年出台的《深入推进新型城镇化建设若干意见》当中，“建设用地增加规模与吸纳农业转移人口落户数量挂钩的机制”是很好的方向，要扎实推进，这既可避免特大城市在无法保障进城农民工安居就业保障权利情况下的不断扩张，更能够给中小城市和县城以发展的资源和机会。

对于中央政府发布的关于保护农民土地权益、积极推行土地流转的政策，有的地区做出表率，对村庄建设用地进行整理复垦，实现土地节约集约利用，置换出来的建设用地带动了村庄的人聚业兴，如江苏沛县农村宅基地有偿退出①。但也有地方存在这样的现象，比如，名义上是建设新农村社区，实际上主要目的是搞房地产开发；或者，以很低的耕地补偿价格流转农民的土地，拿到土地后却用于非农业的用途，这些做法应该予以监管和控制。

在城镇化进程中，政府应该充分尊重和保护农民的土地权、财产权以及发展权，不仅是土地制度，需要包括财政体制在内的一整套制度体系共同发挥作用。

---

① 《宅基地制度改革：进城买房不是唯一的路》，载《国土资源》2016年第9期。

2. 改革城镇化资源分配对中小城市不利的体制与机制

清华大学中国经济社会数据中心进行的全国抽样调查数据表明，在询问农民工愿意选择什么样的城镇定居时，占比最高的是愿意在县城定居。然而，与此形成鲜明对照的是，本章第一部分的实际流动数据表明，县城的吸引力不足，外出农民工实际上近年来并没有明显地向县城聚集。为什么意愿与现实有巨大差异呢？是因为目前的资源配置体制对县城发展不利。

如果要强化县城就近城镇化的集聚能力，就需要大力增加资金的投入。但现实情况是，在自上而下政府主导的行政体制下，资金向上集中是主要趋势，大城市有更多的金融机会，小城市和县城缺乏融资渠道和金融机会。级别越高的大城市，政府就越能够获得更多资源和资金，获得更快的发展和扩张，产生了"循环累积效应"现象，市场机制的作用会使资金流向回报较高的地区，更强化了大城市获得融资机会的优势，反之，小城市和县域却缺少资金的支持。

具体来说，首先，中央政府目前的财政转移支付制度，以来源地为基础的税收共享和税收返还对于本来就比较富裕的地区较为有利①，而不利于发展较为落后的城市和地区。其次，目前的税收制度使税收主要留在了中央和省级地方政府，但是具体落实人的城镇化、农业转移人口市民化任务，为辖区内人口提供社会保障等公共服务的是市、县等基层政府②。城镇化急缺的资金从哪里来呢？只好先依靠土地财政和城投公司。最后，在市场机制下，商业金融机构会更多考虑风险和收益比等因素，县域经济和农业农村的发展较难获得银行的融资支持③。县域的金融资金外流情况比较严重；农业项目由

① 罗伊·鲍尔、吴卓瑾、乔宝云著，刘乐峥译：《城镇化与中国财政改革》，中国财政经济出版社，2014年，第123页。

② 罗伊·鲍尔、吴卓瑾、乔宝云著，刘乐峥译：《城镇化与中国财政改革》，中国财政经济出版社，2014年，第123页。

③ 温铁军：《"三农问题"与和谐社会》，载《学习月刊》2005年第6期。

于投资周期长、风险大，从而对金融资金缺乏吸引力，大量的农村资金投入到非农行业而不是支持农业农村的发展。

对于上述问题的对策建议是：第一，研究各地区实际的支出需求与其自身财政能力的差距，中央政府应根据实际差距调整给各地方转移支付的数额，转移支付应向县域发展倾斜；第二，赋予地方政府一些征税权，让地方政府能够直接在资本市场上融资，从而扩大地方政府的收入来源，特大城市和大城市的征税率显然会高于中小城市，这样就能够引导人口等各类资源从大城市分流到中小城市，促进实现合理的就近、就地城镇化；第三，限制开发商囤积土地的行为，比如分期分批放地，对开发商的利润征税，将土地收益更多转移到为本地常住人口提供更公平优质的公共服务上来。

3. 就近城镇化须做好城市统筹规划，注重城镇间的合作协同发展

本研究还发现，在中部地区县域的就近城镇化存在这样一种现象，一些乡镇通过融入全球分工体系，承接东部地区产业转移，吸引较多数量的农业人口转而从事初级的加工制造业。这虽然使得少部分农业人口（主要是小工厂主）过上了富裕的生活，但大多数工人或农民工生产生活条件仍然较差，区域整体的城镇化水平不高，工业产业低端，产品附加值低。在产业人口大量聚集之地，城镇生活基础设施建设严重不足，同时，农业衰败，耕地被建设用地不断侵蚀，资源消耗、环境污染情况严重[①]。

出现这种情况的原因是县市级政府没有做好全域统筹发展规划，也没有根据本地的经济社会特色、特点制定出适宜的就近城镇化战略。各乡镇分头进行规划建设，招商引资，造成重复建设、恶性竞争，只注重工业园区生产型基础设施建设，却普遍缺乏供水、燃气、

① 李阿琳：《就地城镇化——强政府与弱产业下的农村发展》，社会科学文献出版社，2014年，第273—282页。

公交、污水处理、垃圾处理等公共服务型的投资建设。

笔者认为，在这样的地区，地县政府的规划引导作用应体现在注重区域整合、资源共享，促进各县、各乡镇之间实现协作共赢，成为相互协作的利益共同体，使多层次产业在区域内协调发展，避免低水平重复建设。可以学习国际先进经验，如日本随着经济发展，推动市、町、村行政区域合并，公共设施和服务在较大的行政区域内进行规划建设运行，实现了资源环境的节约集约利用，促进了城市的健康发展[①]。中国目前大力推进的城市群、城市带的发展就包含着在更高层次上发挥城市间协作共赢的含义。

再者，内陆地县政府应引导本地的城镇化走地方特色之路，而不是在全球化的背景下盲目模仿已经发展起来的东南沿海走过的道路。东南沿海的发展有特定的宏观时机、市场规律和内在动力。传统上内地城镇化的主导模式是通过政府提供各种土地优惠、税收优惠增强对外资的吸引力，迄今这种传统模式取得的结果并不理想，且带来了一系列经济、社会、资源、环境问题[②]。因此，现在更适宜选择的就近城镇化道路是立足地方的特色，比如特色农业、特色文化产业、旅游业，根据区位等优势发展生产型服务业等，找到适合自己的位置，逐步实现可持续发展。

---

① 李阿琳：《就地城镇化——强政府与弱产业下的农村发展》，社会科学文献出版社，2014年，第273—282页。

② 李阿琳：《就地城镇化——强政府与弱产业下的农村发展》，社会科学文献出版社，2014年，第273—282页。

第五章
主动城镇化与被动城镇化

当前，我国城镇化最突出的任务就是要实现以人为本的城镇化。本书探讨就地城镇化与就近城镇化，其核心原则还是以人为本，尊重农民的意愿。为了强调人的需求在城镇化过程中的重大作用，就必须区分主动城镇化与被动城镇化。主动城镇化是人们出于自发意愿的城镇化，被动城镇化则是人们并非出于主观意愿而是被要求或被规划的城镇化。主动城镇化有多种途径、多种模式，而被动城镇化往往与人为造城、土地城镇化、土地财政、追求短期政绩等密切相关，造成伤害群众利益、引发社会矛盾等后果。在多种模式的城镇化建设中，应更加重视县域经济，重视就地城镇化、就近城镇化建设，这样才更容易实现主动城镇化。

本书多次强调城镇化的核心是人的城镇化。与人的城镇化相反的概念是“物的城镇化”“土地城镇化”，这两种概念的城镇化更多地去关注了人以外的因素，在城镇、城市的建设中忽视了作为城镇化主体的人的核心地位，忽视了城镇化的最重要目标是增进人的福祉和实现生活水平的提高。人的城镇化是尊重人的主体地位的城镇化，真正以人为本的城镇化一定要符合参与城镇化的广大老百姓的意愿，也就是要实现主动城镇化，避免被动城镇化。

一、什么是主动城镇化与被动城镇化？

城镇化或城市化[①]是指，在近现代工业化发展进程中，人口大量迁入城市，聚集居住、聚集生产、聚集生活的一种社会现象。城市化是现代化发展的重要标志，是现代化进程中一种不可阻挡的趋势。为什么不可阻挡呢？虽然自古就有城市，但城市化却标志着人类文明发展史进入一个新的历史阶段。在现代政治经济活动中，城市有着明显的优势。聚集生产、聚集生活带来了巨大的集约化效应。城市在创造就业岗位上的优势远非农村可比，城市的教育、医疗、社会保障水平更高，城市生活更加便利和丰富多彩，对年轻人有着巨大的吸引力。城市生活也要求城市中的每一个人具有较高的公共意识和公民素质。虽然我们并不否认农村田园生活的优点，但农村还是无法抗衡城市的综合优势。所以，追求城市生活是人类正当的要求。正因为城市生活有如此多的优点，目前全世界大多数人口才生活在城市里。在迁居自由的情况下，绝大多数人都会选择在城市居住。

所谓“主动城镇化”“被动城镇化”，是从进入城镇、城市的人的主观意愿角度对城镇化、城市化进行的区分。工业革命与城市化最先发生在英国，发生伊始就明显可以区分“主动城市化”与“被动城市化”。农民因英国圈地运动，被暴力从土地上驱赶，远走他乡，流入城市，显然就属于被动城市化。

无论是就城镇化人口上升的规模还是速度而言，我国当下都居于世界前列。在我国城镇化的实践中，既可以看到人们为追求美好生活而定居城市的主动城镇化，也可以看到在大规模拆迁改造中想留守故土而不能的被动城镇化，有些甚至还引发了群体事件。

---

① 城市化与城镇化两个概念原来并没有本质区别，但是，由于我国经中央政府行政审批的城市仅有657个，而可以称为城镇的地方则有数万个，这样，在我国使用城镇化概念通常就涵括了所有的城市和城镇，所以，在涉及国际一般规律或其他国家的情况时多使用城市化概念，而在专讲中国情况时多使用城镇化概念。后文主要用“城镇化”概念。

根据清华大学2012—2013年城镇化问卷调查，当询问所有农村户籍的被访者“如果有机会将户口转为城镇非农业户口，您是否愿意”时，回答“愿意”的仅占38.1%，61.9%的人都回答“不愿意”。从这个数据看，当地所有持农业户口的人（包括留在农村的和外出打工经商的），有主动意愿转为城镇户籍的比例不算高，不到四成。当然，其中的因素十分复杂，并不能因此而将其余的六成都归入被动城镇化群体。因为“转户口”与是否愿意到城市里工作、生活，含义很不一样。近来一些农村学生考上大学，也不愿转户口，因为这样可以保留他们在农村的各种权益，但这不意味着他们毕业后不在城市里就业。对于这个问题，下文还有进一步的分析。

在四川德阳与河南舞钢，我们的调研问题是：“您是否愿意放弃承包地，获得城镇户口以及与城镇化职工一样的社会保障？”回答“愿意”的，德阳为45.7%，舞钢为47.7%。从总的意愿上看，农民的态度比较分化，虽然有45%—47%的农民愿意城镇化，也就是说可以归为“主动城镇化”，但是，31%以上的农民表示不愿意城镇化，如果硬让他们城镇化，那就只能归入“被动城镇化”。而且，不可忽视的是，还有21%—23%的人处于观望状态，如果他们最终也选择了不愿意放弃承包地的话，那么被动城镇化的比例会大幅度上升。

总之，多个调研表明，在城镇化问题上，农民的意愿很不一致，是分化的。为什么农民的意愿大大分化呢？核心是利益问题，城镇化是否能给农民带来利益，是获得利益还是利益受损，由于农民本身有分化，所以，取得一致意见很困难。自然就会出现主动、被动两种现象。

先看看主动城镇化。根据国家人口和计生委流动人口司的调研，2011年底，全国流动人口2.3亿，其中农村户籍流动人口约1.77亿，该研究还预测2015年、2020年、2030年，我国流动人口规模将分别为2.5亿、2.8亿、3.1亿，而农村户籍流动人口将分别达到1.9亿、2.1

亿和2.3亿。[①]农村流动人口的主体是流入城镇的打工族及其家属，他们进城打工经商的目的是赚钱，仅从这点上看，他们一般是主动外出的。那么，是否就可以将其认为是主动城镇化呢？情况并不是这样简单。

外出打工者大体上分为两类。一类外出打工者仅仅是为了赚钱，完全没有留在城镇的打算，调查表明，这类打工者，年龄大一些的占比高。另一类外出打工者在为挣钱以外，也想留在城镇，不想回农村了，调查表明，这类外出者，年龄越小则比例越高，也就是说，所谓“80后”“90后”的新时代农民工，大部分不想回农村了。所以，从趋势上可以判断，未来中国，主动城镇化的比例会逐渐攀升。

除了打工者外，主动城镇化的另一个比较重要的群体是来自农村的大学生。目前，每年进入城市的农村大学生大约是350万人，每年从大学、大专院校毕业的来自农村的毕业生也有大约350万人，并且还在逐年攀升。来自农村的大学、大专毕业生，是父母节衣缩食让他们进城念大学的，大学毕业后，毕业生和父母的共同期望当然是留在城里。事实上，我们也看到很多这样的案例，农村来的大学生大学毕业以后，取得职业成功，还将父母接到城里来，实现了全家城镇化。这样的城镇化，也是典型的“主动城镇化”。

从农村流入城市的除打工者外，也有一些经营者，甚至经营得比较成功。很多人生活已经稳定，不少已经有了稳定的就业、稳定的经营地点、稳定的住房，全家都迁居到城市或城镇里，孩子也已经习惯了这里的教育，他们也很希望留在这里。以上几种人——成功的打工者、成功的经营者、大学毕业生，他们是城镇化意愿最迫切的群体。这些人的主动城镇化，无论对于国家还是个人，都是好事情。

① 国家人口和计划生育委员会流动人口服务管理司编：《中国流动人口发展报告2012》，中国人口出版社，2012年，第3—5页。

再看看“被动城镇化”。被动城镇化最典型的情况就是农村地区的大规模整体征地拆迁，出于各种原因，在征地拆迁中会有不同比例的农民有抵触心理，甚至引发群体性事件。当然，大规模征地拆迁也有不同类型的项目，有些是大型工业工程、水利工程、交通工程项目，很多都不是与城镇建设相关联的。本书研究的仅是那些因城市发展、城市扩展、建设新城镇而带来的拆迁改造。此种大规模整体征地拆迁改造往往没有深入调研农民的意愿，而只是简单地“一刀切”，将农民转为城镇市民。调研表明，多数农民不愿意失去土地。

目前，征地拆迁的进程往往取决于怎样补偿，如果补偿标准高农民就愿意，标准低就不愿意。当然，笔者在实地调查中发现，被拆迁改造地区的农民心理十分复杂。笔者在调研中询问“是否愿意搬迁”，最初在问卷填答时，村民回答“愿意”，紧接着的问题是“为什么愿意”，村民回答“因为是政府让搬的”。这就有问题了，笔者仔细询问村民们自己的主观意愿，大多数村民说：“哪个愿意搬！”意思是都不愿意搬。所以，在征地拆迁问题上，主动的往往是少数，被动的往往是多数。除了补偿标准外，农民的意愿也与他们自身的很多条件密切相关，比如，年龄的影响、家庭收入的影响等。仅从家庭收入看，四川德阳的调查数据可见下表。

表5–1　家庭收入与是否愿意卖掉农村住宅到城镇去

家庭非农收入分组（年收入）	价格合适的话愿意（%）	不愿意，打算长期留着（%）
没有非农收入	21.4	78.6
10000元及以下	45.6	54.4
10001—20000元	45.1	54.9
20001—30000元	46.3	53.7
30001—40000元	50.0	50.0
40001元及以上	59.0	41.0
所有样本总计	46.8	53.2

注：总样本538个。

表5-1显示，那些非农收入（打工收入、经商收入等）比较高的家庭，愿意卖掉农村住宅搬到城镇居住的比例要高一些。反之，那些完全没有非农收入的家庭，他们的收入主要依靠务农，如果让他们进城镇，他们将失去生活依靠，所以，即使价格合适，他们大多数也不愿意卖掉农村住宅进城。

由于目前农村的现状是，真正富有的农民是少数，大多数农民还不是很富裕，要实现城镇化意愿上的主动还是难度很大的。

二、被动城镇化的原因分析

上文分析表明，主动城镇化是我们所期望的，而被动城镇化是一个负面的概念，意味着农民在没有主动参与的意愿下，仅仅“被上楼”，这样的城镇化，当然不属于“以人为本”的城镇化，是违背我国新型城镇化的基本目标和基本原则的。但是，这种违背原则的被动城镇化却又屡屡发生，究竟是何原因呢?

1. 土地城镇化、“人为造城”与地方政府的政绩

近年来，我国城镇化急速推进最重要的动力来自地方政府。城镇化从外观、景观上看，确实极大地改变了一个地方的面貌，林林总总的崭新建筑平地而起，确实使人们看到发展的巨大成绩。而我们目前的领导任期制也使得在任的各级领导有强大的发展压力和发展冲动，都希望在任期内干一番事业，而迅速推进城镇化就是最直观的大事业。

两种含义完全不同的发展，一种是内涵式发展，另一种是外延式发展。内涵式发展往往比较慢，这种发展可以真正实现人的发展，但是，它不具有直观的特点。而外延式发展，建造高楼大厦、大广场、标志性建筑等，成为有任期紧迫感的领导们最容易采取的发展方式。但是，外延式发展有严重问题。

表5–2　我国土地城镇化与人的城镇化的比较

内容	2000年	2009年	2009年比2000年增长百分比
城市建成区面积（平方公里）	22493.0	38107.3	69.8%
城镇人口（万人）	45906	62186	35.5%

资料来源:《中国统计年鉴》2001—2010年。

城市建成区面积是指在城市行政区所辖范围内经过征用土地和实际建设发展起来的非农业建设用地，它是衡量我国城镇化建设的重要指标，直白地说就是指已经被征用为城市土地的部分。表5–2显示，被城市征用的土地比2000年扩张了69.8%，但是人口的城镇化却远低于土地城镇化。

当然，地方政府扩张城市建设用地的另一个十分重要的动因是"土地财政"。众所周知，所谓的"土地财政"，是指一些地方政府依靠出让土地使用权来获得巨大的财政收入，在不少地方甚至成为政府财政的主要收入。而这里面有着严重的不公平交易问题，一些地方政府凭借公共权力，整合集体土地，有的甚至强行征地拆迁，低价征收，在"招、拍、挂"中获得巨大利益。这方面的研究已经很多[①]，不再赘述。

2. 对于土地法规、土地政策的反省

如上所述，"土地财政"普遍存在于全国各地政府中，仔细反省为什么会如此呢？这与我们的土地法规、土地政策有直接的关系。根据宪法，我国奉行的是土地公有制，包括两种公有制：城市土地属于国家所有，"农村和城市郊区的土地，除由法律规定属于国家所有的以外，属于集体所有；宅基地和自留地、自留山，也属于集体所有"[②]。土地公有制的目的是实现全体公民的共同利益，是为了避

---

① 唐在富:《中国土地财政基本理论研究——土地财政的起源、本质、风险与未来》，载《经济经纬》2012年第2期。

② 《中华人民共和国宪法》，人民出版社，2004年，第10页。

免在土地利益上多数人受损、少数人获利，法规的初衷是很正确的。但是，我国城镇化土地在实际征用和操作过程中却常常违背了这种初衷。我们知道，城镇化建设征用土地会立即带来该地块价格的暴涨，而土地价格暴涨的利益究竟被谁拿去了呢？众多案例证明往往是被某些利益集团或少数人拿去了。按照公有制土地的本意，土地利益的最大获益者应该是广大公众，也就是说，城市土地的最大获益者应该是全体人民。农村土地由集体所有，最大获益者应该是该土地上的全体村民。但实际上不是这样。土地利益的分解是个非常复杂的过程，下面试作一下剖析。

按照法规，土地被征用变为国有土地以后才可以成为建设用地。成为建设用地以后，有些是用于公共服务项目，如建设学校、医院、体育场所等，这些往往采取划拨方式。有些属于工业用地，根据工商业项目的不同性质，出让方式也是多种多样。一般而言，利益比较巨大的是住宅用地，政府采取“招、拍、挂”的方式卖给开发商，政府获得巨大的土地出让金。从法理上说，这笔巨大的土地出让金是国有的或全民所有的财产，但实际上很难实现其全体人民所有的属性。

开发商拿到土地以后，也分得了巨大的利益，由于近二十余年，我国城镇建设用地的价格一路暴涨，在建设过程中，越是囤积土地时间长的开发商越是获得了巨大的收益。当然，开发商要对原住地居民给予地上物的补偿，二十年前这种补偿的价格是很低的，而近来拆迁的地上物补偿价格急剧攀升。今天，在特大城市、大城市的市郊、周边农村，被拆迁者获得巨额补偿金的现象也并不罕见。由此，早年拆迁低补偿的家庭容易产生极大的心理不平衡，矛盾激化的事件频频发生。房屋的购买者，如果是在八九年以前购买了房屋的，由于近年全国各地城镇住房价格飙升，早期购房者也获得了房地产巨大增值的利益。但是，多数老百姓却由于在银行存着自己的“保命钱”而没有获利，反之，当年一部分“先富起来的人”大批量购房，后来获得了巨大的利益。媒体披露的陕西神木市农村商业银行副行长龚爱爱在北京购买了41套住房，就是一个典型的案例。

总之，我们看到，有四个方面的巨大土地利益的获得者：地方政府、开发商、近期的原住民、早年的住房投资者，通过对这些土地利益获得者进行分析，我们确实难以看到我国公有制土地本来应该体现的属性：让全体国民共享土地增值的利益。

公有制土地在操作的细节上，漏洞也比较多，譬如，土地大面积开发，说是公开"招、拍、挂"，实际上只有极少数开发商在博弈，广大公众根本无法参与。按照目前的土地法规，土地只有流转到政府手中变为国有土地以后，才能够转变土地功能，变为建设用地。土地在农村、农民手中只能用作耕地，不能变为建设用地，所以，土地集体所有就成为一句空话。总之，土地政策表面上是非私有的，表面上是对公众有利的，其实，往往对于大多数人是不利的。按照此种土地政策，多数老百姓只有被动接受，几乎别无选择。

当然，近几年，由于拆迁补偿标准大大提高，也由于民间抗争的力量逐渐壮大，被拆迁者也大大分化了。目前的土地补偿政策也带来两种极端的现象：一种是早期农民利益严重受损的现象，另一种是近来一些"钉子户"在抗争中获得了暴利的现象。这两种现象都不符合公有制土地制度的基本理念。

本次调查中，我们也询问了农民对于土地流转的看法，参见下面两个表。

表5–3　农民对于土地流转和规模经营的态度

农民的态度	四川德阳地区		河南舞钢地区	
	人数	百分比（%）	人数	百分比（%）
支持	303	49.8	187	51.1
要看具体形式和收益	163	26.8	83	22.7
不支持	143	23.5	96	26.2
合计	609	100.0	366	100.0

表5–4　家庭收入与是否支持土地流转的关系（四川德阳）

家庭非农收入分组（年收入）	支持（%）	要看具体形式和收益（%）	不支持（%）	合计（%）
没有非农收入	55.2	13.8	31.0	100.0
10000元及以下	47.6	29.3	23.1	100.0
10001—20000元	46.6	29.3	24.1	100.0
20001—30000元	46.3	30.5	23.2	100.0
30001—40000元	60.8	21.6	17.6	100.0
40001元及以上	56.8	24.7	18.5	100.0
所有样本平均	50.2	27.2	22.6	100.0

注：总样本536个。

从表5–3和表5–4可以看到，两个地区的农民立场相似，对于土地流转的态度是分化的。虽然多数农民是支持的，但是，如果将反对的和要看具体形式和收益才能决定的农民加起来的话，两个地区的人数都占到了农民总数的一半。表5–4显示，在没有打工收入、仅仅靠种地为生的农民中，反对土地流转的占31%，比例也不低。从总的分布上看，外出打工收入高一些的家庭，支持土地流转的比例略高一些。当然，要看到，在调研的两个地区，土地流转不意味着失去土地，两个地区土地流转的方式包括：村集体统一经营、与外来公司合作、农户成立农业合作社等。所以，在该地区，即使土地流转了，农民也还能够获得土地利益，如果是完全失去土地，那么反对者将会明显上升。

3. 政策不到位，伤害了群众利益

被动城镇化的过程中，往往由于很多政策缺位或不到位，让老百姓感到利益明显受损，有些征地拆迁甚至引发了群体事件。这里面的一个核心问题是土地或宅基地的补偿金问题。虽然，国家在农民的征地补偿、宅基地补偿方面有一系列的法规，并且在近年的法规修正案中，大大提高了补偿的标准。但是，在各地实施补偿的细则方面，情况还是相当复杂的。一般而言，土地、耕地、林地的补偿标准要更明确一些，而宅基地住房的补偿难度就要大很多。因为，住房涉及原来房屋本身的面积、后来搭建的面积、院落的面积、住房的质量、住房的朝向等细节，这些细节差异使得在房屋价格计算上容易产生分歧。

本次清华大学的城镇化调查询问了关于农民承包地被征用后的补偿问题。我们在被征地拆迁的样本中询问："政府或开发商承诺支付的补偿金，您家是否全额领到这些土地补偿金？"结果回答"全部领到"的占58.3%，"部分领到"的占14.8%，"没有领到"的占21.5%，还有5.4%属于其他情况。这表明，政策不到位的情况占到36.3%，超过了三分之一。从这个百分比的简单列举中，我们就可以理解，为什么被动城镇化的现象比比皆是，先不要说农民愿意不愿意上楼了，就连答应的补偿金不到位的现象都比较普遍，可见问题之严峻。

土地被征用以后，农民遇到的最大问题就是生计来源或就业问题。清华大学城镇化调查询问了"您家的土地被征用后，政府或开发商有没有为您或家人提供就业机会"，结果回答"没有提供"的占96.7%，"提供的"仅占3.1%，还有微小样本属于其他情况。所以，城镇化对于原本习惯于农业劳动的农民来说，最大的难题还是未来的生计。与城里人相比，农民在城镇就业上没有任何优势。他们所熟悉的农业劳动技能突然失效，实际上就意味着与城镇原居民相比较，他们处于技术、技能、文化上的劣势地位。费孝通先生在《乡土中国》中，曾经告诫城里人不要以为农民愚蠢，其实在农村的生活环境中，农民的生存技能、生活技能恰恰是城里人很缺乏的。[①]但是，城镇化将原本在农村文化符号体系中具有特殊本领的农民置于他们完全不熟悉的城市文化符号体系中来，他们当然成了城市文化符号体系的底层。对于城镇化中农民的就业问题，下文还有阐述，此处暂不赘述。

---

① 费孝通：《乡土中国》，生活·读书·新知三联书店，1991年，第12—24页。

总之，政策不到位或政策缺失造成了农民在城镇化上极其矛盾的心理状态。上文已述，清华大学的经济调查，问所有农村户籍的人是否愿意转为城镇非农业户口，结果只有38.1%的人回答“愿意”，61.9%回答“不愿意”。然而，同一调查中，询问农民工“您有没有打算返回家乡去就业”，69.5%的人“不打算回乡就业”，“打算回乡就业”的仅占25.3%，还有5.2%做了其他选择。这说明，一旦外出打工，多数农民就不想再回到农村去了，但是，让他们放弃农村的承包土地、宅基地，他们也不愿意。所以，核心问题是应探索怎样使已经进城、有了稳定就业和收入的农民工获得城乡土地、住房这样平等交换的权益要素，探索进城农民在获得合法财产权益基础上的退出机制。只有这样，才能够从被动城镇化转为主动城镇化，这也是本章最后一部分要探讨的问题。

三、怎样实现从被动城镇化向主动城镇化的转变

本章一开始就阐述了，城镇化是大势所趋，城镇化的实现对于中华民族完成现代化事业有至关重要的意义。但是，目前的城镇化，问题丛生，最突出的问题之一就是主动城镇化动力不足，被动城镇化矛盾凸显。而如果只是政府有动力，老百姓没有动力，这样的城镇化肯定是困难重重。那么，怎样把局面从被动城镇化转变为主动城镇化呢？笔者试阐述以下几点想法：

1. 真正实现以人为本的城镇化

笔者以为，人的城镇化就是以人为本的城镇化，就是将城乡居民的利益放在首要位置的城镇化。更具体地说，对农民、农民工而言，要实现以人为本的城镇化，就需要完成三大任务：第一，实现生产方式的转变，这不仅是指从农业生产转为工业、服务业等非农产业，也包括农业本身从传统的自然经济、小农经营方式转变为现代产业运营方式。所以，实现生产方式的转变并非不要农业或忽视

农业，而是完成农业现代化的转变，其结果与城乡一体化、城乡统筹是一致的。第二，实现生活方式的转变，实现农民、农民工以及广大农村的生活方式融入现代文明体系，形成现代文明的生活方式与生活理念，包括将现代文明的生活方式引入到新农村的建设之中。第三，实现社会权利、权益的公平公正，这包括权利公平、机会公平、规则公平等一系列的社会体制、机制的建设和完善，当然也包括城乡要素的平等交换。

如果真正实现了以人为本的城镇化，那一定是主动城镇化，而不是被动城镇化。为此，就要做到以下三点：第一，城镇化一定要尊重所有参与城镇化的人的意愿。如果群众意愿不一致，怎么办呢？这就要建立科学、民主、法治、公正的决策机制，该机制的基本原则是维护“大多数人的最大利益”。第二，实现“参与式决策”。城镇化涉及区域内的巨大人群，涉及区域内每一个人的切身利益，为了让大家取得共识，一个最为基本的措施就是要让大家参与进来。参与进来了，大家就成为城镇化的主人，而不是简单地被城镇化。成为主人了，地位变了，人们的观念也会随之变化。第三，信息公开透明。越不公开、不透明，仅仅由少数人暗箱操作，老百姓就越会感到有“猫腻”，抵制的心理就会越强烈。从逻辑上说，信息越对称，交换就会越公平。

2. 实实在在解决老百姓城镇化中的难题

以上只是讲城镇化中奉行的原则，要真正实现主动城镇化，必须在原则的基础上，实实在在解决真问题。笔者归纳了五个最主要的问题：就业、住房、农村土地宅基地、户籍、社会保障。由于文章篇幅所限，这里只谈前三个问题。

首先，是就业问题。对于农民、农民工来说，城镇化首先意味着生产方式的转变，而大量农业人口转入到非农就业岗位上来，就需要有强大的产业发展的支撑。所以，每个地方在做城镇化规划的时候，首先要做好产业规划、就业规划。只有以产业发展为先导的城镇化才是可持续的城镇化。从不同产业对于劳动力吸纳的能力看，第三产业、服务业对于劳动力吸纳的能力最强，而我国的服务业需要从过去的“粗放型”向“精细型”转变，这个领域有广阔的发展余地。另一方面，从农民、农民工本身的角度看，他们的技能培训也需要强化，职业技能和就业能力需要提高。

其次，是住房问题。根据国家统计局《2011年全国农民工监测调查报告》[①]，受雇农民工的住房，由雇主或单位提供的占32.4%，在工地或工棚居住的占10.2%，在生产经营场所居住的占5.9%，与他人合租住房的占19.3%，独立租赁住房的占14.3%，仅有0.7%的外来农民工在务工地自购房屋，另有13.2%的农民工是近距离外出打工回家居住。从住房角度看，绝大多数农民工目前都不具备在城镇稳定居住的条件。因此，农民、农民工城镇化的最大难题可能就是住房问题。笔者以为，住房问题要区别对待，特大城市、大城市、中等城市、小城市、小城镇的解决方案会有很大差异，本书讨论的就地就近城镇化，就是探索不同类型城市的不同解决方案。

同时，住房问题又与农民土地宅基地的流转、要素交换密不可分。城镇化意味着农民进城，那么，农民原有的承包地、宅基地、房屋怎样作为要素、资产交换到城市、城镇中来呢？这是一个大学问。其核心是要赋予农民住房、土地等平等财产权利，要探索建立实现城乡资产、财产、生产要素合理、平等交换的机制。

其实，在这方面，全国各地都做过很多试验，如成都试验、广东试验等。清华大学城镇化调查也提出了宅基地和房屋补偿问题：“您觉得您家房屋拆迁补偿的标准是否符合当地的市场价值？”结果回答“基本符合市场价值”的占29.6%，认为“低于市场价值”的占34.9%，认为“高于市场价值”的占2.3%，另有22.3%回答“不清楚，说不好”。想真正实现合理、公平、公正的补偿还需要做很多试

① 国家统计局：《2011年全国农民工监测调查报告》，http://www.stats.gov.cn/ztjc/ztfx/fxbg/201204/t20120427_16154.html，访问于2012年4月27日。

验，并且需要建立和完善此领域的法律、法规、体制、机制。

本研究对河南、四川两个地区进行了调研，也询问了农民对于城镇化住房的期望，参见表5–5。

表5–5　农民对于城镇化住房的期望

问卷问题	指标	德阳	舞钢
对建筑形式的期望	3层及以下（独门独院）	88.3%	92.7%
	4—6层单元楼	10.6%	4.6%
	7层及以上单元楼	1.1%	2.7%
	合计	100.0%	100.0%
	样本数	613	367
对新居面积的期望	90—120平方米	22.2%	19.7%
	121—150平方米	46.2%	50.2%
	151—200平方米	31.6%	30.1%
	合计	100.0%	100.0%
	样本数	613	365
对建设方式的期望	政府统一规划，统一建设	62.8%	55.7%
	政府统一规划，自己建设	24.7%	32.2%
	开发商实施	1.8%	2.7%
	村集体自己组织自建	10.7%	9.3%
	合计	100.0%	100.0%
	样本数	608	366

从表5–5可以看到，农民对于城镇化后住房的构想依然受到农村住房模式的影响，所以，很大比例的农民（88.3%和92.7%）期望的都是“3层及以下的独门独院”，类似于城里人说的“别墅”了。这也可以理解，因为农村住房的特点就是空间很大，农民习惯于这种能够摆放很多东西的院落。由此可见，城镇化中住房问题的解决以及城乡要素的合理交换还是任重道远的。

3. 深刻认识城镇化是一个较长的历史过程

与世界上多数国家相比，我国的城镇化是比较滞后的，所以笔者也将其称为"滞后型城镇化"或"后发型城镇化"[①]。滞后导致赶超的心情比较迫切，但越是这样，我们越要尊重城镇化发展的规律。世界上经济发达国家，如英国、法国、美国等，都用了百年甚至几百年时间才完成了城市化的进程[②]。之所以需要这样长的时间，是因为，城市化不是简单的盖房子或物质建设，它需要整个社会的生产方式、生活方式和权利权益制度发生转变，需要几代人的适应与融合，是一个社会转型的过程。

还要意识到，城镇化进程不能简单追求速度。近来，全国各地有"大干快上"的倾向，不少地方大张旗鼓合并村庄，建设小城镇中心点。据国内媒体披露，我国自然村从10年前的360万个，减少到现在的270万个，平均每一天都有80—100个村庄消失[③]。这样的城镇化思路首先就不符合"城镇化的核心是人的城镇化"的原则。笔者在调研中与这类合并村庄的居民访谈，感到问题很严峻。这些合并村庄是该地区合并村庄规划定下后被动拆迁合并的，居民大多是被动的，虽然一些地方还保留农民的耕地，但是，距离农民更远了，农民生活更不方便了。最大的问题是，农民的就业问题没解决，城镇化不仅没有改善他们的生活，反而加重了农民的生产与生活负担。

同样，对进城打工的农民来说，他们是否能够在打工地稳定下来，也是一个十分复杂的问题。改革开放以来，多数外出打工、经商的农民还处于一种"循环流动"的状态，能够在打工、经商的城市、城镇中稳定安顿下来的农民人数很少，这一点从上文揭示的全

---

① 李强等:《多元城镇化与中国发展——战略及推进模式研究》，社会科学文献出版社，2013年，第3—6页。

② 芒福德:《城市发展史》，中国建筑工业出版社，2005年。

③ 符晓波:《村庄消失，城市能繁荣吗？》，http://news.xinhuanet.com/coments/202-11/04/c_113598035.html，访问于2012年11月4日。

国仅有0.7%的外来农民工在打工地购买了房屋，就可以看到。清华大学调研数据表明，外出农民工内部在城镇定居还是返乡的问题上也有很大差异，我们将外出农民工分为四组：90后（1990年以后出生），80后（1980—1989年出生），60—70代（1960—1979年出生），50代（1959年以前出生）。结果发现，准备将来回家乡村庄就业的，90后中的比例为5.7%，80后中的比例为9.8%，60—70代中的比例为23.8%，50代中的比例为50.8%。越是年轻的农民工准备回村的比例就越低，越是年龄大的农民工准备回村的比例就越高。这就证明，我国的城镇化一定是通过几代人的变迁才能完成的。

以上数据可以得出两个结论：其一，从未来发展上看，城镇化的大趋势没有人能够阻挡，年轻人希望在城镇中生活的意愿没有人能够阻挡。其二，代际的变化是个比较缓慢的过程，既需要外出流动的农民逐步适应，也需要城市、城镇方面的多种政策措施、物质环境的准备。所以，城镇化从"被动城镇化"向"主动城镇化"的转化，与我国城镇化需要一个较长的历史过程是同一个道理。

4. 城镇化有多种模式，就近城镇化、就地城镇化都是城镇化的重要方式

本章要特别强调的是，我国的城镇化是多种模式的，不要仅仅将农民进城甚至到大城市去看成城镇化。目前，我国特大城市如北京、上海、广州已经不堪重负，承载的人口已经大大超过负荷。所以，城镇化应该是大、中、小城市和小城镇并举。本研究特别强调，目前应大力发展县域经济，注重以县城为中心的城镇化。[①]县域城镇化（包括小城镇）的思路比起过去提出的小城镇的思路在城镇建设的规模上扩大了一些，可以说是中小城镇发展的思路。这样既突出了城镇建设的规模化、集约化效益，也在一定程度上集中了经济

① 李强等：《多元城镇化与中国发展——战略及推进模式研究》，社会科学文献出版社，2013年，第3—6页。

规模，这对于投资、扩大就业、保护环境、提高城市生活的便利度来说是利好的。从农民、农民工的角度看，县域经济、中小城镇既符合中国老百姓的乡土文化观念，也为他们提供了更高水平的教育、医疗等公共服务条件。清华大学城镇化调研数据也支持了这样的思路，问卷询问外出打工者，如果回乡就业最希望回到哪里，选择镇的占14.3%，选择县城的占31.7%，选择地级市的占21.7%，选择省会城市的占14.9%，选择回村的占17.4%。另外，课题组在两个地区的调研结果也印证了类似的意向（参见表5–6）。

表5–6 如果放弃承包地和农村住宅，迁到城镇居住，农民期望去什么样的城镇

城镇类型	四川德阳地区		河南舞钢地区	
	人数	百分比	人数	百分比
附近小城镇	374	65.3%	143	57.2%
附近县城	110	19.2%	98	39.2%
附近城市市区	69	12.0%	5	2.0%
其他城市	20	3.5%	4	1.6%
合计	573	100.0%	250	100.0%

表5–6显示，本地农民选择城镇化，大多数还是选择附近的小城镇和县城，这里选择小城镇的比例比前述的比例高，这是因为，前述数据来自对外出打工者的调查，而这里问的是村子里面没有外出的人。

总之，多数农民、农民工在所期望的城镇化中选择的是中小城镇，只有符合他们期望的城镇化才是主动城镇化。这种选择家乡附近的城镇化，正是本书研究的“就近城镇化”与“就地城镇化”，笔者认为这是具有中国特色的城镇化的重要方式，这样的发展模式使得资源不至于过高程度在少数地区集中，能体现资源配置的社会公平。同时，在操作上比较容易，缩短了迁徙的距离，减少了人口流动的成本，更有利于社会稳定。简言之，“就近城镇化”与“就地城镇化”的方式，更容易实现主动城镇化，避免被动城镇化。

第六章
主动市民化与被动市民化

本章与上一章的话题是紧密相连的，都是强调城镇化的核心是人的城镇化。本章提出要充分认识农民生活的利益格局、农民生活的基本逻辑与市民生活的巨大差别。符合农民利益的城镇化，农民对其才会有积极性。上一章是从居民的城镇化意愿上区分的两种心态，本章则是从居民户籍身份转变的意愿上区分的两种类型。市民化遇到的是身份差异问题，显然这与我国特殊的户籍制度密不可分。户籍制度将我国人口区分为农村居民和城市居民（或农业户籍与非农业户籍），当然，我国的现代化进程最终要解决城乡两种不同身份的问题。所以，党的十八大报告也特别提到“加快改革户籍制度，有序推进农业转移人口市民化”。

一、主动市民化与被动市民化的内涵

1. 什么是市民化

虽然自古就有城市、有市民，但是，这里所说的市民化是指工业化、城市化、现代化以来，多数人迁入到城市中来聚集居住、聚集生产、聚集生活的一种现象。大量人口聚集到城市以后，城市产生了新的文化、新的社会生态，人们的生产方式、生活方式、行为方式、社会地位、权利权益均发生巨大变化。所以，市民化就是现代化过程中，人们从农村迁往城市，进而形成现代文明的生产方式、生活方式、权利地位的一种趋势。本章中，市民是与农民相对而言的，虽然理论界对于市民和市民化有多种溯源[①]，但是，本章是在最为直白的意义上理解市民化，即农民实现了社会地位的转变、权利权益身份的转变，接受现代文明的城市生产方式、生活方式的过程。

2. 为什么市民化是大势所趋

城市化、市民化是现代化发展的重要标志，是现代化进程中一种不可阻挡的趋势。为什么呢？城市是人类聚集活动的一种现象，在产业的竞争中，城市有着明显的优势。聚集生产、聚集生活带来了巨大的集约化效应。城市在创造就业岗位上的优势远非农村可以相比。城市是人类政治、经济、社会、文化生活的大型聚落，城市提供了人类政治、经济、社会、文化生活的最大资源和最为便利的条件。城市创造了一种现代社会生活、社会互动的共同体，城市共同体强调城市居民、市民在社会福利、社会保障、医疗卫生、养老条件等方面的社会权利、社会权益的普遍性和共同性，强调城市公共空间、城市公共设施享有方面的公平公正的特征。城市生活的丰富多彩对于年轻人有着巨大的吸引力。正因如此，在迁居自由的条件下，绝大多数人才会选择成为市民。

与发达国家的城市化、市民化趋势相比，我国的城市化显然是大大滞后的。根据官方数据，2012年我国的城镇化水平（按所谓城镇常住人口计算）约为52%，而一些经济发达国家达到这样的水平，英国是在1850年，德国是在1892年，美国是在1918年，法国是在1931年[②]。而且，多数发达国家的体制是人口自由迁居，所以，城镇化与市民化是同步的。而我国由于有比较特殊的户籍制度，城镇化

---

① 郑杭生：《农民市民化：当代中国社会学的重要研究主题》，载《甘肃社会科学》2005年第4期。

② 中国工程院“中国特色城镇化道路发展战略研究”项目课题组：《中国城镇化道路的回顾与质量评价报告》，2012年6月。

与市民化不同步，比如，虽然我国城镇化率在2021年达到64.72%，但其中有27%—30%的流动人口、农民工只是在城市里长期居住劳动，并没有取得城市户籍，所以，如果计算我国“市民化”程度的话，则只有35%—36%。

根据国家统计局数据，2000—2011年，我国城镇居民人均消费支出为农村居民人均消费支出的3倍左右[①]。我国城乡居民生活有巨大差距，市民化通常表现为更高的生活水平，城镇化、市民化的核心问题是怎样使农民享受到与城市居民一样的生活水平。

3. 中国特殊社会背景下的两种市民化

笔者认为，要想真正搞清楚市民化问题，必须区分“主动市民化”与“被动市民化”[②]。这是从人们的主观意愿角度对于城镇化、市民化进行区分。转变为城市或城镇居民，究竟符不符合人们的主观愿望呢？人们是被外在因素还是内在动机所驱使而进入城市中的？一些发达国家当年的城市化，也有主动、被动之分。我国当前的城镇化，政府主导的特征十分突出，城镇化没有更多征求被城镇化者的意愿。笔者曾经分析了我国城镇化往往是用推进方式运作的，推进的主体一般是政府，具体方式包括建立开发区、建设新区新城、城市扩展、旧城改造、建设CBD等[③]。被征地的农民，往往只能是服从开发改造。所以，在我国城镇化过程中，主动市民化现象不突出，而被动市民化现象比比皆是。由于农民的意愿通常被忽视了，征地拆迁所引发的社会问题比如矛盾冲突、群体事件等也就在所难免。也正是在此意义上，笔者探索主动市民化和被动市民化，旨在强调

---

① 国家统计局编：《中国统计年鉴2012（光盘版）》，中国统计出版社、北京数通电子出版社，2012年。

② 文军：《论农民市民化的动因及其支持系统——以上海市郊区为例》，载《华东师范大学学报（哲学社会科学版）》2006年第4期；陈彧：《农民市民化问题研究：一个文献综述》，载《重庆社会科学》2011年第5期。

③ 李强、陈宇琳、刘精明：《中国城镇化“推进模式”研究》，载《中国社会科学》2012年第7期。

要尊重农民的意愿。

4. 主动市民化简析

城镇化、市民化是现代化的大势所趋，体现了现代共同体的形成和现代文明生产生活方式的演进。主动市民化体现了人们对于现代城市文明美好生活的追求。笔者曾经下乡九年，深深体会到农村年轻人向往城市丰富多彩生活的迫切心愿。农民、农民工追求向往城市生活是再自然不过的事情了。问题是，我国当前的户籍政策是相对限制农民转为市民的，农村人口想要转为市民须经过户籍批准。虽然公安部放开小城镇户籍，但大城市的户籍，尤其是特大城市的户籍控制还是十分严格的。那么，农民、农民工、农家子弟有哪些途径可以主动实现身份转变，变为市民，从而享受城市共同体的权益，获得城市更高水平的教育、医疗、保障等资源呢？笔者试归纳为以下六种方式。

第一，教育考试竞争途径。刻苦学习，高考出彩，考上好大学，特别是考上大城市的那些名牌大学。“鲤鱼跳龙门”一直是亿万农民子弟的梦想，也是他们转变为市民身份的最受人尊重的途径。大学扩招以前，大学录取比例很低，农村孩子如果能考上大城市的名牌大学，往往全村庆贺、远近闻名。当然，如果能够获得更高的文凭，比如硕士、博士学位或海外文凭，含金量就更高。不少大城市都有相应的政策，允许高水平受教育者进城落户。

第二，经济竞争途径，亦称投资落户。目前，全国不少城市都有关于买房或投资设厂可以落户的规定。即使像北京这样户籍控制极其严格的城市，也有准许投资移民的政策。十多年前，投资50万元就可以在京郊落户了，然而时至今日，投资要达到或超过数千万元才有机会在京落户。当然，北京属于户籍控制极端严格的地区，在其他很多不同类型城市，标准要低很多。不少城市为发展房地产，纷纷出台购房落户的政策，有些城市，只要交了首付就可以落户等。

第三，其他多元竞争途径。目前有一些外来人口大量涌入的地区也创造了积分落户的制度。例如，2010年广东省政府出台了《关于开展农民工积分制入户城镇工作的指导意见》，提出在全广东省实施农民工积分进入城镇户籍的政策，还公布了比较具体的积分计算方法，根据农民工的个人素质（文化程度、职业资格）、参保情况（缴纳社会保险费年限）、社会贡献（献血、义工、慈善捐赠、受到表彰奖励）等计算分值，如果违法犯罪则要减分。广东省不同城市还根据指导意见出台了具体的实施细则，如广州市提出积分达85分就可以提出申请，但是，实际上真正能够被批准的积分分值往往更高，例如，2010年广州落户的最低积分是132分，对于农民工来说，要达到这样的分值十分困难。但不管怎么样，这毕竟开创了一种公平竞争落户的途径。此外，多元途径还包括通过婚姻、亲属关系等方式落户。

第四，小城镇途径。国家在政策上早已放开小城镇户籍，鼓励农民到小城镇落户。近年来，也确实有一些赚了钱的农民、农民工，到小城镇购房，带子女到小城镇上学，在小城镇落户。小城镇的教育、医疗、文化环境条件比农村强很多，对农民也有吸引力。后文的调研数据证明，这种小城镇的市民化在农民主动市民化中占有不低的比例。

第五，进城打工、经商途径。以上四种都是既进城又转变身份，变为城镇户籍，这里说的进城打工、经商是只进城但没有转变身份[①]。目前城市中的农民工绝大多数属于这一类。从意愿上说，这类农民、农民工是主动外出的，比如为追求更高的经济收入、向往城市就业，以及出于见世面等想法。这类人在统计上很多被划为城镇常住人口，但是没有获得城镇户籍。传统上称这类人为城市农民工，

① 市民化有两种含义，一种是农民完全转变户籍身份的市民化，另一种是农民没有改变户籍身份但长期生活在城市，统计上称为“城镇常住人口”，也有些地方称为“新市民”。

其实定义不准确，因为该群体不仅包括打工者，也有些人当了雇主。农民在城镇里从事中小商业活动的人数众多，自然有一些当了老板。进城打工经商的农民，不少人确实长期生活劳动在城市里，一些城市称之为“新市民”，实际上类似于“半市民”，还不能享有市民的很多待遇、权益。由于他们意愿上是主动的，所以，也列在这里算作主动市民化的一类。

第六，农民自主的就地城镇化途径。就地城镇化是本书探讨的主题，在国内已经有了无数的范例。虽然一般意义上，城镇化是指农村人口向城镇迁移，但是，农民在村庄就地建设城镇社区的事情屡见不鲜。我国大的村庄本身人口就比较多，改革开放以来，乡镇企业发展迅速，很多村庄具备了现代产业基础，如果做出好的规划，发展现代经济，农民完全可能实现就地城镇化。全国这样的范例有很多，最为典型的如华西村、大邱庄、刘庄，北京的韩村河、蔡家洼，吉林的建华村等，大多是由村庄精英带领全村致富。村庄完全按照城市标准来规划，现代生产经营体系已经形成，农民在生活方式上与市民没有根本区别。

当然，这与一般意义上的市民化有两点区别：第一，农民没有迁移；第二，农民常常没有转变户籍。但是，农民完全享受了与城市市民一样的现代文明生活，这些地方完全实现了城市的经济聚集效益，笔者认为这也是一种市民化。所以，前文一开始定义市民化时就是“农民实现了社会地位的转变，接受现代文明的城市生产、生活方式的过程”。在这些就地城镇化的范例中，农民从依靠土地的自然经济转变为进入就业岗位或市场的现代经济体系。这里的市民化讲的是市民的实质内容，而不是外在形式。近年来全国各地大张旗鼓搞农民上楼，表面上也是轰轰烈烈，但是，往往是外在因素、上级政府的规划，而不是来自村庄动力。笔者认为这些不属于“主动市民化”。

值得一提的是被动市民化向主动市民化的转变。正如上文所述，主动、被动是一种主观心态，而主观心态是可以变化的。在一些政府主导的大规模规划和拆迁改造中，虽然从动因上看，这些被规划的市民化是被动的，但是，如果尊重农民意愿，保护农民利益，出台农民欢迎的政策，农民也会转变意愿。转变分成两种：一种是通过调动农民的积极性，使农民在征地改造以前就成为积极的拥护者；另一种是拆迁改造以后，农民比较了现实的城市生活与过去的农民生活，变为心态积极的市民。笔者将这两类转变也归为主动市民化。笔者在调研中发现，确实有一定比例"农转非"[①]的市民，对转成市民持有积极态度，对城市生活满意，认为城市就业机会多、城市保障水平高、城市生活丰富多彩等。当然，也有相反的转化，主动变被动的，下文会述及。

5. 被动市民化简析

所谓"被动市民化"，就是指农民完全没有这种意愿，而仅仅由于外来的或外在的因素而被"农转非"转变为市民身份。这种现象在目前的城镇化中是很普遍的，各种各样的经济技术开发区建设、新城建设、城市扩展都需要新增大量建设用地，而这些土地都是向农村扩张而取得的。在城镇化迅速发展、大项目不断上马、大规模经济开发的局面下，农民被动地农转非，或被动市民化已经成为非常普遍的现象。

主动、被动讲的是农民、农民工的意愿或心态，那么从农民、农民工的角度看，他们是否愿意农转非呢？按照一般推理，进城打工的农民工既然是主动到城市来工作的，一定愿意农转非，但实际并非如此。有研究者对苏州、无锡、上海、广州、深圳五个城市的农民工进行了调研，调研表明，即使在条件允许（即排除了户籍等所有其他因素影响）的情况下，主动愿意转为市民的农民工也只占

---

① "农转非"即农业（农村）户籍转变为非农业（城镇）户籍，是户籍登记上的一个常用概念。

被调查者的22.4%，也就是说77.6%的农民工都不愿意转为市民。[①]可见，当前的市民化，被动倾向占很高比例。

被动市民化的情况十分复杂，由于征地的原因、条件、过程不同，造成的结果也是千变万化。下面试分析被动市民化中遇到的主要问题。

第一，农村征地从原因上看，可以大致分为两类：一类是因国家建设公益性项目、基础公共设施等而征用农村土地，这类建设用地大多采取“土地划拨方式”。第二类是非公益、非公共性的，以经营性工商业开发为目的，这类征地往往采取有价出让的方式，采取公开竞标、市场运作的方式。第一类由于是国家公共目标，如公路、铁路、水库等国家重大建设工程，根据国家建设征地的法律法规，任何人“不得妨碍和阻挠”，所以，这类被动城镇化、市民化是为了服从国家公共利益或整体利益。第二类是以市场即经营盈利为目标，按道理这类项目应该遵循市场规则。但是，实际上两类项目往往混在一起、难以分清。而且，目前的法律规定所有土地都必须经国家批准才能转为“建设用地”，在向农民征地的时候，最初都是由政府出面运作的，被市民化的农民常常无法区分什么是公共工程，什么是非公共工程。实践层面则更为复杂，第一类往往补偿标准不高，农民意愿上更为抵触，第二类，由于是开发商运作，有时候补偿标准较高，农民意愿上反而更为积极。

第二，农民的愿意与不愿意，主动与被动，很大程度上取决于征地的条件、补偿的水平。如果征地补偿可以获得巨大利益，大部分农民就会选择愿意，如果补偿标准低，农转非以后经济利益受损、工作没有着落、住房负担不起，农民当然就不愿意。但是，正如上文所述，项目的性质不一样，有些确实是公共工程，确实应考虑国家整体利益，有些项目则只是公司利益、市场利益，所以，补偿标

---

① 孙承杰：《我国市民化的相关因素分析》，西南交通大学2005年硕士学位论文，第41页。

准始终是个难题。近年来，有因补偿标准低而发生冲突的，也有因补偿标准急剧攀升而引发新问题的。一方面，补偿标准提升涉及土地增值利益中的税收问题；另一方面，这也导致过去低标准搬迁的（包括农转非）群众心理上产生极大的不平衡感，由此引发的群体事件不在少数。

第三，地区差异。在补偿标准问题上，不同地区的差异极大。大城市周边土地价格暴涨，村民们如果不转为城市居民，就可以享受土地收益、集体经济收益、出租房屋收益等多元的经济利益，在这些地区，即使给予高补偿，农民也不愿意农转非。而边远地区土地价格很低，开发方往往不愿给予较高的经济补偿，使城镇化陷入僵局。今日的农民已经大大分化了，对于农转非的看法也就很不相同。

第四，征地拆迁以后，农民的身份转变也有两种不同的情况：保留农村户籍或"农转非"。有些项目是征地以后农转非，另一些项目则不是农转非（比如很多大型水利水电工程移民），而是仍然迁往农村地区，或者是村子里一部分人农转非，另一部分没有农转非。复杂的征地拆迁原因与过程也造成了极其复杂的社会后果。同一村庄的农民分为两种情况或邻近村庄的人互相攀比，造成了众多的社会冲突。也有些是规划本身就有问题，开发方又甩包袱，只开发好的地段，不愿意承担坏地段的责任，结果造成城镇化、市民化方面问题丛生。

第五，主动与被动的互相转化。如上文所述，农民的意愿是可以变化的。调研发现，最初积极主动选择农转非的原农民，转为市民后发现没有什么经济利益，而不转的反而有经济利益，于是后悔转为市民，希望转回农民，当然这已经不可能了，由此也引发一些社会矛盾。

总之，市民化中的主动与被动是个大问题，因为它们直接影响我国城镇化的进程，处理好与处理不好涉及社会稳定等一系列问题，须给予高度重视。

二、主动市民化、被动市民化的实证分析

主动市民化与被动市民化是在我国城镇化过程中发生的，所以，要研究这个问题就不能仅仅纸上谈兵，而要做出实证的、案例的和数据的分析。本章实证分析的数据均来自笔者参与组织的清华大学社会学系的社会调查。两个新的数据来自2012年暑期至2013年1月进行的社会调查：一是在河南舞钢地区的问卷调研，完成有效样本368份；二是在四川德阳地区的调研，完成有效样本617份。本章使用的两个调研数据[①]：一个是2009—2010年笔者在广州组织的对于纯农户、农转非和流动人口的问卷调查，分别完成有效样本473份、459份和437份；二是2009年初对于北京H镇[②]拆迁改造村庄的问卷调研，完成有效样本2314份。通过调查和数据分析，笔者发现了以下五方面问题。

1. 农民对于市民化的态度有重大分歧

上文分析市民化是大趋势，城镇化和城市文明的普及也是大趋势。但问题是，农民究竟怎样看？现在的声音多是从有话语权的社会阶层发出的，关于是否愿意市民化，必须直接听听农民、农民工的声音。调研表明，农民内部远远没有形成一致的认识，不同农民的态度差异很大。农民关心实际利益。今天的农民已经大大分化了，不同地区的农民社会地位完全不同，地位不同，态度、观点自然也就很不相同。

以往的研究多认为市民化的难点在于户籍问题，而户籍的核心问题是要让农民享受与城市居民一样的教育、医疗、社会保障[③]权益。但是，笔者调研发现，城镇的社会保障对于农民的吸引力远没

---

① 在下文的分析中，由于多种原因，问卷中不同问题的有效样本有缺失现象。

② 不便公布名称以H代表。

③ 中国发展研究基金会：《中国发展报告2010——促进人的发展的中国新型城市化战略》，人民出版社，2010年，第33—47页。

有我们想象的那样高。农转非后，农民能够看到的实际利益并不突出，反而是不转非的农民有宅基地、承包地、村庄集体经济等实实在在的利益。而且，农转非后，说是农民享受了城镇社会保障，实际上如果仅仅靠城镇社会保障所带来的利益，那农转非后的农民就是城镇的最低收入阶层，其获得的利益远不如其承包地、宅基地的收益，甚至不如“房前屋后种瓜种豆”的利益实在。

上文已述，不同地区土地价格差异极大，市民化后的利益格局也完全不同，所以，本次四川与河南的调研地点选择的不是两种极端，既不是大城市的城乡接合部，也不是老少边穷地区，而是选择处于中间地带的农村，目的是使代表性更广泛些。

本次问卷关于农民城镇化意愿的问题是“您是否愿意放弃承包地，获得城镇户口以及与城镇化职工一样的社会保障”，特别强调了农民市民化后可以获得与城里人完全一样的社会保障。

表6–1　农民的城镇化意愿

农民的态度	四川德阳		河南舞钢	
	人数	百分比	人数	百分比
愿意	282	45.7%	176	47.8%
以后看情况再说	142	23.0%	78	21.2%
不愿意	193	31.3%	114	31.0%
合计	617	100.0%	367	100.0%

表6–1显示，两个地区农民的态度近似。在获得城市户口和享受与城市职工一样的社会保障的条件下，明确愿意转为市民的都不到一半，持有犹豫不决心态的农民均多于20%，而坚定表示不愿意变为市民的超过了30%。农民的态度是有很大分歧的，心态也是复杂的。

今日之农民早已不是昨日之农民。过去，“农转非”几乎是农民改变命运的唯一途径，被视为“跳龙门”，那时候变为市民、职工，一辈子就有了生活保障。而今天，变为市民会失去土地、宅基地，以及与农村集体经济相关的一系列利益。笔者在调研中发现，一部分已经转变为城市户籍的人表示十分后悔，因为，没有转为城市户籍的还可以享受村集体经济的众多收益，而一旦转为城市居民，城市的街道、居委会完全没有独立的经济实体，居民得不到任何社区经济收益。即使获得了城市规定的“低保”，与村庄集体经济和土地收入的利益相比也有不小差距。所以，在市民化问题上，即使是同一个地区、同一个村庄的农民，态度分歧也十分明显。

再者，过去农转非成为城市职工，意味着在城市里也有相当高的身份，笔者曾经分析过，过去的职工层是城市中的“中等阶层”①。而今天，农转非，虽然也享受了城市居民的社会保障，但如果完全没有其他收入，实际上是进入城市居民社会阶层的最下层。城市居民最低生活保障的水平是相当低的，在城市里仅供勉强维持生存，而且其获得还要经过社区居委会的调查确认。这种生存状况，显然不如有自己的宅基地、承包地，可以自种瓜菜、养猪、养鸡鸭时的状况。理论上讲的让农民进入城市保障体系，实际上对于农民没有很大的吸引力。

过去我们以为，80后、90后的新生代农民工一定是更愿意放弃农村土地，获得城市户籍和保障的，但此次调研结果恰恰相反（见表6–2）。德阳的数据与舞钢的数据结果近似，这里仅列出德阳的数据。四川德阳地区，年龄分组后，20—29岁组只有29.4%的人愿意放弃农村土地，转为城市户籍，也就是说70.6%的年轻人都不愿意放弃土地或要看情况再说。反之，60岁及以上的组57.4%的人愿意转为城镇户籍并获得城镇保障。数据显示，年龄越大越同意放弃土地，年龄越小越不同意。这大大出乎我们的意料。仔细考察发现也有道理，年龄大的人转为城镇户籍后，马上就能够享受城镇养老待遇，而年轻人转为城镇户籍，与养老保障距离遥远，没有什么眼前利益。如果不转为城镇户籍，保有承包土地，则保有土地资本升值

① 李强：《市场转型与我国中等阶层的代际更替》，载《战略与管理》1999年第3期。

的潜力。他们看到城市土地价格的疯狂上涨，当然就越发不愿意放弃这种巨大的潜在利益。所以，市民化不容易得到这些农民的支持。这样，局面就极其复杂了，虽然很多农民工常年外出，已多年委托他人经营土地，自己也不愿意以种地为生，但是，他们还是不愿意放弃土地承包权。

表6–2　不同年龄组对于放弃承包地获得城镇户口及城镇社会保障的意愿

年龄组	愿意（%）	以后看情况再说（%）	不愿意（%）	合计（%）
20—29岁	29.4	50.0	20.6	100.0
30—39岁	42.8	22.9	34.3	100.0
40—49岁	41.9	25.3	32.8	100.0
50—59岁	51.3	16.8	31.9	100.0
60岁及以上	57.4	16.0	26.6	100.0

注：总样本616个。

2. 主动市民化与被动市民化的相互转化

上文已述，农民的观念是可以转变的，关键是看城镇化、市民化以后能够得到什么样的实实在在的利益。如果放弃土地、宅基地能够获得巨大的经济补偿，农民当然愿意。反之，如果仅仅得到很低的补偿，或者农转非后还要掏很多钱才能搬新居，目前多数农民对此抵触心理强烈。主动与被动关键是要看农民市民化后是否能得到经济与社会多方面生活的真正改善，而不是仅得到“市民”的虚名。

如果市民化能够带来富裕稳定的生活，被动可以变为主动。北京H镇的案例就证明了这一点。该镇下面有四个村子，曾经因为拆迁补偿的事情发生过重大群体冲突事件，2009年的新城建设认真了解农民需求，切实满足农民利益，帮助农民规划新城镇就业和生活，结果相当高比例的农民赞同城镇化新方案。课题组对全村做了普遍访问，同意征用土地进行新城建设的家庭户占83.4%（1796户），不同意的占16.6%（353户）。进一步分析这些不同意的家庭户的背景，我们发现，原有口粮田面积大一些、家庭收入水平低一些、没有非农业劳动经历的家庭不同意的比例明显高一些。所以，后来针对这些家庭逐户做工作，帮助农民解决具体问题，特别是安排就业，解决农民进入城镇后的经济来源等问题。目前，新城建设和农民搬入新居工作都已经顺利完成。

当然，农民转为城镇居民、转为市民以后绝不是万事大吉了。城镇化一定要做好后续工作。2009—2010年笔者在广州四个区进行调研[①]，询问已经转为城镇户籍的家庭："如果现在让您再选择，您愿意转回农村户口还是愿意继续保留城市户口？"除去"不适用"的样本，愿意转回农村户口的占67.7%，愿意继续保留城市户口的仅占32.3%。继续询问："为什么想转回农村户口呢？"65.4%的人回答因为可以"享受集体的福利"，23.9%的人选择"农村计划生育政策可以生二胎"，8.1%选择"怀念过去的生活"，还有2.6%选择其他。可见，农村生活的基本逻辑和利益结构与市民的完全不同，比如，市民没有土地权、没有宅基地、没有分红权，再如，对于有"多子多福"观念的人来说，如果只允许独生子女，那会是巨大的心理冲击。针对这种不同的农村生活逻辑，下文有专门的分析。

对于那些在经历了一段时间的城市居民生活以后仍然回答愿意农转非的人，广州调研问卷继续询问他们"为什么愿意"（允许多项选择），结果排在第一位的回答是"服从国家安排"，也就是说，不是因为自己获得了更多的利益，而是为了国家考虑。这就值得深思了。在中国人的观念里，重视整体利益、以国家利益为重的现象确实存在。我国近年大规模拆迁改造、经济高速扩张之所以能实现，与很多中国人的此种共识是密切相关的。但是，必须认识到，个人

① 李强：《中国城市化进程中的"半融入"与"不融入"》，载《河北学刊》2011年第5期。

主义的意识也在迅速发展。[①]回答愿意农转非的其他原因依次有："城市就业机会多"（82人）、"城市生活更有保障"（76人）、"务农收入低"（65人）、"城市生活更丰富"（49人）。这些回答体现了本章一开始关于城镇化、市民化是大势所趋的一般思路，但是，有这样认识的人（原来的农民）人数不是很多，调查发现多数人是不愿意市民化的。

上文已述，城镇保障对于农民的吸引力不足，而在城市里就业是人们获得经济收入的最主要来源，就业对于农民的吸引力很重要。下面，我们分析一下就业问题。

3. 市民化与解决农民的就业问题

市场化改革以后，铁饭碗不存在了。没有人能够保证转为市民的农民可以获得具有永久保障的职业位置。城镇劳动力市场体制，只能够承诺为市民化的农民提供最初的职业，就业者是否能够胜任则要由农民在劳动力市场竞争中的表现决定。如果不能胜任工作岗位，市民也同样面临被解雇的风险。而对于本来在城市的就业体系中就处于劣势的农民来说，失去土地后，自己所熟悉的农业劳动技能在市民化中突然失效，自己即使有了新工作也不是铁饭碗，难免顾虑重重。

当然，农民在技能问题上有年龄上的区别。选择外出打工的年轻人的比例，显然高于年龄比较大的农民。关于就业问题，此次调研调查了农民家庭的就业倾向，询问了他们对于村庄土地规模化经营后整个家庭就业的安排。调研发现，农民的看法也是分化的，而且与家庭收入状况有密切关系。有非农业收入的（打工收入高）家庭与没有外出打工收入的家庭有很大区别。

① 李强：《人民共和国六十年的社会变革与传承》，载《中国与世界观察》2009年第3期。

表6-3 实施农业规模化经营以后的家庭就业倾向（四川德阳）

家庭非农收入分组（年收入）	愿意在农业公司、合作社继续从事农业（%）	家里部分人从事农业，其他人外出打工（%）	将土地交出去，到城镇从事二、三产业，外出打工（%）	合计（%）
没有收入	29.2	41.6	29.2	100.0
10000元及以下	34.2	41.9	23.9	100.0
10001—20000元	27.7	51.5	20.8	100.0
20001—30000元	23.3	31.5	45.2	100.0
30001—40000元	19.5	31.7	48.8	100.0
40001元及以上	17.6	36.8	45.6	100.0
所有样本总计	26.4	40.6	33.0	100.0

注：总样本424个。

总的来看，多数农民选择的是中间道路，即部分务农、部分打工。德阳地区农业条件好，所以，城镇化后也还有农民继续从事农业生产劳动，当然，运作的方式不是一家一户的承包运作，而是以公司或合作社方式运作。可以看到，没有打工收入的家庭较高比例的选择还是“要继续从事农业劳动”。道理很简单，农民大半生的劳动技能都与土地密不可分。外出打工收入比较高的家庭，由于积累了较多的非农业或工业劳动技能，较高比例的选择是从事第二、第三产业的劳动。

所以，从总的就业意愿看，属于主动市民化的，即就业上不愿意从事农业，而倾向于全家外出打工的，在总体样本中也只占三分之一，还有三分之二都算不上是主动市民化。

那么，农民如果离开土地，他们希望从事哪些工作呢？北京H镇的数据，对村庄每一个人的就业意愿都做了详细记录。调研数据显示：城镇化后希望在新城企业工作的村民占比最高，达到61.0%（1032人）；希望在新城从事社区管理工作（包括保洁、绿化、保安等）的占18.2%（308人）；希望在新城租店面经商的占18.1%（307人）；还有2.7%（45人）的村民希望从事其他工作，包括当经理、在图书馆工作、当教师、从事法律工作等。从此种意愿分布上可以看到，多数农民选择了企业的生产一线，愿意从事操作型生产劳动。从工作性质上看，这与种田的操作型劳动最近似，都是体力劳动，都是动手的操作劳动。村民的这种心态与城里人都不愿意到生产一线的心态不啻天壤之别。应该承认，改革开放以来，中国制造业经济高速发展的直接原因是有数以亿计的农民进入企业的生产一线从事“生产劳动”，农民对直接生产劳动的贡献非常显著。

北京H镇农民就业选择第二位的是“社区管理”（18.2%），这也是城市农民工的通常职业。社区管理与每一个城市居民的生活密切相关，是能够提高广大城市居民生活品质的职业，农民的选择对于改善城市、城镇生活质量是明显的正能量。数据还显示，想到新城开店铺经商的农民（18.1%）与选择其他的农民（2.7%）加起来，超过了20%。这说明，调查地的农民中有超过五分之一的人具备了两种能力：一种是独立商业经营的能力，另一种是管理技术等专业工作的能力。具备这两种能力恰恰是“中产阶层”的特征。这个数据预示着，一部分农民可以在城镇化、市民化过程中，通过新的就业岗位逐步进入中产阶层，实现我国中等收入群体不断扩大的愿景。

4. 市民化与农村土地

农民的市民化意味着农民转为市民，即与农村土地失去联系，所以，在市民化、城镇化问题上，农民最关心的是土地问题。土地问题的现状比较复杂。在农民工大量外出的情况下，确实有不少全家外出的农民家庭将土地租给或转包给了别人。当前农村土地规模经营确实比较普遍，土地流转也是广泛存在的。对于这个问题，存在两种尖锐对立的观点。一种观点认为，农民即使外出打工，也必须保留土地，土地是农民生存的最后保障，万一经济萧条，农民工失业，他们还可以回家乡务农，土地成为他们的后备生命线。另一种观点认为，对于常年全家外出打工的农民来说，土地已经失去意义，即使他们遇到经济问题，也不会回到农村。土地流转、规模经营是大势所趋。

本次调研询问了农民对于土地的看法。调查中所说的土地流转和规模经营，不是说农民失去土地，只是说不是由农民户自己来经营，而是采用村庄集体或公司经营等形式，农民仍拥有土地的集体所有权。从上一章表5-3中可以看到，两个调研地的回答相似，支持土地流转的占一半，另一半是犹豫或不支持的，明确表示不支持、坚持要自己经营土地的占大约四分之一。农民的态度是分化的、不一致的。这就给城镇化、市民化工作带来很大难度。村庄是一个整体，城镇化、市民化需要得到全体村民的支持才好运作，如果一半人同意，另一半人不同意，村庄的工作就无法推进。这是当前城镇化进程中普遍遇到的问题。所以，笔者认为，在城镇化的土地问题上，我们远没有得到农民的支持，远没有具备主动市民化的条件。

如果进一步研究不同收入水平的家庭对于土地流转的态度是否有差异，就可以发现，不同收入水平的家庭存在两种情况（参见上一章表5-4）。第一种情况是，支持土地流转的人群中，包括外出打工收入较高的家庭与几乎没有外出打工收入的家庭，态度上比较接近，在总体上，支持土地流转的比例是比较高的。这里要解释一下，一个重要原因是，土地流转不意味失去土地，该地区的土地流转方式包括村集体统一经营、与外来公司合作、农户成立农业合作社等。土地流转的目的是实现规模经营，村民还能在不同方式中享有土地的权益，土地流转不是丧失土地，所以，转出土地农民和转入土地农民都有相当比例支持这一政策。第二种情况是不支持土地流转的人群中，没有外出打工收入的家庭反对比例较高（31.0%），而外出打工收入较高的家庭反对比例较低（18.5%）。这也好理解，没有外出打工收入的、完全靠土地为生的人群，还是对土地流转有恐惧感。

5. 市民化与城镇住房

农民与市民在住房上的最重大区别是农民有宅基地，宅基地是永久的，是不交税的，农民可以在自己的土地上自建房屋。而市民的土地是国有的，市民即使自购了商品房，在法律上最高也只有70年的土地使用权。拥有宅基地，在法律上意味着农民可以永远拥有自己的住房和下面的土地。农民变为市民以后，农民上楼以后，宅基地就没有了。多数农民还是希望保有宅基地，但不同收入水平的家庭有所区别。在没有外出打工收入的家庭中，78.6%的家庭都不愿意卖掉宅基地（见表6–4），而随着外出打工收入的增加，想卖掉宅基地的家庭比例逐步上升，富裕起来的农民还是愿意到城镇居住，关键问题是经济收入要买得起城镇的住房。

表6–4 家庭收入与是否愿意卖掉农村住宅到城镇去的关系（四川德阳）

家庭非农收入分组（年收入）	价格合适的话愿意（%）	不愿意，打算长期留着（%）	合计（%）
没有收入	21.4	78.6	100.0
10000元及以下	45.6	54.4	100.0
10001—20000元	45.1	54.9	100.0
20001—30000元	46.3	53.7	100.0
30001—40000元	50.0	50.0	100.0
40001元及以上	59.0	41.0	100.0
所有样本总计	46.8	53.2	100.0

注：总样本538个。

还有关于农民能否买得起城镇房屋的问题。目前，大城市房价普遍高涨，连城市中产阶级家庭都有巨大的购房压力，城市新毕业大学生、新结婚白领年轻人很多都买不起房屋。数以千万计的在大城市劳动的农民工，他们虽然是大城市建筑工地劳工的主力，但他们根本买不起他们亲手建造的房屋。农民工在大城市定居并不现实。

农民、农民工中赚了一些钱的人，他们所能企及的城镇住房大多是小城镇的住房。

本次调研数据显示（见上一章表5-6），绝大多数农民所期望的住房是小城镇或者县城的住房，选择这两类住房的，四川德阳为84.5%，河南舞钢为96.4%。在住房问题上，农民很现实，大城市他们根本住不起，也没有落户的可能性，所以，他们希望到附近小城镇或附近县城定居。虽然农民工在大城市打工的人数众多，但是，作为农民、农民工的定居地点，绝大多数人选择的是附近小城镇、小城市。这确实是一种理性的选择，也为当前的城镇化、市民化在决策方面指明了政策取向。考虑农民市民化、在城镇定居以及住房问题时，有以下四点因素十分重要。

第一，农民的负担能力。城镇化当然意味着住房的改善，但是改善住房需要金钱，所以，必须研究小城镇、县城房屋的价格与农民的负担能力的匹配度。第二，农民住房补偿。农转非，农民转为城镇居民意味着农民宅基地的丧失，因此，补偿是必需的，目前，不少地方都尝试了宅基地、农村住房补偿与城镇住房相结合的政策。第三，农民的乡土认同。农民到家乡附近城镇定居比较普遍，很大程度上与农民的乡土文化、乡土认同有关，乡土认同也是维系社区整合的重要因素，这也是本书讨论就地、就近城镇化的重要依据。第四，发展县域经济有利于均衡发展。以小城镇、县城为主的农民城镇化，有利于缩小目前巨大的区域发展差距。前一阶段大城市发展极其迅猛，政府大规模投资大多集中在大城市，可以明显看到随着城市级别递减投资数额迅速下降的现象，这种投资急剧缩减造成了更为突出的地区差异。所以，发展小城镇、县城有利于实现区域均衡发展，应该成为农民市民化的主导路径。

农民对于住房的需求有什么特点？德阳和舞钢的调研数据表明（见上一章表5-5），多数农民还是希望延续自己在农村时独门独院的特点，这在城市中是比较困难的。城市、城镇最为突出的特征就是空间变得紧缺了，土地价格高涨了，应充分考虑到因居住方式的转变而导致的农民对于市民化的抵触心理。北京H镇的调研表明，农民对于回迁房屋的面积需求强烈。农民宅基地比较大，回迁房屋，一套满足不了，所以，政策设计为每户两套。两套的户型，选择“一套三居加一套两居”的比例最高，为61.1%；选择“两套两居”的为29.4%；选择“一套三居加一套一居”的为9.5%。

农民按照农村的生活模式构想城镇化的生活，住房上首先想到分家需求。过去宅基地可以分家，H镇两套的政策设计是考虑到了分家问题。此外，农民还希望更大的活动空间，以及乡亲之间交往需要的公共空间。还有很多农民提出需要库房、仓库，农民物品多，占空间，又舍不得扔，要设身处地考虑农民的心态。当然，市民化也是生活方式的转变，农民变成城市居民后也会逐渐融入新的城市生活模式。总之，一方面是农民的习惯和需求，另一方面是城市生活的特点，在住房问题上规划者要处理好两方面之间的关系。

三、结论与建议

本书提倡的主动市民化、主动城镇化是一种政策取向，指在城镇化的过程中，充分尊重农民权利、利益和意愿，在政策设计和制度安排上，让农民有更多的选择，而不是仅仅被动地接受。在总结部分，本章试提出以下四点思考和建议。

1. 充分认识到农村生活的利益格局、基本逻辑与市民生活有巨大差异

城镇化、市民化带来农民身份的重大转变，这种转变意味着农民进入一种完全不同的利益格局和社会逻辑之中。以往，很多人以为城镇化、市民化必然带来农民社会地位的上升，但实际上不一定如此，有时甚至是相反的。

先看看农村生活的利益格局。农民拥有土地、林地等承包权，拥有宅基地，农村有实体经济，村庄有集体经济，农民享有集体经

济的收益权、分配权，而一旦成为城市市民后，就失去了这些权利和资源。城镇化、市民化意味着农民可能会丧失一些利益。如果不是转变户籍，而是就地城镇化，农民还可以通过合作社、土地参与股份等形式，保留这些权利。而如果“农转非”成为市民以后，这些权利、资源就都没有了。所以，在本书就地城镇化的很多案例中，一些农民进入了城镇生活模式，但还保留着土地和集体经济的权利和权益。

再看看农村生活的基本逻辑。农村是一种自然经济、个体经济的逻辑。农民生活的各个方面都直接取之于自然。在农民看来自己种菜、自己养鸡甚至养猪都是自然的，不需要花钱。到了城市，事事都要花钱。而城市是市场逻辑，一切都需要用金钱做交换。在农村，老人去世了，找块地安葬老人是天经地义的事情，不少地方还有祖坟。目前，在一些城市，安葬去世的老人的价格也暴涨了。在农村，下地不下地、劳动不劳动，都是农民自主决定，生活很随意。而城市必须遵守劳动纪律，上下班时间十分严格，在劳动时间上没有随意性，不听指挥是要被开除的。农村生活是宽松的生活，城市生活是竞争的生活；农村是熟人社会，城市是匿名社会。因此，很多农民转为市民后感到不适应，必须认识到，主动市民化难度很大。

上文已经分析，市民化提供的社会保障为什么对农民没有足够的吸引力：保障对于老年人尚有看得见的利益，而对于年轻人则是遥遥无期的事情。城市的保障也是分为三六九等的，普通市民的社会保障水平普遍较低，城市里享受较高水平保障的大多是政府、事业单位的职工，是某些大型垄断企业、高利润企业的职工。城镇高收入者通常会自己购买商业保险。这些高水平保障都与转为市民的农民无关。因而，我们也就可以理解，为什么城镇化被宣传得那样好而农民却对之没有积极性。结论是：城镇化决策要设身处地从农民的地位和切实利益出发。

农村虽然整体生活水平低于城市，但是，农民在农村还有多种机会，如村庄集体经济分配的机会，多种与自然经济相关联的获得收入的机会，农村土地、宅基地的潜在升值机会。农民市民化以后，如果这些机会都没有了，如果这种上升空间都失去了，农民仅仅变成了城市就业的底层群体，这样的市民化就完全脱离了我们的发展目标。所以，市民化要为农转非的人们探索向上发展的社会空间。

2. 积极探索市民化的多种途径、多种模式

目前，城镇化、市民化的途径比较单一，最常见的就是城市扩张、建立开发区、上大项目，或村庄合并、建立农村中心社区、农民上楼，大规模拆迁改造，这些方式表面上似乎也是多种多样，但是实际上途径单一，都是政府主导，政府或上级的积极性高而农民没有什么积极性，政府主动农民被动。上文已述，全国各个地区的发展水平差异极大，农民内部的分化也很突出，一律采取这种简单化的拆迁改造方式，最突出的问题就是忽视了农民的权利、利益与意愿。其实，在城镇化、市民化模式上，探索多种途径的范例也有很多，笔者以为最具示范效应的就是一些就地城镇化的试验。

华西村、刘庄、韩村河等范例的基本经验是村庄基层组织健全，由村庄带头人组织全体村民主动推进产业化与城镇化，农民、农村、村庄集体均处在主动的而不是被动的位置上。在这些案例中，农民始终参与到建设的过程以及利益的分享中，农民生活水平上升、地位变化，农民既成为现代产业就业体系中的一员，又享受了现代文明生活，享受了产业发展、集约化生活、土地增值所带来的诸多利益。此外，一些实力强大的企业与农村联手，实现“产农结合”，企业提供产业投资能力和技术，农村农民集体土地入股，既扩展了新型产业，也开拓了现代有机农业等。这样完成就地产业化和就地城镇化的成功案例也不在少数。

3. 在政府主导的前提下，广泛听取农民的意见，发挥农民的主动性

在政府主导的前提下，农民是不是就只能是被动的，就完全失去主动性了呢？并不是这样。正是因为政府主导，就更应该将城镇化进程处理得公平公正，就更应该多听取农民的意见。城镇化规划应该有规划听证的过程，即在确立规划之前，应广泛听取被城镇化地区农民的意愿。重大项目一定要由有资质能力的第三方做出社会评估。近年来，城市扩展或重大工程项目引发了一些重大群体事件，都是因为在规划中缺少了被拆迁地区或受影响地区居民意见的专业化收集。调查表明，农民对于新型社区的期望往往与政府的规划差异很大。政府需要完善城镇化的社会评估法规，对于没有广泛听取老百姓意见的工程、规划，没有严格按照程序完成社会评估的工程、规划，坚决不允许上马。

政府主导的城镇化还可以从制度设计上让农民有多种选择的机会。纵观当前各级政府主导的城镇化，大张旗鼓统一化、单一化的多，强调人性化设计、多种选择设计的少。其实，即使是政府推动，也可以在设计的细节上让被城镇化的农民有多种选择的机会，比如居住地的选择、房屋样式和格局的选择、价格价位的选择、建设方式的选择等。

当然，一个十分突出的问题是，目前的土地法规有一些不完善之处，阻碍了农民自主参与工业化、城镇化进程[①]，需要逐步完善。按照目前的土地法规，土地只有转到政府手中变为国有土地后才能成为建设用地，村庄集体自主开发的都属于小产权建筑，都是违法的，集体建设用地没有进入市场的权利。其实，凡是村庄精英带领群众致富的案例，都在不同程度上突破了国家集体建设用地的规定。目前，小产权房屋遍地开花，这是城市与农村在土地问题上博弈的

① 黄小虎：《放开集体建设用地入市是征地制度改革的题中应有之义》，载《“三农”决策要参》2013年第6期。

一种表现。政府应根据实际情况和各种经验教训，逐步完善我国的城乡土地法规。

4. 充分认识到主动与被动是可以转变的

如果工作做得好，被动市民化可以变成主动市民化。这方面有一些成功案例，比如，最初发生群体事件的地方，后来经过对农民做尊重其意愿的细致工作，多数农民从被动变为主动。反之，本来农民有积极的城镇化意愿，但由于拆迁改造政策失误，农民也会由支持变为反对，甚至集体上访，这种案例也不在少数。

从实地经验看，凡是被动变为主动的，都是城镇化的后续工作完成得十分出色，都是事前承诺、事后给出了满意答卷的。反之，有些城镇化改造，改造前动员工作多、承诺多，而改造后没人管、没人过问。这样的城镇化改造，被拆迁者往往有被欺骗的感觉，而这也常常是引发冲突的重要原因。所以，政府应制定法规，对所有的城镇化项目做严格认真的后续评估。城镇化建设项目，凡是事前承诺很多而事后没有兑现的都必须有惩治措施。另外，在拆迁改造过程中，要杜绝老实人吃亏、刁钻者占便宜的现象。好的政策一定要做到公平、公开、公正，这样的政策才可以持续，才会真正赢得民心。

总之，本章之所以讨论主动市民化、被动市民化，原因是目前“被动市民化”的现象比较突出。被动市民化忽视了作为城镇化、市民化主体的农民的权利、利益与意愿。本章强调，城镇化、市民化最为突出的问题是要尊重农民的权利、利益和意愿。我国城镇化中，政府主导的特征十分突出，其优点是城镇化建设行动迅速，整体运作能力强，行动效率高。但是，明显的缺点是农民处于被市民化、被城镇化的位置上，其意愿常常被忽视。本章提出的主动市民化是指真正符合农民意愿的市民化，而那些不符合农民权益、利益和意愿的城镇化，往往会带来社会问题，引发社会矛盾，只有主动城镇化、主动市民化才会使中国社会焕发出可持续发展的巨大动力和活力。

第七章
就地城镇化的地方探索

所谓就地城镇化，是指在原来的农村地域中出现城市的形态，依托现有农村人口居住地，包括村庄和小城镇，实现人口空间集聚、生产生活方式转变、权利保障和公共服务提升的一种城镇化模式。就地城镇化的实现，通常是由于工商业的就业机会或良好的社会服务和生活环境，吸引大量人口集聚，从而引发人口密度、土地利用、建筑形式与布局肌理等方面的巨大变化，从乡村形态转变为城市形态。

就地城镇化包括两种：一是大城市周边的就地城镇化，大城市由于辐射作用，带来近郊乡村地区的产业发展和人口集聚，使得乡村逐渐融入和转变为城镇化建设区；二是农村地区的就地城镇化，随着农业产业化、农民生活改善需求的扩大以及政策的推动和引导，原有的村庄逐渐转化为小城镇和新型农村社区等城镇化特征的集聚形态。推动农村就地城镇化的动力可能来自外部技术、资本或产业的进入，也可能来自农村内部自发的经济发展。

就地城镇化是城乡一体化接轨的交接点，它表明城镇化推进不一定都采取区域人口流动集中到大中城市的方式，也可能采取就地集聚和转化的形式。本章分析了就地城镇化两种模式的特点、争论与主要问题，提出就地城镇化需要的制度改革和治理创新。

一、大城市近郊村庄的就地城镇化

1. 城市近郊村庄城镇化的有利条件与现实意义

在实现从乡村到城市的就地城镇化转变上，位于大中城市周边的乡村无疑具有得天独厚的条件：一方面，由于城市的辐射，城市近郊乡村发展制造业和服务业都具有很强的动力，非常有利于非农产业的发展，本地人口很容易实现职业的转变；另一方面，由于城市的扩展，近郊乡村人口集聚，土地升值，巨大的推动力和潜在价值促使这些地区的建筑密度和空间形态迅速城镇化。事实上，许多城市的快速发展，都会使部分近郊村庄被城市建设区包围，形成所谓“城中村”。也正因为如此，城市近郊村庄的城镇化成为就地城镇化过程中一种特殊而复杂的类型，既有强大的动力和推力，又面临着合理引导和有效管制的迫切压力，城镇化过程中大量“城中村”出现，不仅会导致各种社会问题，也破坏城市景观，给城市健康发展和品质提升带来不良影响。

2. 城市近郊村庄城镇化的实践案例

城市近郊村庄的就地城镇化，有很多成功的案例，例如北京近郊地区的高碑店、朱房、四季青和台湖等案例。其中，高碑店村和台湖镇属于近郊产业推动的典型，朱房和四季青的村庄属于城中村改造的典型。

（1）产业集聚推动的近郊乡村就地城镇化

高碑店村原是一个千年古村，地处北京城东，距离市中心约8公里，辖区总面积2.7平方公里，是典型的城乡接合部。2002年以前由于国家重点工程建设占地的影响，以及多条高压线、污水管、铁路、河流穿村而过，原有的2300亩耕地被挤占得只剩下80亩工业用地，村庄成了一个“农村无农业，农民无耕地，农转居无工作”的“三无”村，“失地”或“无地”成为高碑店村村民所面临的最大困境，村里各种矛盾越积越多，人心不稳，“上访”不断。

从2002年开始，高碑店村着手寻求改变。2003年，高碑店村结合村里实际情况、文化特色，在村里原有的几十家古典家具店基础上，大胆投入100余万元对“古典家具一条街”进行升级改造，着力发展古典家具产业。自此以后，高碑店村古典家具产业不断发展，规模不断壮大，从最初的收购旧家具修补翻新到后来逐渐形成了生产、加工、制作、销售新家具的“一条龙”产业链条。古典家具业已经成为高碑店村的一张“金名片”，是高碑店村的绝对支柱产业和重要经济来源。

有了产业和经济支撑之后，高碑店村才开始稳步地推进村庄改造计划。2009年，高碑店村被列入“城乡一体化试点村”，正式启动了“新村建设”。高碑店村坚持“规划先行、市政优先、统筹发展、分步实施”的原则，按照“政府专项扶持、集体统一设计、村民出资建房”的思路，组织村民集体原址翻建房屋，统一建成商住一体的明清风格建筑。房屋全部都是三层楼房，二楼、三楼自住，一楼底商出租，整齐划一，美观而又不失文化底蕴。截至2017年，村里旧村改造（西区）项目已经完工，有529户村民完成房屋“原地翻建”，村民的居住环境和生活质量均得到了极大的改善，而且还能创收。现在每户出租一楼底商，年均收入都在20万元，有的高达几十万甚至上百万元。有了西区的成功经验，高碑店村东区改造项目也开展得非常顺利。到2020年，高碑店村建成1580栋楼房，按照现在的租金标准进行保守估计，全村村民自有资产将达到1.58亿元。高碑店村基本实现了产业转变和空间形态改造，成为就地城镇化的一个成功案例。

通州区台湖镇是产业推动的近郊城镇化的另一个例子。该镇位于北京东南郊，通州区西南，距市区约20公里，面积81.5平方公里，本地常住人口36000—40000人。在20世纪80年代之前，该镇产业结构属于纯农业，80年代中期开始逐步引进工业项目，90年代逐步发展初级工业产业。进入21世纪后，由于北京六环路、京沈高速、京津唐高速的修建，一方面，国家道路占地推动了部分村庄的城镇化征地，另一方面，交通的便利性预期以及对通州区的发展预期给台湖镇招商引资带来了机遇。在几条高速公路的修建过程中，台湖镇建成了两个大的园区：一个是农民就业产业基地，占地106公顷，解决了当地大部分农业劳动力的就业；另外一个是72平方公里环渤海高端总部基地，很多国际大公司总部建在该基地。随着几次高速公路建设和环渤海高端总部基地的修建、光机电产业园区等国家开发区的建设，台湖镇46个村子有一半多完成了农民的拆迁上楼，在空间形态上也完成了城镇化改造，新建住宅小区成为居住的主要形态。

（2）“出租经济”推动“城中村改造”的就地城镇化

W村和Z村案例属于城市扩展中的“城中村”改造案例。

W村位于北京市海淀区S镇北部，紧邻玉泉山、颐和园、昆明湖、南水北调调节池，是玉泉村委会下属8个自然村之一，属于典型的城乡接合部地区，在城乡一体化改造前，常住人口3600人，流动人口高峰期达到2万人。由于外来人口多，当地村民主要靠租房给外地人获得收入，被称为“瓦片经济”。由于私搭乱建、小摊小贩占道经营，一度环境极其混乱，成为治理的难点。2009年，由原北京市委书记刘淇带队，将W村作为全市推进城乡接合部地区改造的一个试点，力图通过W村试点工作为全市破解城乡接合部难题、探索城乡一体化新模式、率先形成城乡一体化新格局创造经验。据村委会介绍，他们在12个月的有效建设时间里建设了20余万平方米的农民回迁安置楼房；利用6个月的时间完成了W村775个院、1550户村民的拆迁工作。也就是说，W村的城镇化过程既不属于国家开发也不属于商业开发，而是属于为完成城乡接合部环境改造任务的政府主导下的村自主开发。村委会组织村民成立了房地产公司，进行自主设计、自主施工，不仅完成了农民回迁安置房的建设，还利用腾退出来的土地建了写字楼用于出租，收益用于提高村民拆迁上楼后的福利。同时村委会还自己成立了物业公司，对村民拆迁安置后的楼房社区进行自我管理。

Z村地处北京西北部的城乡接合部，在城市四环和五环之间。辖区面积约3平方公里。“改制”前的Z村是典型的城郊农村，农民们被整合进农村生产大队。由于城市的快速扩张，Z村逐步被周围的高楼大厦所包围，但由于该村一直作为某高校的发展预留用地，在城市发展过程中一直被禁止开发，演变成了一个典型的“城中村”。2002年，Z村推行了“农转居”政策，转居后，截至2013年，Z村有1360户约15550余人，其中户籍居民2822人、村民283人，登记流动人口12445人，估计总流动人口数在3万人左右。Z村成为一个外来人口数量超过当地居民和村民的人数的“人口倒挂村”。随着外来流动人口的增多，当地拥有户籍的村民和居民、拥有房屋的外来人口或“二房东”等均获得了相当可观的房屋出租收入。截至2012年，条件一般的房屋平均租金估计为每人300元/月·床位，条件稍好的房间租金可以达到700—800元/月·间。同时随着人口的增加，很多适合社区居住人群消费的服务业“小微企业”逐渐发展起来。据统计，Z村有门面房227个，超市48个，小饭店53个，诊所13个，美容美发店26个，其他经营类门面共计约87个。社区市场的形成为这些个体户、打工者、外来人口提供了在城市生活的机会。同时，Z村村委会以集体土地的代理人身份，向外招商引资，以集体土地为抵押，吸引企业投资。

3. 城市近郊村庄城镇化的经验与问题

从以上城市近郊乡镇和村庄就地改造的例子可以看到，城市近郊乡村由于人口集聚和土地升值，具有强劲的城镇化动力，其中有很多值得总结和学习的经验：

第一，适当给予农民分享土地收益的权利。城市近郊村庄实现就地城镇化的关键在于，无论是通过“出租经济”还是发展第二、第三产业，村庄居民都合理地分享了土地从农业转为非农利用的增值收益。许多"城中村"依靠"出租经济"就可以为本地居民带来大量的经济收益，例如W村和Z村。

第二，注重产业的发展和培育。对于距离城区稍远的乡镇和村庄，通过发展与城市联系紧密的制造业和服务业等，实现居民就业方式和居住方式的转变，是就地城镇化的另一种模式。例如高碑店村的成功，就是在古典家具产业发展的基础上，再进行旧村改造或新村建设，促进了村民生活方式的变革。

第三，做好农民长期收入的保障。例如台湖镇，一些村子中的土地作为总部基地的建设用地被征用，村民除了住房与经济补偿外，还获得了一部分集体资产作为今后的福利。而因国家开发被征用的村子则没有这一安排，农民的长期收益缺乏保障。

第四，发挥政府的规划引导和村集体的组织作用。对于这些发展动力很足的村庄，一个很重要的方面是在城镇化人口集聚中对土地利用和空间建设进行合理的引导。城市近郊的村庄，分散的、个体化的土地利用不可避免地导致私搭乱建，出现空间失序、环境品质低下等问题。W村的例子表明，政府主导下村民自主开发也是城中村改造和就地城镇化的一种成功模式。发挥村庄原有的组织体系的作用，通过集体经济组建股份化公司，有利于统筹规划和环境品质的提升，也有利于建立村庄居民分享收益的公平机制。

第五，在身份转换和治理机制方面，从"村"到"城"的转换，应注重整体性。例如台湖镇总部基地的征地属于一次性将所涉及村庄的土地全部征用完，被征用村庄的农民可集体完成村委会改居委会的治理体系转换，养老保险与医疗保险也同时完成了从农民向居民的转换，为今后的管理带来了便利。与此形成对比的是，一些被国家道路开发占地的村庄由于土地不是一次性全部征用，村居混合的状态维持时间比较长，为之后的管理埋下了隐患。

二、新型农村社区建设和农村聚落调整带动的就地城镇化

1. 背景

（1）就地城镇化和乡村聚落调整的客观需求

如果说城市近郊就地城镇化具有强劲的动力，那么农村地区的就地城镇化就需要一定的条件和选择性。从人口总量上看，乡村地区的人口是逐渐减少的。按照2030年65%—70%城镇化率预测，农村人口将由2010年的6.7亿人下降到4.2亿—4.8亿人。但随着农业产业化、农民改善生活的需求以及国家土地整治等政策的推动，农村人口也面临着改善生活品质、提升公共服务的迫切需求。农村居民改变居住方式和居住形态，如建设新型农村社区的需求也是非常明显的。很多地方对农民的调查表明，现在部分年轻、富裕的农民已经倾向于到县城和小城镇买房居住。对于留在农村的居民，随着农业生产方式的改进、农村人口的减少，居住方式也有部分集中的需求。在一些特殊条件下，农村地区也可能出现产业和人口集聚和城镇化转化的现象。改革开放以来，我国出现了许多农村地区乡镇和村庄在特殊的背景下实现快速发展的案例。

从国际经验来看，各国在城镇化进程中也都有采取一定的措施引导村庄格局调整。例如，英国通过中心村，出台一定的综合性政策，促进乡村人口的集中。印度通过乡村综合开发，使分散的小村落逐渐联合成为新兴居民点，在调整村庄规模的同时，采取开发援助的方式鼓励农民改造住房。日本政府也制定了相关法律，如《町村合并促进法》（1953年）、《新市町村建设促进法》（1961年）等促进町村的合并与集聚。在这一时期，尤其是在20世纪50年代至20世纪60年代的10年时间内，日本町村个数急剧下降，数量由1950年的超过10000个下降至1960年的3000个左右，与此同时市的数量则由254个上升到561个，3万—5万人的小城市数量大幅度增加，其数量增长超过一倍，同时日本全国城市化水平也由37%快速上升至63%。

相比较而言，我国县域以下大约有2万个建制镇，1.5万个乡集镇，60万个行政村，270万个自然村落。小城镇应达到一定的人口规模，才能提供丰富多样的文化娱乐设施，但我国建制镇和乡集镇规模普遍偏小，公共服务品质不高。随着乡村人口的减少、产业发展的影响、环境保护要求的提出，以及城乡居民生活品质和消费升级的影响，县域内的镇村居住体系不可避免地发生分化，如何促进农村地区的就地城镇化是新型城镇化的重要课题。

（2）新型农村社区建设的背景

新型农村社区建设是农村就地城镇化的一种新模式和探索。从政策背景上看，一方面，2000年以后的“新农村建设”基本上依托于农村原有分散的村庄和居民点，改善基础设施和公共服务设施的难度和投入都非常大，特别是随着农村人口的外流，“空心村”现象日益明显，基础设施和公共服务的利用率并不高；另一方面，城镇化进程中的“人地分割”也导致城乡建设用地总量快速增长，严重威胁到我国的农田和粮食生产安全建设，促进建设用地集约也成为地方政府建设新型农村社区的一个动力。

2004年，《国务院关于深化改革严格土地管理的决定》（国发〔2004〕28号）也提出“鼓励农村建设用地整理，城镇建设用地增加要与农村建设用地减少相挂钩”。在此背景下，地方政府开始推进“拆村并居”和“新型农村社区建设”，其中很重要的动力是节约农村建设用地，增加城镇建设用地指标。山东、河北和河南等省推出新型农村社区建设，主要由政府推动、规划和投资，按照节约的建设用地指标给乡镇或村庄返还一定收益。而成都、重庆等地则推出“地票”模式，部分由政府下属的平台公司或者投资公司主导农村土地整治，但也有引入市场主体投资的模式，例如成都市在统筹城乡实践中也尝试“政府、企业和村庄”三方合作模式。成都温江区出台文件，提倡“村企合作”引导政策：鼓励外部资金参与村庄整治，村庄和企业进行合作，要求签署村企合作协议，并制定农业产业实施方案、项目投融资方案、资金平衡方案、拆旧建新实施方案、土地权属调整方案、农民集居区修建方案等。成都龙泉驿探索三方合作模式，三方按照一定比例分享产业收益，企业负责投资和市场化运作，政府下属平台公司参股，政府负责协调三方利益，保护集体资产不受损害，构建公平的市场环境。

2. 实践案例

（1）河南舞钢新型农村社区建设实践

以河南舞钢为例，舞钢是河南省扩权县市试点之一，也是推进城乡一体化建设的试点城市。2009年以来，舞钢市按照河南省平顶山市关于城乡一体化发展的要求，围绕“两个集中”（土地向经营大户集中、农民向城镇集中），将全市190个行政村、834个自然村、1421个村民组整合规划为4个中心镇、17个中心社区，确定了“一城四镇十七个中心社区”的城乡一体化发展格局。

舞钢市力求探索一条城市发展和农村就地城镇化相结合的道路，把新型农村社区纳入多层级的城镇体系之中，新型农村社区实现了基础设施一体化、公共服务均等化（包括增加教育设施、社区卫生服务站等），农民不用进城就变成了市民，享有和市民同等的待遇。另一方面，通过新型农村社区建设，实现建设土地集约利用，实现不牺牲耕地保护又能支撑城镇和产业发展的道路。

在新型农村社区选址布局方面，舞钢通过镇村干部对农民进行了初步的摸底调查，最终提出“三贴近”原则，即“贴近城区、贴近镇区和贴近产业集聚区”，以保障新型农村社区具有充分的就业支撑和发展动力。

在实施机制方面，舞钢新型农村社区建设，按照“乡镇自建、财政奖补”的原则，中心镇和中心社区的基础设施建设费用由市政府和乡镇政府各承担一半，户均基础设施建设投资约6万元。新型农村社区只面向规划区域内的农户开放，农户按照建房成本价购买新房，2012年每套房价格在10万—12万元。政府主要依靠新型农村社区的“三优”——优美的环境、优惠的政策和优质的服务——吸引农民购买新房，政府对于购买社区新房的农户给予一定补贴，金额在5000元至1.5万元不等。对于购房资金不足的农户，政府还可提供3年期的免息贷款3万元。同时，舞钢政策规定，凡入住新型农村社区的居民，根据本人意愿可转为非农业户口，享受与城镇居民相应的医疗、低保、养老、就业等待遇，也可按照“就高不就低”的原则，继续享受农村的待遇标准，包括土地承包经营权、计划生育、民政优抚救助等政策。

在产业与就业方面，舞钢在每个社区都合理规划设置就业安置区，出台政府贴息、资金奖励等各项优惠政策，扶持和吸引中小企业进区建厂，最大限度为社区居民提供就业岗位。

到2012年末，舞钢规划设想的新型农村社区已经启动了13个，其中包括4个城区周边的新型农村社区、4个中心镇的新型农村社区、5个乡村的新型农村社区。部分新型农村社区初具规模，成为新型城镇化的一大亮点。2013年末，全市建成新型农村社区住房8300套，5800套已被认购。中心城区北边的六合苑社区建设已经初具规模，大部分农民已经搬入社区居住，配套公共设施也基本建成。与六合苑、九龙山社区比较相似的还包括城区南部的龙湖社区、吴庄中心社区，城区东北部的武功社区等，由于邻近中心城区，区位条件优越，比较容易受到农民的欢迎。

（2）湖北鄂州新型农村社区建设实践

湖北鄂州也是推进新型农村社区建设的一个地区。2008年，鄂州被湖北省确定为全省第一个城乡一体化试点城市，此后，鄂州市有组织地启动了村庄搬迁整合工作。鄂州市政府将新型农村社区建设与国土整理“增减双挂钩”项目相衔接，鼓励分散居住的农民以其宅基地置换新规划区内的住宅用地集中建房，节约的建设用地则用于产业发展和地产开发，通过土地收益反哺社区建设。鄂州市紧密结合地方资源禀赋、经济条件、人文特点和长远发展需要，充分尊重群众的意愿，发扬首创精神，探索出农村新社区建设六种模式：

第一，规划引导型。2008年以来，政府加强对农村新建、改建和重建住房的规划管理，引导农民向新规划的106个农村新社区和47个城镇新社区集中。全市106个新社区建成后，可节约耕地5.1万亩。峒山村按照统一规划建设农村新社区，发展生态旅游观光农业，以生产方式转变带动生活方式转变，使村民变居民、农民变员工。

第二，迁村腾地型。将新社区建设与国土整理“增减双挂钩”项目相衔接，鼓励分散居住的农民以其宅基地置换新规划区内的住宅用地集中建房。截至2012年5月，横山村以这种方式安置农户360户，平均每户占地由2亩减到200平方米。

第三，项目拆迁型。依托重大工程项目配套建设新社区基础设施和服务设施，引导农民利用征地补偿费、房屋补偿费统一建设农村新社区。大屋村依托恒大金碧天下项目建设新社区，围绕恒大项目创办4个服务公司，使农民通过创业实现就业。

第四，城中村改造型。把搬迁村民的安置房建设同开发商的商品房建设结合起来，“捆绑”开发。截至2012年5月，楼下村引进开发商对旧村集中改造，260户拆迁户住进新居，将腾退的300亩土地用于工业园开发，安置农民就业。

第五，产业培育型。以龙头企业、规模种养板块为基础，规划建设核心产业园区，配套建设农民集中居住区。池湖村依托金刚石刀具产业园和葡萄基地，建成产业和社区同步发展的农村新社区。

第六，环境整治型。对人口相对集中、居住条件较好的自然村，通过推进村庄整治，建设自然生态型新社区。路口村以“三清”（清淤泥、清垃圾、清路障）、“三化”（硬化、绿化、亮化）为重点整治村庄，建成环境优良、和谐文明的农村新社区。

鄂州在新型农村社区建设中非常重视提升公共服务水平。每个社区综合服务中心一般按“1+8”的模式设置公共服务设施，即社区党（委）支部、村（居）委会办公场所和便民服务中心、综治维稳中心、文体活动中心、劳动就业培训中心、卫生服务中心、计划生育服务中心、农村党员群众电教中心、农家超市。这种八位一体的社区综合服务中心（“1+8”社区服务中心），会存在不同社区具有同一服务功能的部门名称不同的情况，但从功能的角度上，体现了新型农村社区公共服务设施配备状况，使农民不出社区即可享受基本公共服务，也是“以人为本”理念的一种体现。

在配套政策方面，鄂州以深化户籍管理制度、就业制度、社会保障制度、土地制度及农村行政体制改革为突破口，为推进新型农村社区建设以促进城乡和谐发展提供体制性保障。在户籍制度方面，最大限度地降低户口迁移条件，积极探索城镇人口迁移农村落户的管理办法，以合法固定住所、稳定职业或生活来源为户口准迁基本条件。在就业培训方面，建立了以公办培训为主、以民办培训为辅的门类齐全、设施配套的培训网络体系。2011年，鄂州市人社部门共有培训机构27个，开设包括机电一体化、数控技术、应用电子技术、旅游、机床、机械加工、农副产品加工等三十多个专业。同时，政府把创业培训作为培训工作的重中之重，通过推行“创业培训+小额贷款”模式来促进城乡劳动者自主创业，充分发挥创业培训在创业带动就业中的作用。

3. 新型农村社区建设中的经验与争论

从各地实践看，新型农村社区建设具有改善农民生产生活条件，提升农村公共服务水平，促进城乡建设用地集约等一系列积极作用。以舞钢为例，在选择17个新型农村社区时，都对农民的意愿进行了初步的摸底调查，基本上符合相当一部分农民的意愿。在17个新型农村社区中，有10个社区是位于中心城区和镇区周边的，实质是通过新型社区建设做强小城镇，发挥聚集效应，因此具有模式创新意义；而布局于乡村的新型农村社区，包括3个旅游服务型和8个农业服务型新型农村社区（含规划建议增加的），对探索乡村建设新模式也具有重要意义。许多地区的调研显示，随着经济增长和收入增加，农民具有很强的改善型居住需求，特别是新一代农民从原有家庭独立出去以后，很多都需要购买或自建新房。如果这些需求不加以引导，则势必导致农村的住宅不断增加，在未来会出现更大的浪费。

新型农村社区建设有利于引导农民的居住需求，对于调整农村居住格局和集中建设用地非常必要。

但是，许多地区出于为城镇增加建设用地指标的目的，不顾农村实际情况，快速推进新型农村社区建设以节约农村建设用地，引起了很多争论：一是城乡建设用地“增减双挂钩”的做法，是为了整合土地资源，集约地进行城市开发建设，还是借“新型农村社区建设”之名变相地侵占良田？二是建设新型农村社区是充分考虑了农民的意愿，将流转土地指标的增值收益返还到了农村，还是所谓的“被上楼”？三是新型农村社区的规划设计是与农民的生活生产方式相适应，继承了传统村落人居的特色和精神，还是简单粗暴的“拆村运动”，导致“千村一面”，农村和城市一个样？

从舞钢、鄂州等地新型农村社区建设的成效和问题可以看到，新型农村社区建设，必须考虑到农村人口的城镇化转移和农业生产方式的调整都是一个长期渐进的过程，不同农村片区或者村庄的发展具有不确定性和差异性，必须坚持产业先行、贴近城镇、循序渐进、动态调整和分类引导等原则。

第一，产业先行，注重生活方式、居住方式与生产方式的一致性。新型农村社区的建设，必须注重农民生活方式、居住方式与生产方式的一致性。一方面，通过发展农村合作社、家庭农村等规模经营形式，改变分散的小农生产方式。小农生产方式，显然会导致集中居住与分散农业耕作的矛盾。整村合并重组的模式，应以农业产业发展和组织改造为先行，实现经济形态、社会形态、组织形态和空间形态的整体变革。在这方面，四川省做了很好的探索，例如实践中提出的“新农村综合体”概念，包括农民集中居住、产业发展、基础设施、公共服务、新型社区管理等“五大要素”，力求在推进农业产业化、片区化和特色化发展的基础上，改变空间集聚形态和基层治理结构。另一方面，在农业产业化的基础上也必须积极培育适宜农民就业的第二、第三产业。例如舞钢在推进新型农村社区建设中，也比较重视农民就业问题，提出了新型农村社区配套一个小型产业集聚区的思路。发展与居住相配套的产业，给农民创造多条就业渠道。这样农民既可以外出打工，也可以就近就业。

第二，科学布局，贴近城镇，发挥集聚效应，兼顾长远趋势。新型农村社区的布局，一方面必须考虑人口城镇化的规律，发挥引导人口集聚的作用。例如，舞钢市在新型农村社区建设中，提出“三贴近”原则，即“贴近城市，贴近镇区和贴近产业集聚区”，从实践看，“三贴近”比较容易受到农民的欢迎。对于服务农业片区的新型农村社区，应该充分依托现有村落，利用发展条件好的中心村，引导人口集聚，形成具有一定规模的新型农村社区。另一方面，还要考虑乡村人口的长期流动趋势，一些地区在推进新型农村社区建设过程中，基本按照现有农村人口实行就地集中建设。从长远看，随着城镇化的推进，农村人口减少，这种新型农村社区会不可避免地造成新的空置和建设浪费。这就需要合理估计新型农村社区建设的选址、布局和长远发展规模，充分考虑人口城镇化的流动趋势，贴近城镇的新型农村社区建设规模可以较大，而农村片区的新型农村社区则必须适度控制建设规模。

第三，循序渐进，尊重农民自主迁徙意愿，注重动态调整。在农村聚落调整和新型农村社区建设中，政府可以发挥一定的政策和引导作用，但根本上应该尊重农民的自主迁徙意愿，从实际出发。一些地区，为了完成集约建设用地指标，盲目套用城市居住小区的建设模式，甚至通过行政手段拆村建小区，以致出现了“农民被上楼”等。这种模式是必须坚决避免的。政府应建立城乡资产置换机制、农村财产退出机制和农村居民住房内部流通机制，通过流通反映和调节居住需求，让农民“用脚投票”，在一个相对长的时间内逐渐实现居住方式的转变和聚集形态的调整。

第四，分类对待，营造不同特色。新型农村社区在建设模式和风貌上也需要分类对待，按照交通区位、产业类型的不同，营造不同的特色。例如贴近城镇的新型农村社区，在建设风貌上应尽可能与小城镇建设统一起来。而位于农业片区、旅游景区的新型农村社区，要考虑乡村特色，保持乡村风貌，避免照搬城市居住区的多层楼房模式。

三、外力推动下外部资源注入的就地城镇化

随着短缺经济的过去和土地制度等的变化，村庄通过发展乡镇企业和民营经济实现自我积累、内生发展和就地城镇化已经有很大难度。近年来，通过外部力量的扶持推动村庄发展成为一种新的路径，如“村企合作”“村镇合作”，典型的如华润集团推进的“希望小镇”建设。

华润集团是一家大型国企集团，主营业务包括地产、基础设施和公用设施，以及消费品（含各种零售、啤酒、食品、饮料）等，2012年销售收入超过3000亿元人民币，股东净利润超过150亿元。华润集团基于感恩回报、履行企业社会责任的价值观念，发挥集团多元化经营的优势资源，利用企业和员工的捐款，到贫困地区、革命老区建设希望小镇，现已在广西百色、河北西柏坡建成HR希望小镇，湖南韶山、海南万宁、北京密云、福建古田、贵州遵义的华润希望小镇也正在规划建设中。

华润集团建设希望小镇的模式包括三个方面：乡村环境改造、产业帮扶引导和基层组织重塑。在乡村环境改造方面，华润集团对每个希望小镇进行整体规划设计，建造具有乡村特色、体现当地新农村风貌的农舍民居，同时建设相应的公共服务设施，实现生产生活环境的改善。在产业帮扶引导方面，华润集团通过旗下全资食品集团公司规划和投资现代农业项目，大力扶持富有地方特色、能与公司产业发展相结合的种养业和生态农业，同时结合当地的生态、文化等资源禀赋，因地制宜策划生态旅游、乡村酒店等产业项目，为当地创造更多的就业机会和收入来源。在基层组织重塑方面，希望小镇建设一方面建立“农民专业合作社”和新型集体经济组织，另一方面引入城市社区管理模式，实现基层治理上的创新与变革。

以华润集团在B市的希望小镇为例：（1）在产业发展方面，华润集团与村庄合作，立足该地丰富的山水资源、便捷的交通和镇域区位优势，在以往的农业种植和林果业基础上，成立专业合作社，发展中高端种植业、创意农业、苗圃花卉、观光休闲、餐饮住宿联动等产业形态，体现了现代种养业和乡村旅游业的充分结合。（2）在居住空间方面，按照“耕地不减少，建设用地不增加，不以购买、置换等任何方式剥夺农民宅基地”的原则，启动新居建设工程。在操作模式上，对农民宅基地和住房分别进行评估和补偿，农民通过旧房拆除和宅基地复垦获得收益，用于购买集中新建社区住宅。农民获得的补偿大致在10万—20万元之间，基本上可以购买到120平方米左右的社区新住宅（成本价在1500—1800元/平方米）。并且设置了退出机制，即农民可以选择将获得的新住宅“销售”给华润集团或镇政府，销售价格可以达到6000元/平方米，农民可“退出”以后到县城或其他地方购房居住。（3）注重乡村公共服务设施和基础设施的整体提升，规划建设市政设施综合楼、道路工程、给水工程、污水再生水工程、供热工程、生态环境工程、绿化工程、景观水系等配套设施，建设村委会行政综合房、村民之家、卫生站、小型老人养生之家、小型幼儿日托所、村民广场、公交站点、生态公厕等公共服务设施体系及社区服务项目，以使农民的生活、教育、医疗及休闲娱乐环境得到根本改善。

四、就地城镇化模式中的政策引导与制度保障

1. 农村产业发展引导

通过上述就地城镇化的案例与实践经验可以看到，实现就地城镇化关键在于发展产业，从而实现农村居民从小农生产者向现代职业从业者的身份转变，包括农业的产业化和非农产业的培育与发展。

（1）农业产业化发展

当前我国农业的主要问题是农地分散、科技与资金投入水平相对低下。从农业发展的国际比较来看，我国人多地少的国情决定了发展劳动力、技术密集型的高效农业具有相对优势，这也是缩小城乡差距，促进农民就地城镇化的重要产业支撑。不过，我国乡村的精致农业、高效农业、观光休闲、健康养生等产业仍然具有很广阔的空间。

但是农民自身在现代农业技术、投资方面都存在不足，对于发展精致农业、高效农业缺乏必要的技术、经验，小农生产方式也难以适应市场化的农业经营模式。这就需要政府加大对农业发展的技术、政策扶持，鼓励企业与村庄、企业与农户进行多种形式的合作，为农村注入现代生产要素，提升农业发展水平。同时，也要培育农民的自我组织能力，探索合作经济和社区发展等多种形式。改革开放以来农村发展的经验表明，“公司+农户”等形式的一个很大问题就是农业公司获益较大，但农民却有可能被排斥在农业经营之外，只能获取相对较低的固定收益。

党的十八届三中全会《决定》提出，加快构建新型农业经营体系，坚持家庭经营在农业中的基础性地位，推进家庭经营、集体经营、合作经营、企业经营等共同发展的农业经营方式创新；允许农民以承包经营权入股发展农业产业化经营，鼓励承包经营权在公开市场上向专业大户、家庭农场、农民合作社、农业企业流转，发展多种形式规模经营；鼓励农村发展合作经济，扶持发展规模化、专业化、现代化经营，允许财政项目资金直接投向符合条件的合作社，允许财政补助形成的资产转交合作社持有和管护，允许合作社开展信用合作；鼓励和引导工商资本到农村发展适合企业化经营的现代种养业，向农业输入现代生产要素和经营模式。

总的来看，政府应积极鼓励发展多种新型农业经营方式，特别是鼓励农民入股经营和合作经济模式。2013年中央一号文件中也提出“鼓励农民兴办专业合作和股份合作等多元化、多类型合作社”“推动龙头企业与农户建立紧密型利益联结机制，采取保底收购、股份分红、利润返还等方式，让农户更多分享加工销售收益”。

（2）农村非农产业发展

农业产业化有利于提升农民收入、释放农村劳动力，也为农民的生活方式转变和居住空间调整创造了基础条件，但农业本身的收益仍然有限。实现农村就地城镇化离不开非农产业的发展，例如案例中高碑店的古典家具产业、白沟的箱包产业，以及舞钢等地在新型农村社区建设中配套的产业集聚区等。

从各国经验看，在现代化工业集聚于大中城市发展的同时，小城镇和乡村地区在特色工业、手工业、文化创意产业和休闲旅游业方面都有自己的优势。以日本为例，在现代化工业发展的同时，传统的手工业也得到了很好的保护和传承。实际上，与大规模工业相对的，多样化、个性化、具有文化特征的产品在当今时代受到广泛的欢迎。例如，中国台湾的社区营造就积极推动文化创意产业与手工业、农业的结合，乡村地区很多特色手工业在注入了文化创意因素以后得到了很好的延续和发展。在旅游方面，台湾的社区营造中注重对社区历史资源、生态资源的挖掘，为旅游休闲产业注入了更加丰富的内涵和要素，也有利于提升农村的收入[①]。例如台湾南投县桃米村，通过挖掘本地植物、蝴蝶、青蛙等生态资源，成为非常知名的生态教育示范村，每年接待游客上百万人。

2. 农村建设用地管理

在农村产业发展中，土地是农村居民拥有的原始资源和最大资本，可以说土地制度对农村就地城镇化具有非常基础和关键的意义，特别是农村建设用地的利用和能否利用土地进行非农建设的权利。可以看到，乡镇和村庄在拥有土地资源并可以用于发展非农产

① 陈振华、闫琳：《台湾村落社区的营造与永续发展及其启示》，载《小城镇建设》2014年第9期。

业时，往往就能寻找到发展机遇，无论高碑店还是白沟都是很好的例子。李昌平认为，20世纪80年代农村经济和小城镇繁荣的关键在于，农民获得了用集体土地发展乡村工业的权利，占土地“农转用”的地租增值收益，土地成为农民发展非农产业的资本[①]。但是1998年修订通过的《土地管理法》出台之后，乡村土地的非农建设受到我国土地管理制度和规划管理制度的控制，农村利用集体所有土地建设和发展的权利事实上被严格限制了。这也是以李昌平为代表的部分学者认为20世纪90年代中期以后乡村发展失去活力的制度原因[②]。当然，乡镇企业分化的原因事实上还包括我国产业结构升级等更为复杂的因素，但土地制度毋庸置疑是一个非常重要的因素。

从国家层面来看，基于保护生态环境、保护基本农田等诸多目标，对城乡建设用地的用途管制具有必要性和正面意义，“村村点火”的分散工业化模式如今也失去了特定的生存环境。但如何给予乡村和农村居民必要的发展权利和公正的补偿，应该是我国土地制度改革中的一个重要问题。从促进城乡建设用地集约和保障公平发展的角度，至少应该建立起土地发展权利的置换、转移制度，例如允许乡村地区在现状基础上进行土地整理，利用节余的土地进行产业发展，或者通过“城乡建设用地增减挂钩”，以城镇建设用地收益反哺农村建设。从长远看，应该建立“人地一体”的挂钩制度，打破行政限制，允许不同主体平等竞争，获得相应的土地发展权利，这样有利于土地资源高效配置到有条件发展的地区[③]。

新型农村社区、“农村综合体”的建设事实上正是这样一种模式，通过集约农村建设用地、释放建设用地资源获得发展空间；通过建设用地权利转移收益反哺农村产业发展和社区建设。利用城乡

---

① 李昌平：《扩大农民地权》，载《中国土地》2008年第12期。

② 李昌平：《再向总理说实话》，中国财富出版社，2012年。

③ 陈振华：《从“土地发展权”视角看城乡建设用地统筹规划》，载中国城市规划学会《城市时代，协同规划——2013中国城市规划年会论文集》。

建设用地增减挂钩政策把节约的用地指标一部分用于社区经济的发展，另一部分可调剂到中心城区及产业集聚区，基本破解了土地哪里来和粮食怎么保的难题。湖北鄂州的新型农村社区建设本质上也是在市域内统筹调配土地资源的一种模式。

建设用地的整理与置换，也不应该仅仅是政府主导一种模式，而应该在政策引导下允许社会主体、村庄自主开发等多种模式。例如华润集团的希望小镇建设，就是村庄企业合作整理土地发展产业的一种模式。海淀区S镇W村和Z村的案例，也是村集体自组织土地整理和自我开发的成功案例。

3. 公共服务与财税制度

公共服务能力薄弱，往往是制约乡镇和村庄发展的重要原因。在当前我国的财税制度下，财政资源主要掌握在县以上政府手中，财税资源主要按照行政层级来划分，废除了“村提留、乡统筹”以后，镇和村更加缺乏公共财政收入来源。对于人口高度集聚的区域，往往是“小马拉大车”，例如广东东莞一些镇人口多达几十万，但行政级别仍然是镇级，无法解决很多行政管理和公共服务人员的基本编制问题。从前文Z村的例子可以看出，虽然产业园区和居住空间得到了很大改善，但是公共服务仍然非常滞后。公共设施与产业规模、城镇化水平不配套。Z村缺少大型体育场馆、大医院和学校，无法为常住人口提供足够的医疗卫生、文化体育方面的公共服务。城市功能的欠缺制约着Z村产业进一步做大做强和城镇化的进一步发展。

因此，对于小城镇，应适当扩大重点镇协调经济事务和公共服务的权限。根据市场经济发展需要，赋予重点镇在计划、城建、城管等方面的部分县级管理权限。对于人口规模较大的镇，探索改设定为城市的具体政策，按照人口规模，给予相应的行政管理和公共服务人员编制。在财税体制方面，建立稳定、规范的县（市、区）与有条件发展的重点镇分税制财政体制；加大转移支付力度，转移支付资金重点支持有条件发展的重点小城镇基础设施和公共服务体系建设，对重点小城镇的建设项目给予资金支持；建立与人口规模相一致的教育、医疗等公共服务财政投入机制，实现公共服务的均衡化。

同时政府要放宽重点小城镇的金融政策，鼓励以公有民营、民办公助、股份制等多种形式，吸引私人资本、社会资本、境外资本投资参与重点镇基础设施、公共设施和工业集中发展区的建设。如Z村在发展中探索的“政府融资，社会集资，农民带资，招商引资，合理开发，滚动发展”模式，引入社会资金集资、农民入股和大企业集团投资等多种模式。

对于新型农村社区或者农村综合体，除了政府投入建设相应的公共服务设施，如鄂州新型农村社区建设中的社区综合服务中心的“1+8”模式，还应该保留一定的集体经济或者集体资产，作为社区公共支出。

五、就地城镇化模式中的多元参与及治理机制

从治理的角度来看，乡村地区的就地城镇化离不开本地精英的推动、外部资源的注入和政府的引导等诸多因素，而如何在乡村、企业与政府多元主体的参与中建立起有效的治理机制，也是这些地区能否持续发展的关键。

1. 地方精英的涌现与推动作用

地方精英对于地方的发展有巨大的推动作用，尤其是乡村地区，产业的发展往往起始于个别乡村精英对产业机遇的把握。以白沟镇为例，箱包产业的发展起始于该镇某村两名村干部用人造革料加工成自行车座套的尝试。改革开放以来的一批明星村，如大邱庄、华西村、韩村河等，都离不开地方精英，比如华西村的吴仁宝、韩村河的田雄等，都是志在农村建设，办企业致富，然后又带动整个村

子经济和社会生活发展的乡村领袖。本书中高碑店村支书支芬是全国劳动模范、全国优秀党务工作者，虽是外乡人，但凭借自身的一股实在劲儿，认真做好每一位村（居）民的工作，在高碑店就地城镇化进程中一直扮演着地方能人的角色，把文化拧成一根绳，让千年古村换新貌。

在乡村精英中，干部特别是村支书，对于村庄的发展尤其重要。一方面，村支书的职位，可以使其更好地依据法律和乡村秩序实行统治管理；另一方面，作为乡村领袖，他们也具有传统所承认的统治地位而享有让他人服从的权力，在农村，这体现为在传统习惯所规定的义务范围内，人们对乡村领袖的认可和服从。

从政策层面，政府应该积极鼓励当地能人、回乡创业的农民工、想为家乡做出贡献的成功企业家、公务员、大学生等真正有才能的人回归乡村，为乡村发展输入人才、资金和技术。

2. 政府引导与外部资源注入

如果说改革开放以来自主发展的白沟、华西村、韩村河以及本书中的高碑店村等代表了在精英带动下乡村自主发展的一种模式，21世纪以来政策推动下的新型农村社区、农村综合体和希望小镇则代表了政府和外来投资推动乡村就地城镇化的一种努力与尝试。

在政府层面，主要是为新型农村社区规划相应的产业集聚区并进行招商引资，以及对农业产业化进行指导。但政府作为非市场经营主体在产业经营方面存在着不足，从而出现过度行政推动的问题，这正是新型农村社区引起争论的部分原因。正是由于这个原因，引入产业主体和投资主体协助乡村培育产业成为一种必要探索。成都温江、龙泉驿等地出台了鼓励“村企合作”的政策，也出现了很多实践案例，其模式与华润集团的小镇建设模式类似，在“村企合作”中，当地农民普遍是以农用地、建设用地和劳动力作为股份投入，农民每年获得稳定的土地流转收入或土地租金收入，部分产业项目按所占股份获得相应的分红收益。通过这种“村企合作模式”，希望实现在传统农业向现代农业和非农产业转变过程中，农民保持生产要素所有者的身份。农民除了充分就业，还需要有生产要素收入。这样既能促进产业发展，又能促进农民增收。

“村企合作”中企业等外部投资主体必须考虑投资的周期、效益和退出机制。但农业项目具有投资周期长、效益偏低的特点，乡村旅游等项目也属于长期经营型的产业。“资本下乡”在为乡村带来资金、技术的同时，也不可避免需要占有和分享一部分产业收益，导致村庄和农民的收益减少。而且企业投资的农业项目一般来说是以高收益的经济作物如花卉、药材等为主，虽然在我国当前仍具有一定的市场空间，但不能完全取代粮食等大宗作物生产，其推广性和普遍性受到一定局限。成都龙泉驿的村企合作和统筹城乡发展模式中，龙泉驿区每年转化农民数量2万—3万人，人均转化成本达到30万元，还面临着基础设施、公共配套设施建设投入。龙泉驿由于汽车产业发达，政府财力雄厚，投入了大量资金，但模式难以持续与复制[①]。

目前“村企合作”中，企业投资的另一个动力来自于城乡建设用地整理，土地整理有利于激活潜在的土地利用价值，为产业发展提供宝贵的土地资源，或者通过“城乡建设用地增减挂钩”等土地发展权转移机制，为乡村获得发展的初始资金，将分享土地的增值收益投入到产业发展中，使乡村获得长久发展的能力。从这个意义上看，引入外部资源不失为乡村就地城镇化的一种有益尝试。

3. 社区可持续发展能力培育

如前所述，无论是依靠地方精英推动还是外部资源的注入，乡村社区都面临着可持续发展的问题。例如“村企合作”中，外来企业一般倾向于将农业、旅游业等产业项目交给社区经营，而自己仅

---

① 曾婧:《“成都模式”再探索，统筹城乡发展路径反思——以成都市龙泉驿区为例的深入剖析》，载中国城市规划学会《城市时代，协同规划——2013中国城市规划年会论文集》，第12页。

仅扮演投资者的角色。例如B市M县希望小镇建设中规划的采摘、苗圃和乡村酒店等新型产业，华润集团项目人员表示，产业孵化以后会逐步退出并交给农民。但村庄目前还不具备经营管理的能力和人才条件，村干部等也具有流动性。即使交还给农民，无论是农业产业项目还是乡村旅游产业，都面临着经营方面的波动和风险，对于经济能力薄弱的村庄和农民，是否能承担经营风险和波动也是未来一个比较重要的问题。

从台湾地区“社区营造”的经验来看，乡村的可持续发展，还是必须回到对乡村社区自我发展能力的培育：一方面是农村居民素质、意识的整体提升，农村现代经营人才的培育；另一方面也需要对社区的集体经济建立起民主、公开、透明的治理机制①。

4. 人口集聚与社区治理重构

随着产业的发展和人口的集聚，乡村社区在就地城镇化过程中不可避免要面临大量外来人口的涌入。在“城中村”改造的就地城镇化模式中，往往形成村庄原住民和外来居住者两个明显区分的群体，并沿用两套隔离的治理体系：村委会和居委会，同时还牵涉户籍制度，并由此引发管理和群体冲突等一系列问题。而农村就地城镇化模式，也会涉及外部企业、外来人员、NGO等不同的社会主体，需要建立多元主体的治理与协调机制。

从实践来看，在乡村社区就地城镇化的过程中，仅仅依靠原有的村委会管理已经难以适应人口的集聚和构成的变化。村委会作为村庄原有居民的自治管理组织，难以反映和代表外来人口的诉求和利益。而大量人口的集中居住，促使物业管理、公共空间等成为社区重要的公共事务。因此，有必要建立新的基层社区治理体制：村庄原有居民基于土地的财产权利和集体经济事务由原来的村委会或

① 陈振华、闫琳：《台湾村落社区的营造与永续发展及其启示》，载《小城镇建设》2014年第9期。

村集体经济组织管理代表，并进行必要的股份化改造；而在所有居住人口的基础上建立新的社区居委会对与生活空间相关的公共事务进行管理。对于达到一定人口规模的乡镇或者村庄，应改革行政体制，设立与人口规模对应的行政层级。同时，通过经济职能的剥离，逐步对农民实行“村转居”的身份转换[①]。

① 陈振华:《乡村的“去组织化”与社区重建——对城镇化背景下的乡村社区可持续发展的思考》，载《美丽中国：城镇化与社会发展——2013中国社会学年会论文集（城镇化与城乡统筹）》，2013年。

第八章
就近城镇化的地方探索

我国城镇化有其特殊的条件和背景。在一定程度上，目前，我国需要推进多元城镇化模式，即在城乡连续体的各个层次，实行多元城镇化的路径和模式。在这个连续体上，除了引导人口向大城市迁移和资源就地整合外，以县或市为载体的就近城镇化也应成为多元城镇化的重要模式。从国家的宏观政策、国际国内城镇化经验和教训以及地方实践来看，大中小城市并举发展，实现人的就近城镇化，是符合我国国情的，是解决农业农村农民问题的重要途径，是实现我国城乡一体化的现实选择。

就近城镇化是相对于流动人口向大城市和特大城市聚集等远距离的城镇化而言的，是指区域经济社会发展到一定程度后，通过一系列制度改革，吸引农村人口自愿在具有综合承载能力的县（市）域范围内聚集的城镇化方式和过程。就近城镇化就是要实现就近市民化、就近公共服务均等化。就近城镇化以尊重农民权利、保障农民的物质利益为前提。就近城镇化以具有综合承载能力的县（市）为载体，以农民自愿迁移为原则，实现就近市民化，实现就近公共服务均等化。就近城镇化是一个多元主体参与的过程，是一个循序渐进的过程。

近年来，各地对县（市）域范围内就近城镇化有一些实践探索，例如，四川德阳采取市域城乡统筹下土地和户籍制度改革推动的就近城镇化模式、山东省邹平县采取产业集聚推动的就近城镇化模式、河南省滑县采取推进新型农村社区建设的就近城镇化模式。

一、市域城乡统筹下制度改革推动的就近城镇化

德阳市属于四川省级经济强市，德阳市的就近城镇化是在农民加速分化背景下，在四川省政府一系列的制度供给下，以户籍和土地改革为基点推进的就近城镇化模式。

1. 基本情况

德阳市位于四川盆地成都平原东北部，现辖旌阳区、中江县、罗江县一区二县，代管广汉市、什邡市、绵竹市三市，是成渝经济区重要区域中心城市和成都经济区重要增长极。县域经济发达，什邡、绵竹等长期位列四川省十强县，产业特色明显。2013年，全市实现地区生产总值1395.9亿元，增长10%，居四川省第三位。德阳农业生产条件较好，是四川省重要的粮、棉、油、猪、蚕的生产基地。同时，德阳也是中国重要的工业城市、中国重大技术装备制造业基地、世界最大的大型铸锻钢制造基地。2013年，机械、食品和化工三大传统支柱行业实现工业增加值501.3亿元，占德阳工业增加值的71.0%。

德阳是我国农村改革的发源地之一，曾率先进行包产到户改革。但是德阳有其自身的局限，主要表现在：县与县之间经济社会发展状况不平衡；多数区域地处山区、丘陵地区，农民分散居住；乡村基础设施落后；城乡收入差距大，2012年城乡收入比仍然高达2.5∶1；城市化水平不高，2010年城镇化水平为43%，低于全国平均水平51.3%[①]；“半城镇化”约为60万人；资源要素流动性不强；过度依赖重工业，就业吸纳能力有限，2010年第二产业经济比重占近60%，但就业比重仅为27%。

2. 主要做法

德阳就近城镇化实践从2007年开始。成都获批设立全国统筹城

---

① 《德阳城乡统筹规划（2012—2020）》，德阳新闻网，http://dy.newssc.org/system/20131018/001246403.html，访问于2013年10月18日。

乡综合配套改革试验区后，德阳成为该省三个改革试点之一。在此背景下，德阳提出了“统筹城乡综合配套改革试点总体方案”，其路径是：构建三个平台（建设新型城镇体系、加快发展10个工业集中区、建设10大农业产业化基地）；建设四大体系（规划体系、产业发展体系、就业和社会保障体系、环境保护生态建设体系）；加强三大服务（公共服务、行政服务、社会服务）。

2013年，德阳进一步提出了《德阳城乡统筹规划（2012—2020）》，其基本思路是：实行以户籍制度为核心的城乡人口自由流动政策，促进农民有序城镇化和市民化；建立以土地制度为核心的城乡要素平等交换机制，激活农村活力，实现城乡共荣。德阳的户籍制度改革，几乎采用的是“零门槛”制度。2013年11月，德阳市相继出台《关于推进户籍制度改革加快城镇化进程的意见》和《德阳市推进户籍制度改革加快城镇化进程实施细则》（以下简称《细则》）。《细则》规定，此次户改的核心内容包括八条措施：经商人员入户，务工人员入户，租住稳定住所人员入户，暂住证人员入户，放宽人才落户条件，放宽入集体户口条件，放宽城市规划区内失地农民入户和农村新型集中居住区人员入户条件，推出投靠朋友可以落户。对于土地制度改革，2010年德阳推出《德阳市区域重点镇农村集体土地所有权和集体建设用地使用权确权登记实施意见》，对农民最关心的资产进行确权，保证要素资源的流动。2013年，全面推进农村土地承包经营权确权登记颁证工作。无疑，这对维护农民的财产权，增加农民的财产性收入，推进就近城镇化是很有意义的。在以推进户籍制度改革和土地制度改革为突破口的同时，德阳也注重整体规划，因地制宜统筹发展。《德阳城乡统筹规划（2012—2020）》还提出了城镇空间发展战略：因地制宜，分区引导；三环五廊，强化中心；区域一体，网络发展；统筹城乡，均衡发展。规划分别对中心城区、县级中心城、4个都市一体化、9个区域增长极、8个公共服务中心等作了统一的规划和部署。同时，更明确了城镇化职能的分工：中心城区积极培育生产服务等高端职能，打造区域中心城市；县城强化特色产业分工，做强工业基础；重点城镇发展加工产业，带动农村发展。

3. 效果和问题

总体上看，德阳以推进户籍和土地制度改革为基点的就近城镇化有以下几点是值得肯定的：一是就近城镇化发展以保护农民利益为导向，资产确权，并在此基础上建立流动机制，为资源要素有序流动提供了条件，同时还培育优势产业为农民带来了大量的就业、创业机会和大幅的收入增长。二是实行城乡户籍"零门槛"制度，促进人口自由流动，尊重农民的意愿，给予农民更多选择的权利，调研没有发现农民被动"上楼"的现象。三是有效整合资金来源，德阳在基础设施的建设上通过政府项目资金撬动业主主动承担产业园区中的基础设施建设投入，在重点乡镇、农民聚居点的公共服务中心的建设上，通过整合财政、民政、住建、社保、卫生等多个部门项目资金，整合资源，提高了部门资金的使用效率和公共服务的水平。四是注重生产、生活、生态的多功能开发，在产业选择上凸显了将本地特色资源与本地优势产业相结合，在生活改善的农民聚居点建设过程中凸显了基础设施建设与公共服务提升的有机结合，在生态资源开发和利用上凸显了以文化传承保护为基础的乡村旅游的深度开发，有效提升了传统农业向现代农业转型的核心竞争力。

从还未集聚的居民反映来看，德阳大多数的村民有城镇化意愿，他们愿意获得城镇社会保障等公共服务。从流入地看，多数农民愿意居住在附近城镇和县城，愿意到大城市居住的被访问者占比很小，可见就近城镇化是符合多数农民的想法的。但是当问及是否接受"土地换社保""宅基地换房"的城乡资产置换模式，多数人表示"不愿意"。更进一步的调研发现，即便是在德阳采取户籍"零门槛"的制度下，有些农民还是不愿意主动进城。

这个问题值得我们思考，一方面农民希望改善自己的生活条件和生活质量，另一方面他们对进城、对城镇化还在观望、还在徘徊、还在犹豫。这其中有很多原因，恐怕首先还是经济利益问题，即财产权的问题。作为四川省经济相对发达和地理交通优越的地区，基于农村土地的未来较大的增值空间和增值预期的基本判断，有部分农民不愿意进城，总体上，这是完全符合德阳市实际的合理现象和趋势。农民不愿意在产权不清的背景下失去其财产权。这也进一步说明了德阳市在就近城镇化的进程中，还需要在核心问题上有制度上的突破，如应明晰农民财产、宅基地的流转、集体经营性建设用地的流转、农村已流转土地的抵押担保融资、农村集体资产的股份化改革和分红等。其次，德阳属于农业、工业城市，第三产业相对较薄弱，就业吸纳能力有限。农民为何不进城，除了对流出地的利益考量外，还涉及流入地的吸引力问题。如果流入地没有足够的吸引力尤其是就业的吸引力，作为理性人的农民也不会选择进城。换句话说，流入地的产业支撑以及就业吸纳能力是影响居民选择是否进城以及集聚方式的重要因素。

二、产业集聚推动的全域就近城镇化模式

通过产业集聚推动就近城镇化的城市有国家级经济强县山东省邹平县[①]，该案例是产业集聚推动的全域就近城镇化模式。

1. 基本情况

邹平县隶属山东省滨州市，位于山东省中部偏北，西北临黄河。邹平县西汉置县，古称梁邹。全县辖11个镇、5个街道办事处和国家级邹平经济技术开发区，858个行政村，人口78.71万（2012年），总面积1249.97平方公里。邹平县获得过中国综合实力百强县、中国卫生县城、国家园林县城、全国科技进步示范县、中国棉纺织名城、中国糖都、中国全面小康成长型百佳县、中国食品工业强县、中国

① 邹平县在2018年改为邹平市。

书法之乡、中国最具幸福感城市等多种称号。2010年11月11日，经国务院批准，邹平经济开发区升级为国家经济技术开发区。伴随邹平县经济的快速发展，邹平县城乡居民收入有了明显提高。2004年，农民人均年纯收入3942元，城镇居民人均年可支配收入9197元；到2012年，农民人均年纯收入11693元，城镇居民人均年可支配收入25027元，高出全国平均水平。

2. 基本做法

邹平就近城镇化发展以产业集聚发展为依托，以全域城镇化为目标，以公共服务均衡覆盖为基础，以群众生产生活方式转变为标准，确立了“产城融合、工农互惠、设施完善、城乡一体”的总体工作思路。邹平县重视产业发展，政府通过政策倾斜、资金投入、招商引资等措施，确保家纺服装、新型材料、食品医药、机械制造、精细加工、高档用纸等六大传统主导产业的发展；积极改造传统产业，优化产业结构，提高第三产业对劳动力的吸纳能力；以重点城建项目为抓手，积极打造经济隆起带，通过产业集聚效益带动区域经济发展。

在推动产业集聚的同时，邹平县还提出了全域发展的思路，依据“规划先行、产城融合、特色立镇”三大原则，把握好“土地流转、拆迁改造、服务对接”三大环节。总体上，邹平县已初步形成了“中心城区—卫星城—中心镇—社区”的城镇化空间布局。全域不仅体现在空间上，还体现在公共服务上。该县实施了城乡居民新型养老保险全覆盖，全县各类社会保险参保人数达116.7万人次，农村五保集中供养率达85%以上，实现了县、镇、村三级医疗机构药品零差率销售全覆盖；乡镇图书馆、文化馆和镇（街道）综合文化站全部免费开放，搭建起了“15—20分钟”的文化服务圈；开通部分免费公交线路，在山东省率先实现城乡三级公交全覆盖。地方政府通过基础设施投资和相关政策扶持招商引资，推动了地方经济的发展。随着县乡交通网实现全覆盖，以县城为中心的经济圈辐射半径进一步扩大，县城区对劳动力的吸引力进一步加强。

3. 效果和问题

邹平县依靠产业集聚以及全域发展思路增加了就业吸纳能力，从2008年的50平方公里、户籍人口25.26万，扩大到57.8平方公里、户籍人口32.37万。2010年以后，城区暂住人口数量明显下降，而城区户籍人口数量则呈上升趋势。由此可知，城区对县域人口来说是具备足够吸引力的，从而成为县域人口就近城镇化的主要平台。2002—2013年邹平本地籍非师范类高校毕业生回生源地人数及就业人数的统计数据显示，回流人数从2002年的647人次增加到2012年的2010人次，增长了3倍多，就业率一直维持在89.3%左右，一定程度上反映出县域经济对高端人才的吸引情况。邹平县不仅对本县的劳动力有吸引力，对外来人口也有不小的吸引力，自2009年以来，外来人口数量一直维持在15万左右。

总体上看，邹平县以产业集聚推动全域发展的模式具备一定的生产要素集聚能力，对于解决当地人口的城镇化具有一定的优势。在制度方面，为规范土地流转行为，邹平县按照“自愿、依法、有偿”的原则，推行土地流转“三书”（土地使用权流转申请书、委托书和合同书）制度。在流转合同中要注明流转土地坐落、流转形式、数量、年限、条件、用途、价格、支付方式和双方的权利、义务等事项，减少和避免农村土地使用权流转过程中的纠纷。同时，邹平县建立了农村土地承包经营权流转市场，促进农村土地的流转集约，发展土地利用率高、经济效益好的现代农业。至2012年，邹平县已建立起县、镇、村三级土地流转服务网络。这无疑促进了土地流转，仅2012年一年，土地流转量就达8.27万亩。

但是调研发现，在具体的操作过程中，至少存在两个需要注意的问题。一是城镇化操之过急。政府主导性强，政绩观较重，以规模大、搬迁速度快、整村整镇整合的“大”“快”“全”为标准。二是推进城镇化的制度不完善。在制度不完善的情况下，城镇化操之过急现象时有发生。比如青阳镇的整建制镇推进型土地综合整治项目，除了土地综合整治以外，建大社区，全镇17个村庄整合成两大社区（会仙、醴泉），通过实施土地综合整治项目工程，对项目区田、水、路、林、村、房全域规划、全域设计、全域整治。整镇整合，17个村整体搬迁进社区，时间、地点均有限制，政府主导性强。一旦政府强主导、政绩观较强、推进的成分重、权力干预太多，农民的自发性、自愿性、参与性就低。很显然，这种片面追求“大”“快”“全”的就近城镇化模式是不可持续的。

三、推进新型农村社区的就近城镇化模式

河南滑县（国家级贫困县）通过“土地集中、人口集中”的方式，以建新型农村社区为突破口，推进就近城镇化。

1. 基本情况

滑县位于河南省北部，与濮阳、安阳、鹤壁、新乡四个地区接壤。滑县县域面积1814平方公里，耕地面积195万亩，人口140万，辖12镇10乡1新区。滑县是中原经济区粮食生产核心区、河南省第一产粮大县、中国粮食生产先进单位、中国唯一的粮食生产先进县标兵“十一连冠”（截至2013年），有“豫北粮仓”之称，但第二、第三产业相对较弱，是国家扶贫开发工作重点县和省直管县。2011年以前，滑县的经济发展状况在河南省排位靠后。该县在产业集聚区成立前，基本没有工业基础。该县常住人口114.1万人，城镇化率为22.02%。

2. 主要做法

滑县就近城镇化的做法是依托县产业集聚区，双集中（土地集中，村庄合并），统一规划，统一建设。产业集聚区整合37个行政村，其中规划33个行政村集中居住在锦和新城社区。产业集聚区在

该县的就近城镇化过程中扮演了很重要的角色。滑县产业集聚区毗邻该县城区，规划面积15平方公里，起步区5.5平方公里，发展区5平方公里，控制区4.5平方公里，又称作滑县新区，是河南省首批省级产业集聚区。2007年，县委、县政府出台了《关于进一步加快产业集聚区发展的决定》，赋予产业集聚区独立行使县级管理的权限，区内形成的税收、土地出让金等财政收入全部用于集聚区建设。新区主导产业是棉纺服装、农副产品深加工、电子产品。滑县产业集聚区按照“工贸协调发展的中小企业群生型生态产业集聚区”的总体定位，规划了农产品加工园、服装工业园、光伏高科园、机械产业园、物流商贸园及预留产业发展用地等。通过招商引资，目前已入驻企业185家，累计投资达141.5亿元。

在土地流转方面，这37个行政村的土地统一流转给集聚区的新鑫田园公司，然后由该公司转租。通过双集中，滑县33个村庄的占地面积由9500亩减少到3925亩，节约土地5575亩。节约出的建设用地为滑县产业集聚区建设所用。

在人口集中方面，将原来的37个行政村合并，其中33个村合并在新建的锦和新城。锦和新城社区始建于2009年，该社区共整合33个村12747户，规划建筑面积209.7万平方米，建成后，社区人口规模达5.4万人。锦和新城社区是目前河南省规模最大的新型农村社区，在经济基础较弱、产业支撑比较弱、制度供给缺乏的背景下，“双集中”整体快速推进的就近城镇化模式效果怎么样？

3. 效果和问题

通过对锦和新城居民的调研发现，总体而言社区的硬件环境是得到了改善，居民对于交通、就医、就学、养老等评价都比较好，但是对与居民生活质量息息相关的经济收入以及就业等方面的评价较差。集中后收支比不平衡，生活成本大幅增加，尤其是食品开支大幅增加。因为集中居住而负债的家庭占66%，平均欠债为52950元。尤其是就业，所调查的样本中，就业的满意度均值为5.67分

（分值为1—10分），有超过四分之一的受访者处于未就业状态，其中部分是没有劳动能力的老年人，部分是为照顾孩子或者家庭而自愿放弃就业的妇女，还有一部分是希望就业却没有合适就业机会而赋闲的劳动力，从调查的样本来看，这部分人约占未就业人群的20%。而在就业人群中，就业者平均工作时间为8个月，其中工作时间在半年以下的为45%，说明就业群体中非充分就业人数比较多。只有24%的受访者表示有特殊技能，76%的受访者回答没有特殊技能，且88%的受访者表示没有参加过社区组织的就业培训。

从访谈中了解到，农民集中上楼后，因为素质、机会以及工资收入等条件限制，且集聚区对就业的培训力度不够，农民在集聚区或在县城就业的并不是主流，外出务工的仍占多数。集中上楼花钱买房，生活成本增加再加上就业不充分，一部分居民甚至出现了因集中居住而致贫的现象。那么他们当初是否愿意上楼呢？数据显示，有超过一半的居民表示不愿意。统一行动，被动上楼，居民怨声载道，效果可想而知。

滑县案例表明，就近城镇化在经济基础薄弱，产业支撑较弱，制度供给缺乏，集中前资产不量化、不确权等综合支撑能力较弱的情况下，采取运动式的“双集中”模式是行不通的，也是不可持续的。

这里的“双集中”城镇化模式，其实质是资源集中、权力集中。这与地方政府的价值观以及政策导向和角色扮演密切相关。滑县通过新型农村社区的路径来实行就近城镇化，事实上与省政府提倡大力推进新型农村建设的政策有直接的关系。2006—2007年，河南省政府出台多个文件①，推进城乡一体化工作。真正大规模进行新型农村社区建设是在2011年。这一年，国务院颁布《国务院关于支持河南省加快建设中原经济区的指导意见》（国发〔2011〕32号），将支

① 参见《河南省人民政府关于加快推进城乡一体化试点工作的指导意见》（豫政〔2006〕33号）；《关于印发河南省城乡一体化试点户籍改革意见的通知》（豫公通〔2006〕124号）；《河南省人民政府办公厅关于2007年城乡一体化试点重点改革工作的意见》（豫政办〔2007〕83号）。

持河南省加快建设中原经济区、发展中原经济提升为国家战略。在此之后，河南试图把新型农村社区纳入全省城镇体系和城镇化战略，开辟了以底层突破、就地转移为特征的农民“既不离土也不离乡”的新型城镇化道路，找准了统筹城乡发展的结合点、城乡一体化的切入点、农村发展的增长点，建构了“工业化、城镇化和农业现代化”三化协调发展的战略基点。到2012年底，全省已有300多个新型农村社区完成建设入住，2000多个在建设中。2012年，河南省进一步出台了《河南省新型农村社区规划建设标准》，通过土地集中、人员集中的方式将新型农村社区的建设推向高潮，各县、市通过完成目标、定时间表来推进新型农村社区建设，运动式地推进就近城镇化。但老百姓似乎并不买单。[①]

尽管省政府试图通过“双集中”促进城乡一体化，且在这个过程中也制定了相应的政策。但是我们看到：一是没有涉及土地等核心制度，政策体系对此没有跟进；二是政府直接进行资源配置，忽视市场的力量；三是老百姓的参与积极性并不高，形成了“政府热情唱戏，老百姓冷淡回应”的局面。案例反映了政府的价值观偏离，尤其是县（市）政府，其工作目标主要是完成省政府目标，追求政绩。大规模推进农民上楼“双集中”的就近城镇化方式忽视了因地制宜，农民选择权、财产权、迁徙权等没有得到保障，他们没有实现自己各项权利的机会。尽管生活环境改善了，但是农民的生活质量并没有真正得到提高，政府职能越位，资源缺乏流通渠道，市场机制较弱，制度体系不完善，农民的民主权利和经济利益无法得到保障。

以上三个就近城镇化案例，基础条件不同，政府价值观有差异，做法有差异，政策体系有差异，效果也不尽相同。从它们目前的综合实力来看，山东邹平县最强，其次是四川德阳市，然后是滑县。

① 张玉雪等：《新乡召开新型农村社区建设推进会》，http://henan.people.com.cn/n/2014/0730/c351638-21826188.html，访问于2014年7月30日。

从具体做法来看，这三个案例都在强化县域经济，都在文本制度上以保障农民的利益为目标，但实施过程有可能与之相违背。从速度上看，经济基础相对最差、产业支撑相对薄弱的案例，反而推进的速度更快，而四川德阳的城镇化速度相对缓慢一些，也更尊重农民的意愿。从保障农民的物质利益来看，我们认为德阳做得相对较好。改革户籍制度、资产确权和统筹城乡公共服务，无疑是就近城镇化基本的条件，也是要素资源双向有序流动的前提。让农民明明白白进城，清清楚楚出村，提供能与城市市民享受改革红利的平等机会。但是三个案例都有一个共同性，政府主导性比较强，县政府的制度以及省政府的制度框架基本决定了整个就近城镇化的方向、速度等。

我们始终认为，城镇化是一个渐进的过程，是一个长期的过程，是一个复杂的过程。无论是流入地承载能力的准备，还是流出地资源的处置，制度的完善，生产方式、生活方式的转变以及农民观念的变化都是一个长期的过程。有些方面可以全域推进，但是对于人的流动的时间、地点等，不一定要以行政任务来完成，还是应坚持渐进性原则。目前政府职能边界不清，行政干预过多。此外，制度也需要进一步完善。村干部在土地流转过程中存在寻租行为；村委会作为中间人将村中大量耕地转租给土地承包者，从中谋取差价；被承包的土地没有得到有效利用；承包商承包土地的目的主要是获得国家的财政补助以及大型机器的免费使用权……这些现象需要制度来加以约束和杜绝。

四、实现“人的就近城镇化”需要的支撑条件和制度供给

农民作为理性人，在一定的制度环境下，他们会根据自己的偏好以及预期的结果选择是否迁移以及迁移到哪里。那么怎样才能使农民自愿选择迁移到市或县，即怎样保障农民的“自发性”和“自主性”？我们强调就近城镇化要“吸引”农民自愿迁移到市或县内，即通过流入地的吸引因素，形成“拉”力。这基于人口学上重要的

理论——“推拉理论”。首先提出这一理论的是巴格内（D. J. Bagne）。他认为，人口流动的目的是改善生活条件，流入地的那些有利于改善生活条件的因素就成为拉力，而流出地的不利条件就是推力。人口流动就由这两股力量前拉后推所决定。后来，李（E. S. Lee）在巴格内理论的基础上又补充了第三个因素：中间障碍因素。他指出，中间障碍因素主要包括距离远近、物质障碍、语言文化的差异，以及移民本人对于以上这些因素的价值判断。人口流动是流入地、流出地和中间障碍三个因素综合作用的结果。[①]以市或县为载体的就近城镇化在语言文化、风俗习惯等方面不存在过大的障碍，最重要的就是看市或县是否具有吸引力以及吸引力有多大，这就要求市或县实现产业支撑、人居环境、社会保障、生活方式、社会资本等方面由“乡”到“城”转变的支撑条件和政策制度保障。这些与我国提出的新型城镇化概念是相契合的。

1. 流入地制度保障

制度是一系列原则性的规定，包括社会秩序、规范组织运行以及约束人们的行为规范。为促进就近城镇化的健康有序发展，需要建立一套涵盖流入地准入制、保障制度和流出地退出制的制度体系。流入地的制度保障包括就业、住房、社会保障、户籍、社区治理等。

（1）就业制度

就近城镇化的首要任务是解决农民的就业问题，这也是农民进城后能否持续拥有生存能力最主要的方面，是提高农民福祉的重要因素。从调研的情况来看，无论是已经被城镇化的居民还是将来计划集聚的农民，就业是他们最关心的问题。从留在农村的农民群体特征来看，他们文化素质相对较低，其他就业技能相对缺乏。相比较而言，主动迁移到大城市的农民多数是农民中文化素质较高的有

---

① 吕世辰：《国外学术界关于农民流动与社会结构变迁的研究综述》，载《中国农村观察》1998年第3期。

就业技能的群体，而留在农村的主要是“38”“61”“99”（“38”指妇女，“61”指儿童，“99”指老人）和文化素质相对较低的40后和50后群体。而这部分人主要还是以从事稳定的农业生产为主，尽管农业收入在家庭收入中占比并不一定是最主要的，但如果土地被流转或被征用后，一天不工作就可能面临“开不了锅吃不了饭”的问题。

2014年中央一号文件明确规定：“加快推进征地制度改革。缩小征地范围，规范征地程序，完善对被征地农民合理、规范、多元保障机制。抓紧修订有关法律法规，保障农民公平分享土地增值收益，改变对被征地农民的补偿办法，除补偿农民被征收的集体土地外，还必须对农民的住房、社保、就业培训给予合理保障。”县级政府应当对土地被流转或被征用后失去生活保障的农民建立就业保障制度体系。从保障就近城镇化的就业制度来看，有以下几个方面：

首先，在保证九年义务教育的基础上，实施职业技能提升计划，使未能如愿升入高中、大学的农村应届学生都能接受良好的职业教育，以提升其就业技能，增加其进入城镇企业的竞争力。

其次，提高集中区农民就业技能，纳入职业教育培训体系，以当地企业需求为基础，以电大或职业学校为培训基地，通过“结对子”的方式切实使农民进城后有活干，企业有人用。也有地方政府通过建立职业基地孵化器，通过引进品牌专业培训机构，专门针对失地农民进行技能培训，提高“三无”人员即无知识、无技能、无生活来源的“上楼”农民的社会适应能力。如成都市温江区就有专门针对集中居住农民的培训制度，且实践效果较好。温江区涌泉街道与全国母婴护理行业“金牌机构”奖获得者——成都新华亿母婴护理有限公司结成战略联盟，共同打造“涌泉月嫂”品牌，将月嫂这一含金量较高的岗位作为涌泉妇女就业的新方向。月嫂市场需求量大，工资待遇较高，转居居民对该职业意愿很高。

第三，探索专门针对有创业意愿农民的鼓励机制，可以运用财政支持、创投引导、小额担保贷款和贴息、提供生产经营场地等扶持政策，促进农民自主创业。

第四，完善保护农民的劳动保障权益的制度。在保障就业的同时，要将维护农民的劳动权益落实在制度上，如与城镇居民同工同酬，签订就业合同，落实保险制度。对容易欠薪的行业要探索工资保证制度，完善企业信用体系，对恶意扣欠农民工资的企业，地方政府应把好关。

第五，建立县域内就业状况信息系统。一方面政府应建立土地被流转或被征用的农民的就业意愿、就业状况、就业去向等方面的信息系统，另一方面应建立企业人才需求信息系统，通过这个系统，政府、企业、农民三者及时了解更多的就业信息状况，信息透明且更新及时，无疑有利于保障农民的就业。

（2）住房制度

住房是人的基本需求之一，就近城镇化的住房政策也会直接影响农民的生活质量。由于没有相关城镇化进程中农民住房的顶层制度体系，各地方做法不一。总结就近城镇化的做法，从建设地点来看，主要有在县城周边建集聚区、产业园区内建设、将其他村集中到地理位置相对较好的村等；从建设方式来看，主要有统规统建和统规自建两种；从拆建的先后顺序来看，主要有先拆后建和先建后拆两种；从建设类型来看，有高层、多层和别墅；从农民花费来看，有用全部补偿款买房、部分补偿款买房和全部用以前积蓄买房三种方式；从分配方式上看，有与原村住在一起、分批抓阄、分批自选等；从房屋的产权来看，有带产权的也有没有产权的；从居民的流向来看，有自己在外面买房而不住集聚区的，也有入住治理比较混乱、外来人员多的社区的。但是普遍而言，农民的参与度不够，有些地方甚至出现强拆、强“上楼”的现象。

对于选择集聚的农民来说，除了完善住房的顶层设计外，在涉及农民参与、拆建时间顺序、建设地点、建设方式、房屋分配、社区环境、资金补偿、购买方式等方面，地方政府应出台操作性强的政策措施体系。

首先，住房规划、建设、分配等整个流程应确保农民的参与。

目前政府的主导性比较强，一些地方在进行农房集中建设时，对于农民的意愿和选择缺乏统筹考虑，直接搬用城市规划的方法和程序搞农村建设规划，搬用城市居民小区的图纸搞农村民宅建设，盲目仿造城市建设广场、草坪、运动场，把建设城市住房作为农房集聚建设的主要形式，这样不仅破坏了乡村独有的风貌，丧失了传统农村的特色，还不一定能满足农民的需求。政府应探索理事会或监委会等农民代表形式，让农民参与进来，在改善农民住房环境的同时，可以根据农民的需求多样化设计住房。如在重庆某地，村里考虑到农民逢喜事或丧事要走亲串门聚会的习惯，专门搭建了会堂，这样不仅保留了传统习俗，还有利于集聚后熟化社区。保障农民参与整个住房置换过程，不仅能满足农民的需求，还能起到对政府、市场的制衡作用。

其次，住房应有较为完备的规划体系。这里的规划包括硬件和软件的规划，社区基本配套设施、农民集聚区人口规模等都应考虑在内。调研发现，某些集聚区开发商为了节约土地，三万多人的社区没有可供居民休闲的场所，更谈不上供居民娱乐的场地。也有社区本计划是一万人的容纳量，结果慢慢增加到四万甚至更多人口，这势必造成社区治理的混乱。

再次，合理引导农民集聚，家庭农场、专业大户可以分散居住，出台避免强拆强迁等一刀切的政策。由于农民的意愿、购买能力、生产的便利性等原因，农民不可能整体性集体上楼。随着土地资源的整合与集聚，家庭农场、专业大户等比例会更高，考虑到耕作半径以及农业生产的特殊性，应允许具有一定经营规模的农户分散居住，允许农民根据自己的需求渐进性选择集聚或到其他地方买房居住。避免强拆强迁，对强拆强迁现象应给予法律约束。

最后，强化资金保障。引导农民住房制度改革，加大专项资金扶持力度，加大宅基地换房的补贴力度，同时在买房贷款等方面予以优惠，尽可能减少农民买房的负担。除此之外，还应切实完善并落实在拆建时间顺序、建设地点、建设方式、房屋分配、社区环境、资金补偿、购买方式等方面具有可操作性的政策措施体系。

（3）社会保障

要保证就近城镇化的质量，就要健全和完善城乡统筹的社会保障体系，完善并落实统筹的社会保险、社会救助、社会福利、优抚安置和社会互助等制度，尤其是养老保险和医疗保险制度。建立城乡统筹的社会保险体系以保障农民的基本生活，不仅是经济社会发展和社会稳定的需要，也是对人权的基本保障。

近年来，中央政府为推进社会保障体系建设做出了一系列决策，先后建立了城镇居民基本医疗保险制度、新型农村社会养老保险制度和城镇居民社会养老保险制度等重要制度，颁布实施了社会保险法。2014年2月，人力资源社会保障部、财政部以“人社部发〔2014〕17号”印发《城乡养老保险制度衔接暂行办法》。该《办法》无疑是有益于城镇化的制度安排的。从实践来看，各地对于土地被流转或被征用的农民社保制度有差异，有的地方仍然采用农村社会养老保险和新型农村合作医疗，有的地方农民“上楼”后享受城镇养老保险待遇和城镇医疗保险，也有地方出台了专门针对失地农民的社会保险制度。例如成都市早在2004年便出台了《成都市征地农转非人员社会保险办法》和《成都市已征地农转非人员社会保险办法》，打破城乡居民两种身份的限制，建立征地农转非人员的社保体系。两个《办法》鼓励处于劳动年龄阶段的人员就业并分层次建立社会保险，对超过劳动年龄阶段的人员，主要保障其基本生活和提供医疗保险。

要健全和完善社会保障制度，县级政府应从以下几个方面着手：

第一，完善社会养老保险制度。养老问题是农民普遍关注的问题。对已经“农转城”的人员实行城镇的养老保障制度，对仍然是农村户口的失地农民建立有别于城镇的养老保障制度。

第二，完善社会最低生活保障制度。最低生活保障制度是保障那些生活水平暂时或永久地低于国家规定的最低生活水平的人群。从理论上讲，最低生活保障权是全体公民都应享有的权利。上楼后，农民失去土地保障，部分居民没有就业保障，又不享有城市居民的社会保障，因此必须为他们提供最低生活保障。根据当地经济发展水平，将所有符合条件的“上楼”居民纳入城镇最低生活保障范围。最低生活保障的标准应该不低于当地城镇最低生活保障水平，以保障他们的基本生活。

第三，探索县域范围内城乡统筹社会医疗保险制度，建立城乡统筹医疗保险制度，促进医保县域公共服务均等化。广州、长沙、山东等地已试点统筹。一是统一城乡参保政策体系，统筹城乡医保的核心就是建立城乡统一的参保政策，尤其是要统一筹资和待遇标准。实行城乡一套标准、一套制度，体现制度的公平性、统一性。二是完善统一的信息平台，制定方便快捷的报销方案。为确保惠民政策落实到位，必须完善管理体制和健全服务网络信息平台。在统一经办机构、信息系统的基础上，优化管理体制，形成市、区县、街道（乡镇）、社区（村）四级服务网络，并与医疗机构全面联网，确保城乡居民的医疗费用能够即时结算、即时报销。三是提高基层医疗服务水平。县、乡镇、行政村要全面建立人社服务平台，加强基层医疗卫生机构建设，提高基层医疗服务水平，并因地制宜实施门诊统筹、双向转诊等利民举措，引导形成合理的就医格局；要克服传统制度的弊端，加强基金管理，做到专户储存、专款专用，严格实行基金封闭运行，确保合作医疗基金和利息全部用于农民的医疗补助。

第四，建立本县域范围专门针对集聚区居民的失业保障制度。农民在政府引导下集聚后，失地又失业的现象比较普遍。应该建立专门针对他们的失业保障。建立失业登记制度，为在劳动年龄内已参加养老保障的符合规定的农民办理失业保险，由社保机构发放失业保险金。同时，加大就业培训力度，给予“上楼”后居民就业、贷款等方面的扶持政策。

第五，建立为集聚区居民提供专业法律咨询和援助的制度。多数农民法律意识淡薄，不知法不懂法的很多，当他们的权益受到侵害时，他们往往由于没有金钱和相关的法律知识而无处维权，也有可能由于缺乏法律知识而采取其他暴力措施。法律咨询和援助走进社区，能帮助他们接近法律并维护自己的权益。

除了完善养老保险、社会最低生活保障、医疗保险、失业保险制度外，政府还需要完善工伤、生育保险制度，加快健全探索城乡统筹的社会保障管理体制和服务体系；优化相关管理体制，转变职能部门服务意识，加快社会保障规范化、信息化、专业化建设，建立与统筹层次相适应的社会保险管理体制。

（4）户籍制度

传统城乡二元户籍制度以及附属的教育、医疗、就业、社保、卫生计生、住房等制度是影响我国城镇化进程的巨大障碍。2014年7月国务院印发的《国务院关于进一步推进户籍制度改革的意见》(国发〔2014〕25号)明确提出："建立城乡统一的户口登记制度。取消农业户口与非农业户口性质区分和由此衍生的蓝印户口等户口类型，统一登记为居民户口，体现户籍制度的人口登记管理功能。建立与统一城乡户口登记制度相适应的教育、卫生计生、就业、社保、住房、土地及人口统计制度。"

最关键的是，各相关职能部门要按照职能分工，制定城乡统筹的教育、就业、医疗、养老、住房保障等方面的配套政策，完善法规，落实经费保障。户籍制度改革成功与否，人们受惠程度如何，很大程度上取决于各地综合配套政策的跟进情况。2012年全国2.6亿农民工中，留在乡内的为37%，县、乡农民工总计为51%，即有一半以上农民工没有出县，跨省流动的农民工仅占29%。在县级城市，许多农民工选择了"城里就业，村里有家"的"就业—居住"模式。就近城镇化应根据实际情况设置灵活的户籍配套制度。

（5）社区治理

随着农民的集聚，"村转居"社区逐渐增多。"村转居"社区作为我国城镇化的新事物，有其自身的特点，它们不同于成熟的城市社区，因为它们还保有诸如土地等集体资产的处置与利益分配问题、传统的价值观念、原有的生活习俗等。此外，还存在原村庄制度的路径依赖，这里的制度包括诸如村委会、村民代表会议、党支部、村民小组等正式制度，也包括诸如村落文化、家族宗族关系等非正式制度。在一定程度上，社区居民在心理上尚未完全摆脱乡村历史的传统和意识形态。但“村转居”社区又不同于传统的乡村社区，地缘的变迁带来生产生活方式、经济关系、政治关系、社会关系以及权力关系的变化，社区居民的利益诉求与城市居民不尽相同。那么，在政府引导的这种制度变迁背景下，在“村转居”社区居民不一定都做好准备的情况下，怎样推进“村转居”社区治理体系、提升治理能力、增加居民的福祉、构建新的共同体，成了亟须解决的现实问题。

从有无集体资产来看，“村转居”社区居民有三种情况。一是无原村庄集体资产社区，土地被征完了，集体资产也分完了；二是有集体资产，但产权关系明晰，集体资产量化；三是集体资产还有，而资产未量化，产权关系不明。

三种不同类型的社区，其转居者的经济关系和身份关系也随之发生了改变。第一类社区，集体资产已全部没有了，社区的居民与原村庄集体经济脱离关系，村民变居民，从农村集体经济成员身份变为以个体为单位的市民身份。第二类是资产量化的社区，产权关系清楚，尽管目前部分地区已经允许股权转让，但仍然是限制在本集体经济组织成员内部的转让。实际上，资产仍然在原村庄的管理范围之内，居民与集体经济组织还未完全脱离关系；这部分社区的居民身份存在双重性，即村庄集体经济成员身份和社区居民身份。第三类社区，社区居民在原村庄资产未量化，产权关系不明，在一定意义上还是“吃大锅饭”，随着土地等资源的集中，有些地方尤其是集体资产比较多的地方，“吃大锅饭”的现象越来越严重；这类社区，转居者与原村还有紧密的经济关系，这部分居民也存在村庄集体经济组织成员身份和社区居民身份的双重性。

依据上述三种情况，社区可分为三种不同类型：无集体资产的社区，集体资产量化的社区，集体资产未量化的社区。

一是无集体资产的社区，社区居民从依附于集体经济组织的身份向社会独立个体转变。形式上，社区居民具有更自由的选择权利，具有经济自由、政治自由和社会生活的自由。相应的社区治理主体可根据城市社区的治理体制来合理化选择。

二是有集体资产且产权关系清楚的社区，社区居民与原集体经济组织还存在一定的关系。经济关系是社区治理中最主要的关系，这种共同的利益关系，需要委托一个组织来代为管理。实践证明，成立股份公司是比较好的选择，也就是说股份公司应成为社区治理的主体之一。

三是集体资产未量化的社区，考虑到涉及关键的经济利益等公共利益的决策和分配，加之村委会本身具有的合法身份以及多年的非正式治理策略，我们认为村（组）居等传统制度与居委会并存模式是可选择的。所谓的村（组）居并存是指涉及原村的公共事务，村委会是主要的治理主体之一；有关社区的公共事务，居委会是主要的治理主体之一。各自保证其合法性，扮演相应的角色，提高透明性、责任性；提高治理效率，节约治理成本，使得公共利益最大化。①

2. 流出地的退出机制

流出地的退出机制包括土地制度、拆迁补偿制度等。

（1）土地制度

土地制度改革是就近城镇化的关键内容之一。目前我国土地制度基本是城乡二元土地所有制，城市市区土地归国家所有，农村和城市郊区除法律规定属于国家所有外的土地属于农民集体所有。在这种城乡二元土地所有制基础上，城市国有土地和农村集体土地的权能也不一样。同时，我国实行建设用地总量控制和严格的耕地保护制度，随着城镇化进程的加快，现行土地制度出现了不少问题。

---

① 谈小燕：《“村转居”社区治理模式探讨》，中国社会科学院博士学位论文，2014年，第48—54页。

现有土地制度存在的问题主要有：一是城镇建设用地供需矛盾突出，土地供应不足，难以保证城镇化建设用地需求量。二是土地利用效率不高。由于农村人口的外流，以及农业效益比较低下，一方面农村土地闲置状况比较严重，出现大量宅基地空置或一户多宅现象，耕地抛荒；另一方面分散经营，产量不高，且随着农药化肥等过量使用，耕地质量受到影响。三是土地财政问题突出。近年来，土地开发成了地方政府财政的重要来源。审计署调查显示，2010年底政府性债务有40%左右要靠土地收益来偿还。[①]这不仅有损农民的利益，而且通过卖农地来提高GDP是不可持续的。四是无法保证农民财产权。按照目前的制度，农村土地为集体所有，问题在于“集体”是一个比较含糊的概念。在土地流转或被征用的过程中，有些地方将“集体”变为了“干部所有”，不顾农民的利益，干部从中谋取经济利益，这无疑侵害了农民的财产权。

就近城镇化必须加快城乡统筹的土地制度改革。党的十八届三中全会《中共中央关于全面深化改革若干重大问题的决定》明确规定：“保障农户宅基地用益物权，改革完善农村宅基地制度，选择若干试点，慎重稳妥推进农民住房财产权抵押、担保、转让，探索农民增加财产性收入渠道。建立农村产权流转交易市场，推动农村产权流转交易公开、公正、规范运行”，“建立城乡统一的建设用地市场。在符合规划和用途管制前提下，允许农村集体经营性建设用地出让、租赁、入股，实行与国有土地同等入市、同权同价”，“建立兼顾国家、集体、个人的土地增值收益分配机制，合理提高个人收益”，为彻底打破土地市场的二元结构，加快推进新型城镇化建设奠定了基础。

首先，县政府要落实农村土地等资产确权登记颁证制度。在土地流转或被征用前，做好农村土地确权登记，在确权的基础上，给

---

① 中国金融40人论坛课题组，蔡洪滨、李波等：《土地制度改革与新型城镇化》，载《金融研究》2013年第5期。

农民颁发具有明确法律效力的土地承包经营权证书和宅基地使用权证书。这是保护农民的经济利益、规范农村土地流转和产权交易的前提和基础。

其次，规范土地流转，提高土地的收益和利用效率。政府应探索建立进城农民工承包地和宅基地、住房等土地资源的自由处置权，允许农民依法对土地以出租、转让、置换、赠与、继承、作价、入股等方式流转；完善农村综合产权交易市场，推动农村产权流转公开、公正、规范化市场运行。有的地方已有探索，如“武汉模式”提出了“交易—鉴证—抵押”的农村产权交易模式，有力推动了农村产权有序流转交易，激发了农村各种生产要素活力。党的十八届三中全会《决定》中对此做了明确规定。顶层设计进一步扩大了土地的权能，赋予农民更多财产权利，关键是地方政府的落实。

再次，县域范围内建立城乡统一的建设用地市场。在符合规划和用途管制前提下，政府应允许农村集体经营性建设用地出让、租赁、入股，实行与国有土地同等入市、同权同价，彻底改变过去的城乡二元体制结构，保障农民合法的土地财产收益权。这样不仅可以促进土地的集约使用，还可以合理提高农民收益，进一步激发农民城镇化的“自主性”和“自发性”。

最后，建立有利于农民参与土地增值收益分配机制。土地增值收益是指农用地转变为建设用地开发利用后发生了价值的增加。县政府应探索建立有利于农民参与土地增值收益分配机制，要尽最大可能让多数人的土地增值的利益诉求被纳入到法律框架中。

（2）拆迁补偿制度

针对被征地和土地整治的农民，拆迁补偿是农民关心的焦点之一。从实践来看，各地补偿方式和补偿标准有很大的差异。缺乏统一的顶层设计，没有法律的约束和制衡，会导致拆迁补偿出现很多问题，如干部私吞补偿金或者不按标准发放，也有地方没有拆迁补偿，强行剥夺农民的权利。

从现有的文本制度来看，2004年《关于完善征地补偿安置制度的指导意见》(国土资发〔2004〕238号)指出，对于被征地农民，如果“本地区确实无法为因征地而导致无地的农民提供基本生产生活条件的，在充分征求被征地农村集体经济组织和农户意见的前提下，可由政府统一组织，实行异地移民安置”。2010年《国务院关于严格规范城乡建设用地增减挂钩试点切实做好农村土地整治工作的通知》(国发〔2010〕47号)提出：“涉及农村拆迁安置的新居建设，要为农民提供多种建房选择，保持农村特色和风貌，保护具有历史文化和景观价值的传统建筑。要尊重农民意愿并考虑农民实际承受能力，防止不顾条件盲目推进、大拆大建。严禁在农村地区盲目建高楼、强迫农民住高楼。”但是针对拆迁补偿还缺乏更具体的标准和制衡制度。

近年来，由征地或土地流转拆迁引发的社会矛盾时有发生，原因之一恐怕就是缺乏相关的制度体系以及法律体系。拆迁补偿标准、时间、如何发放、信息如何公开、如何监督等都需要有所明确。

总之，实现“人的就近城镇化”需要相应的流入地的准入机制和保障机制、流出地的退出机制，从而切实保障农民的“自主性”，让他们高高兴兴离开，开开心心在新的地方住下。

五、实现“人的就近城镇化”的多元化治理

就近城镇化是一个多元主体参与的过程。党的十八届三中全会明确提出全面深化改革的总目标是完善和发展中国特色社会主义制度，推进国家治理体系和治理能力现代化。在一定意义上，就近城镇化本身就是一个社会治理的过程，推进市、县域的治理体系和治理能力是推进国家治理体系和治理能力现代化的基础。治理不同于管理，管理强调自上而下的统治，而治理强调多元主体合作共治。正如全球治理委员会在1995年发表的《我们的全球伙伴关系》研究报告中指出的，治理是各种公共的或私人的个人和机构管理共同事务的诸多方式的总和。它是使相互冲突的或不同的利益得以调和且

采取联合行动的持续的过程。

治理是源自西方的概念。在中文语境下，“治”的本义是水名，是河流的名称。《说文解字》中说：“治，水。出东莱曲城阳丘山，南入海。”“理，治玉也。从玉里声。”由此引申为管理、治理。“治理”的本义是按照河流的走向进行疏导、修筑堤坝，治理河流，其目的是防洪、农业浇灌。水利工程历来是国家公共事务之一。从中文语境延伸出来，我们可以这样理解“治理”：一是引导性，而非强制性；二是参与性，是多方合作而非一方力量控制；三是以公共利益最大化为目标，为人民除害，为人民谋利。就近城镇化的多元主体主要包括政府、市场和社会，在这个过程中，政府、市场、社会不断进行利益博弈，但它们并非是简单的“零和博弈”和此消彼长的关系。就近城镇化成功与否的关键环节之一就是处理好政府与市场、政府与社会的关系。那么它们是否可能合作以及各自应扮演什么样的角色？

1. 政府、市场、社会合作的逻辑：相互增权

就近城镇化的过程是政府、市场、社会等主体的利益博弈过程，同时也是三者相互影响、相互增权的过程。在法制的框架下通过市场调节和配置资源，不仅能为社会提供公共服务，还能提高公共服务的精准性和实效性；同时也能更好地维系政府等其他主体的能力和利益，从而推进国家的治理能力。

同样，在就近城镇化过程中，土地等要素资源的流动与重新配置，无疑既需要政府的干预，需要政府建立公平的、有序的市场秩序，也需要村民、土地等资源所属的村集体、村“两委”等社会组织参与，还需要市场机制的调节，来维护资源所有者的利益。就近城镇化需要通过政府、社会、市场等主体的互动来共同促进这一制度的变革，包括国家在内的社会组织混合体是共生共存的。就近城镇化，当前重要的任务就是要处理好政府与市场、政府与社会的关系，让三者各司其职，各自扮演属于主体本身的角色，能为彼此带

来更多的收益，最终实现效益最大化。

2. 政府、市场、社会的角色

（1）政府的角色

政府的角色包括两个方面：一是政府的治理价值观，二是政府的职能。政府的治理价值观是指在治理过程中，政府所持有的态度、期望。治理价值观是治理行为选择的基础。在相似的社会背景和条件下，不同价值观的行动者会产生不同的行为。政府的治理价值观同样如此，持有不同治理价值观的政府对于就近城镇化会出台的政策以及其他资源导向的行为均有不同。

调研发现，有些地方政府在就近城镇化过程中以居民的利益和需求为导向，老百姓上楼后满意度高，社区一片祥和。比如，成都温江区瑞泉馨城社区，在引导农民上楼前将“三资”确权到人，城乡公共服务基本均等，城乡统筹养老保险、医疗保险，孩子可就近入学，居民可就近看病，还能就近享受职业技能培训以及就业跟踪指导。社区实行先进的数字信息化网格管理，按照“路径单向闭合、痕迹全程追溯、绩效系统生成”的原则，以“网格员事件采集—指挥中心任务分派—街道科室业务落实—网格员督查反馈—指挥中心备案考核”工作流程，实现居民服务精细化。他们的整体思路是：一是让居民先住下来；二是解决生活的问题，比如购物、就医、入学；三是解决就业问题，让老百姓能挣钱，从而能生活能吃饭，让他们在经济上有保障；四是解决精神层面的问题，让老百姓思想进城，对社区有认同感和归属感。可见，政府的价值观对政府的行为以及效果有至关重要的作用。意识形态及其价值体系最有可能成为制度最核心的要素，其次才是规则和规范[①]。

从职能上，政府角色分两类：一是全能型政府，二是服务型政

① 李汉林等：《组织和制度变迁的社会过程—— 一种拟议的综合分析》，载《中国社会科学》2005年第1期。

府。全能型政府的职能模式是政府通过指令性计划和行政手段进行经济和社会管理，政府是全能型的。政府同时扮演了生产者、监督者、控制者的角色，而为社会和民众提供公共服务的职能和角色被淡化。政府的价值观主要侧重于政府本身的利益。而服务型政府是一个为社会提供公共产品和服务的角色。很显然，就近城镇化需要的是服务型政府。具体来说，服务型政府至少应包括以下几个方面：

第一，地方政府应转变观念。要实现观念转变，政府是有限政府，不是全能的。一方面来源于公民的政府权力是有限的，另一方面于市场的资源配置作用而言，政府的作用也是有限的。政府还要实现依法行政的观念，实现为绝大多数人服务的观念，实现社会公平正义的观念。

第二，地方政府应构建就近城镇化的战略规划体系，规划包括硬件和软件规划体系，包括近期的目标和远期的战略，包括经济、政治以及社会发展的规划体系，包括公平、有效且可持续的规划体系。

第三，建立和完善与就近城镇化相匹配的政策制度，推进城乡户籍制度改革，落实城乡统筹的土地制度改革，落实城乡统筹的就业、教育、医疗、社保等福利制度，落实相关的财政改革制度，落实就近城镇化专项资金扶持，以推进城乡要素平等交换和公共资源均衡配置，完善就近城镇化健康发展的机制和体制。

第四，建立倾听民声的机构和组织。以满足农民需求为导向、以人为核心的就近城镇化必须充分了解农民的利益诉求。地方政府再按照以前那种思路盲目地自上而下式地定目标设时间，为政绩而让农民“上楼”和提供公共服务是不够的，并且可能是高成本低效率的。必须充分了解老百姓的诉求，建立老百姓表达诉求的渠道和途径，建立反馈民意的机制、机构或组织。通过自下而上的信息传递，提高政策制定的有效性，提高公共服务的精准性，从而降低制度变迁成本，提高就近城镇化的质量。

第五，培育和维护公平、有序、健康的市场环境。建立健全市场规则，在法律的框架下界定和保护产权，保障土地尤其是农地等要素资源的流通，打破地方和部门的行政性垄断或限制，保证市场交易的效率和公正性，保护市场主体的合法权益，建立和维护统一、开放和公平竞争的市场秩序，为市场进入者创造基本可信的、可预期的、公平竞争的秩序。

（2）市场的角色

市场决定资源配置是市场经济的一般规律。就近城镇化仍需遵循这条规律，依靠在资源配置中起决定作用的市场。党的十八届三中全会《决定》、《国家新型城镇化规划（2014—2020年）》都明确提出了“尊重市场规律，坚持使市场在资源配置中起决定性作用”。市场配置资源可以获得更高的效率，而且广泛市场主体的参与，有利于促进社会的公平。从前面的案例可以看出，以前的就近城镇化政府干预过多，有些地方政府利用权威直接对资源要素进行配置，市场体系不完善、监管不到位，出现了一系列弊端。大幅减少政府对资源的直接配置，依据市场规则、市场价格、市场竞争才能实现效益最大化和效率最优化。在公平、有序、健康的市场环境下，市场在就近城镇化过程中至少可扮演如下角色：

首先，就近城镇化过程中，通过市场的作用，保护农民的财产收益。在城乡统一的建设用地市场，实行与国有土地同等入市、同权同价的条件下，农民可自由在市场完成土地租赁、转让、抵押等，依据市场价格和规则，实现收益最大化。

其次，在就近城镇化过程中，吸引市场化资金的进入，有利于减少行政成本，大大缓解政府财政资金的紧张，降低政府负债率。当前一些地方政府的隐性负债率日益提高，部分地方政府的隐性负债可能已触及安全线。尽管地方政府的高杠杆率还没有达到引发危机的程度，但是如果不进行去杠杆化，这始终是中国经济发展过程中的隐患。而利用市场的力量允许民营资本进行城镇化基础设施的建设，是降低政府杠杆率的根本途径之一。对于企业而言，投资禁区的减少以及渠道的畅通，意味着可以最大限度激活企业活力。县域范围内有了更多有活力的企业，才有产业链的集聚，才有强大的产业支撑，才能提供更多的就业机会。同时，政府购买公共服务，有利于满足老百姓日益多样化的需求，提高公共服务的效率和精准性。

（3）社会的角色

理论上，在城镇化过程中，农民既是客体又是主体，一方面城镇化的终极目标是为提高老百姓的福祉，另一方面他们又是城镇化的参与者。以人为核心的城镇化，就要实现公众参与，实现自治。反过来，只有公众参与的城镇化，以满足老百姓需求的城镇化，才可能真正实现人的城镇化。

实践中我们看到，目前推进的就近城镇化公众参与性很差。对于在什么制度框架下进行土地流转或被征用、土地流转或被征用的补偿标准、什么时候搬迁、搬迁到哪里、邻居是谁、房屋的建设方式、房屋的建设类型、房屋的购买价格、社区的配套设施、社区环境、社区的治理模式等，老百姓几乎都是被动接受，没有话语权。正是因为如此，部分"上楼"居民有怨气，才有上访甚至群体性事件等情况发生。

就近城镇化应让老百姓参与其中。首先，就近城镇化一定是在农民自愿的基础上进行的，是自主选择而不是被动集聚。自治首先应体现为自愿——自愿去城镇居住和就业。其次，在城镇化的过程中，制度的设计、土地流转或被征用、社区规划、房屋建设方式和类型、补偿方案、社区配套设施等事关老百姓利益的事情，都应倾听老百姓的诉求，都应考虑他们的想法，让他们参与其中。河南省H县锦和新城，房屋分配采取"四世同堂"制，但由于当初缺乏老百姓的参与，导致很多老年人无家可归、无房可住。而重庆某小区，农民"上楼"后社区治理采取居委会、物业、居民代表联席会议制，社区居民满意度较高。最后，充分发挥社会组织作用。传统的村民代表会议和村民理事会、监事会、村理财小组、红白喜事会等社会组织，成员通常都是村里的能人、精英或家族中德高望重的人。

就近城镇化过程中，可利用制度变迁的路径来表达老百姓的诉求。正如费孝通先生所说：“现在要研究的社区建设，实际上是把一个正在迅猛发展的大都市中的各种各样的人组合起来，组成一个个邻里合作的新社区，建成新的安居乐业的社会，建立起一个地方基层自我管理的基础。这是一个长期的工作，无论如何不能脱离以前的历史和文化。我们要认识到事物的连续性，要研究历史和现状，根据人们的实际需要，提出好的建设方向，确定未来的目标。”[①]同时，农民集聚后，也可以培育新的社会组织，诸如农业协会、社区居民代表会等，通过社会组织这一载体来表达老百姓的诉求。通过自上而下和自下而上的信息沟通，实现多元主体合作参与，以期真正实现人的就近城镇化。

① 费孝通：《居民自治：中国城市社区建设的新目标》，载《江海学刊》2002年第3期。

第九章
大城市近郊的就地城镇化
——以北京市高碑店村为例

一、研究背景

在就地城镇化的过程中，城乡接合部的就地城镇化无疑是最紧迫、最复杂的一种类型。城乡接合部，顾名思义，是指城市与乡村相互渗透的接合地带，亦城亦乡，是“乡村之首、城市之尾”。城乡接合部在地理区位上的“互嵌性”，即乡村中有城市、城市中有乡村，造成了其特殊的现实困境和治理难题。

城乡接合部在城市与乡村之间的特殊形态，无形中给其带来了诸多现实困境。这其中最主要的困境就是农民的“失地之困”。众所周知，土地问题从来就是中国历史上的核心问题。而在城乡接合部，土地问题表现得更为突出。我国《土地管理法》规定：“城市市区的土地属于国家所有”“农村和城市郊区的土地，除由法律规定属于国家所有的以外，属于农民集体所有”。即城市与农村在土地制度上是不一样的，出现了城市的“国家所有”与农村的“集体所有”的双重土地制度。我国城乡土地制度的双重性造就了城乡接合部土地的特殊复杂性。农地与非农地纵横交错，构成了城乡接合部土地性质的基本特点[①]。

然而，目前伴随着城镇化进程的不断推进、城市规模的不断扩张，城乡接合部的农地不可避免地被大量挤占，因此就难免出现

---

① 吕萍:《城乡接合部用地矛盾成因分析》，载《城市发展研究》2003年第6期。

“土地性质的转换”：农地转化为城市建设用地或其他非农地。在这个过程中，农地面积不断减少，势必带来大量的“失地农民”。对农民来说，失地乃是“天大的事”。虽然农村土地的集体产权只是一种“残缺产权”（the truncation of ownership），农民只拥有土地的部分使用权和收益权，不拥有其所有权[①]，但必须承认的是，在农民心目中，土地是他们最基本的生存保障。农民如果失去土地，传统的农业生产方式就由此中断了，更没有了最为基本的收入来源。因此可以说失去土地的农民已不再是完整意义上的农民了，在某种意义上其农民身份已经“终结”了。如果他们没能获得一种新的稳定的收入来源，那么必将成为社会的不稳定因素之一。“农民没有恒产，自然也就没有恒心”[②]，社会也不可能安定。正因如此，农民的“失地之困”便成为城乡接合部所有问题中最核心、最重要的问题，并且滋生了其他众多问题。

在这种情况下，促进农民就地城镇化，实现生产方式和生活方式全方位地向市民转变就显得尤为重要了。那么，城乡接合部又该如何实现就地城镇化呢？这里面最关键的问题是，就地城镇化的推进模式和治理机制。

首先，从推进模式上看，就地城镇化可以有很多种类型，但归结起来主要还是两种模式：一是主动城镇化模式，二是被动城镇化模式。主动城镇化则主要是一种内源性的城镇化，是老百姓在一定的条件如产业、经济等基础上，自主自愿地探索和推进的城镇化。被动城镇化主要是一种外源性的城镇化，是由外力进行强推的城镇化，最典型的是征地拆迁，“圈地造城”。由外力强推的城镇化，往往因没有老百姓的参与而得不到老百姓的认可，甚至老百姓出现心理上的抵触、行为上的“反抗”。所以，要实现高质量的就地城镇

---

① 刘守英：《中国农地制度的合约结构与产权残缺》，载《中国农村经济》1993年第2期。

② 李强、胡宝荣：《中国历代社会治理论纲》，云南教育出版社，2014年，第117页。

化，必须从被动城镇化向主动城镇化转变。

其次，从治理机制上看，由于城乡接合部在社会形态上的特殊复杂性，其在推进就地城镇化的过程中，治理机制创新尤为重要。众所周知，城乡接合部是多元的，是特殊复杂的。其特殊复杂性集中地表现在以下两个方面：

一是体制的复杂。城乡接合部“亦城亦乡”，又“非城非乡”，有学者称其为介于城乡之间的“中间形态”[①]。而在我国，由于城乡二元社会结构的长期存在，城乡社会治理体制方面也存在着“城乡分治”的格局。“城乡分治的‘二元社会’管理制度，是城乡‘二元社会结构’在基层社会管理中的表现形式”[②]。农村基层社会治理主要是由村委会来实现村民自治；城市基层社会治理主要是由居委会来实现居民自治[③]。城乡接合部的“中间形态”，使其在治理体制上呈现出“双重性”。治理体制上的这种双重性造就了城乡接合部特殊的治理难题。

二是人口的复杂。城乡接合部的另一个重要特点就是人口的高度复杂性，最集中地表现在农民、居民混合杂居。一方面，城乡接合部是“乡”，由农村发展而来，其中存在大量的原住地农民；另一方面，城乡接合部是“城”，是城市的边缘，聚集着大量“农转居”的居民。此外，由于地理区位上的特殊性，城乡接合部还聚集着大量从农村到城市谋生的外来流动人口，甚至出现流动人口数量多于本地人口数量的“人口倒挂”[④]现象。因为在城乡接合部，其生活成本比较低，房租、物价等都要比“市中心”低，所以很容易成为外来人口“进城”的第一个“落脚点”。

---

① 折晓叶、陈婴婴：《超级村庄的基本特征及“中间”形态》，载《社会学研究》1997年第6期。

② 冯小英：《城乡接合部问题的根源及解决途径》，载《城乡建设》2006年第2期。

③ 刘杰：《城乡接合部“村落终结”的难题》，载《人文杂志》2012年第1期。

④ 刘杰、向德平：《城乡接合部社会管理的困境及其策略选择》，载《学习与探索》2013年第10期。

由于体制上的“二元”分割、人口上的“多元”复杂，城乡接合部在就地城镇化的推进过程中，难免会遇到各种十分复杂的问题，很难形成一致的意见。因此，城乡接合部在推进就地城镇化的过程中就不得不进行治理的体制机制创新，以更好地应对其多元复杂的社会形态。

基于此，本研究将以北京市高碑店村为例，运用社会治理的视角，分析在新型城镇化的大背景下，城乡接合部实现就地城镇化的推进模式及其治理机制。高碑店村可以说是典型的城乡接合部。改革开放以来，随着城镇化进程的不断加快，北京的城市规模也在不断扩大，高碑店在这一进程中逐渐地被纳入城市范围；同时，因耕地被大量征用，各种问题接踵而至，“失地农民”的就地城镇化问题变得尤为紧迫。从2002年起，高碑店开始了就地城镇化探索，形成了产业带动的推进模式，建立了协商民主的治理机制。高碑店的就地城镇化可看作是城乡接合部就地城镇化的一种可资借鉴的方式。

二、高碑店村概况

北京高碑店村原是一个千年古村，地处北京城东，距离市中心近8公里，辖区总面积2.7平方公里，常住人口6000多人，外来人口近万人，是典型的城乡接合部。因为地处城市近郊，村里耕地原本就少，在城镇化的进程中又因受国家重点工程建设占地的影响，多条高压线、污水管、铁路、河流穿村而过，原有的2300亩耕地被挤占得只剩下80亩工业用地。村子里没有一分耕地，曾一度成为一个“叫农村无农业，称农民无耕地，农转居无工作”的“三无”村。就像所有的城乡接合部一样，“失地”或“无地”成为高碑店村村民所面临的最大困境。由于没有及时创造一种新的生产方式进行替代，“失地农民”的生存保障受到了“威胁”。村里各种矛盾越积越多、越积越深，人心不稳，上访不断。上访虽是一些高碑店人在困境中表达诉求的一种途径，但毕竟不能从根本上解决问题。况且，这个方法很容易衍生出一些新的问题，如有些上访户在上访中得利后，有事没事就上访，形成恶性循环，成了上访专业户，势必就会扰乱正常的社会生活秩序。这可以说是早期被动城镇化的一种意外结果。

于是，从2002年开始，高碑店着手寻求改变，并由此拉开就地城镇化模式探索的序幕。经过十余年的努力，现在的高碑店俨然从过去的“三无”村变成了“发展有后劲、人人有事干、生活有乐趣”的“三有”村[①]，其古典家具产业更是远近闻名，是目前中国最大的古典家具集散地。目前，高碑店有古典家具及其他商户1000多家，2012年全村经济总收入已达28亿元，人均年收入达2.6万元，成为令人羡慕的“富裕村”。近年来，高碑店相继被授予“全国绿色小康村”“全国民主法治示范村”“北京最美的乡村”等称号。

三、产业先行：就地城镇化与推进模式

高碑店的成功源自就地城镇化，更要归功于其在推进就地城镇化过程中的主动城镇化模式——充分地调动了老百姓的积极性和主动性，使之参与到城镇化建设中来。

1.“产业先行”：就地城镇化与生产方式转变

高碑店就地城镇化推进模式的一个重要特点就是“产业先行”。正因为有了产业的先行发展，高碑店人才有了参与城镇化的积极性和主动性。产业是城镇化的基础，是城镇化的“火车头”。只有产业发展了，城镇化才有根基和动力。产业发展，不仅可以为城镇化提供物质基础和经济支撑，而且能够形成人口聚集效应，创造更多的就业机会，失地农民才有可能实现从传统农业生产方式向现代生产方式的真正转变，进而实现生活方式的转变。这样城镇化也才能够真正实现。因此，高碑店在推进就地城镇化的过程中，特别重视产

① 魏贺：《发扬民主　畅所欲言》，载《人民日报》2012年11月10日。

业的发展，始终坚持“产业先行”的原则。

芝加哥大学城市社会学家特里·克拉克（Terry Clark）认为，现代城市尤其是大城市的产业发展正在从“生产导向型”向“消费导向型”转变，原先的以制造业为代表的传统工业正在衰竭，而以文化创意和休闲娱乐为主的新兴产业逐渐兴起[①]。发展什么产业？这是摆在高碑店人面前的一个难题。发展产业不能随意发展，必须“有所为有所不为”，必须选择合适的产业类型。这里的“合适”，是指合乎产业发展规律，还应发挥当地资源禀赋，彰显当地文化特色，不贪多、求新、追热，注重特色产业、优势产业的培育。此外，就城乡接合部而言，其在发展产业的过程中，还应当兼顾生态环境，要有助于促进生态宜居城市建设，应更多地发展低能耗、低污染休闲文化产业，而非高能耗、高污染的制造产业。

基于此，在结合村情村貌的基础上，2003年高碑店最终决定在村里原有的几十家古典家具店基础上，大胆投入100余万元对“古典家具一条街”进行升级改造，着力发展古典家具产业。此前，高碑店也有从事古旧家具买卖的商户，但数量少，比较分散，他们的业务也主要是从事古旧家具修补，即从全国各地收购旧家具，进行修补、翻新后，再拿去销售。如今，随着高碑店古典家具产业不断发展、规模不断壮大，现在的商户不仅仅是修补、翻新旧家具，而且渐渐形成了生产、加工、销售新家具的“一条龙”产业链条，既彰显了古典家具产业特色，又形成了产业集群优势。可以说，古典家具业已经成为高碑店的一张“金名片”，是高碑店的支柱产业。

除了带动当地经济发展之外，发展产业的另外一个重要目的就是解决当地就业问题。其实，回顾一下世界城市发展史，我们不难发现城镇化与工业化通常是同步的，是密不可分的。城镇化以工业化为依托，工业化是城镇化的根基。若无工业化或产业化，城镇化

---

① Terry Nichols Clark, *The City as an Entertainment Machine*. Amsterdam, Netherlands; Boston, MA: Jai/Elsevier, 2010.

实际上就是盲目的“造城”运动。这样的城镇化犹如空中楼阁，没有根基，是被动的城镇化。工业化或产业化之所以重要，其关键在于工业或产业可以带动就业，可以帮助农民实现就业、转业。只有有了稳定的工作或收入来源，农民才能负担在城镇中的生活成本，才能承受得起城镇的各种日常生活开支。同时，稳定的就业还有助于人们更好地融入城市，实现职业上、生活上、观念上真正的、彻底的城镇化。

对城乡接合部来说，就业更为重要。如果没有就业，城乡接合部又“无地可耕”，村民的生活就没有了保障。所以，高碑店在发展产业的同时，还采取了一系列措施努力帮助当地百姓解决就业问题。例如，当地专门成立了“劳动就业委员会”，抽调专人负责，建立就业档案，加大投资力度，拓宽就业渠道，帮助村民就业。再如，高碑店还对全村失业人员进行就业指导培训，帮助村民熟悉国家就业政策，把握当前就业形势，认清自身优势，建立就业信心，积极寻求就业。同时，还帮助失业人员增强劳动技能，具体包括以下方面：一是“走出去”，即鼓励失业人员进入职业学校学习各种专业技能，并对培训合格的人员报销部分培训费用；二是“请进来”，村里为35岁以下人员举办各种技能“学习班”和“培训班”，邀请专业人员来村授课，努力提高青年职工的劳动技能。例如，村里为了提升村绿化队的专业技能水平，专门举办了绿化知识培训班，请来了园林局的专业人员进行授课，讲授园林绿化专业知识，如种植、养护、修剪等。经过严格考试，村里有80多人分别取得了园林绿化高级、中级和初级资格证书，大大提高了村绿化队的专业技术水平。此外，为了开辟就业渠道，村绿化队还到社会上承包一些绿化工程，将一些人员分别安置到不同的物业小区，进行绿化养护工作。

截至2012年，村里面已经成立了“绿化队”“联防队”“保洁队”“水电队”“医疗队”“清运队”“市场管理队”“物业管理队”等8个专业队，安置了500余名失业人员就业，基本上实现全村劳动力100%就业。

2.“新村建设”：就地城镇化与生活方式变革

产业发展起来了，生产方式转变了，随之而来的便是生活方式的变革。生产方式乃是生活方式变革的前提，生活方式则是生产方式转变的结果。若倒过来，就难免会重演“拔苗助长”的悲剧。在过去，这样的例子可以说是屡见不鲜，最常见的就是“赶农民上楼”，这是“被动城镇化”的典型表现。

基于此，高碑店并没有早早地“赶农民上楼”，而是“产业先行”，即在产业发展的基础上，再去推动旧村改造和新村建设，推进生活方式的变革，改善生活质量。这是高碑店推进就地城镇化的基本模式，也是高碑店实现就地城镇化的关键所在，即实现了变“被动城镇化”为“主动城镇化”。

高碑店人就像大多数城乡接合部居民一样，“正在大量地失去土地，他们的农业耕作史断裂和终结了，而村落的历史还在延续”①。村里房屋老旧，村民居住条件普遍较差，与现代化的生活方式还有很大的差距。所以，高碑店在推进就地城镇化过程中，村落改造和新村建设就成了就地城镇化不可或缺的一部分。

实际上，高碑店早就有旧村改造的计划，即试图通过统一规划、统一建设，一改传统村庄的衰败形象，建立整齐划一的现代新型社区；但是，一直苦于没有产业支撑，缺乏物质条件和资金支持，所以一直没有推进。直到古典家具产业初具规模之后，村里的产业发展起来了，老百姓的生活也富裕了，高碑店才开始推进旧村改造计划。此外，2006年高碑店被北京市列为“新农村建设试点村”，2009年又被列入“城乡一体化试点村”，也为其实现就地城镇化提供了重要契机。

在此基础上，2009年高碑店便正式启动了“新村建设”。高碑店按照“政府专项扶持、集体统一设计、村民出资建房”的思

---

① H.孟德拉斯：《农民的终结》，李培林译，社会科学文献出版社，2005年，第6页。

路，组织村民集体原址翻建房屋，统一建成商住一体的明清风格建筑。房屋整齐划一，全部都是三层楼房，二楼、三楼自住，一楼作为底商出租，既美观又不失文化底蕴，既改善了生活环境又能够创收。在建设过程中，房屋翻建资金没有“坐等”国家资金扶持，基本都是村民自理；如果村民资金不够，村里面可以为其担保申请贷款。因为涉及大笔资金，村民一开始难免会有顾虑，心里没底气。可是，因为有古典家具产业作为支撑，一楼底商可以出租，按每年10万元计，几年内就可以“回本儿”。在村干部挨家挨户做工作后，村民们很快就打消了顾虑，吃上了“定心丸”，积极响应旧村改造和新村建设工程。截至2012年，村里旧村改造（西区）项目已经完工，有529户村民完成了房屋“原地翻建”，村民的居住环境和生活质量均得到了极大的改善，而且还能创收。现在每户出租一楼底商，年均收入都在10万元以上，有的甚至高达几十万元、上百万元。

有了西区的成功经验，高碑店东区改造项目也开展得非常顺利，村民都积极主动要求翻建房屋。用村民的话说，“剩下600多户的改造，几乎没有什么阻力，村民自己就抢着要建房”。然而，我们必须认识到，这一切都是建立在“产业先行”的基础上。产业先行，让村民们有了旧村改造和新村建设的底气，让就地城镇化真正变为“主动城镇化”。如果没有产业的支撑，翻建的房屋没有人租，不能够为村民创收，那么由村民自筹资金进行旧村改造和新村建设的模式势必很难得到村民的积极响应和支持，高碑店就地城镇化也很难顺利进行。

四、协商民主：就地城镇化与治理机制

高碑店就地城镇化的成功除了有产业先行的基础之外，还离不开治理机制的创新。作为城乡接合部，高碑店是多元复杂的，要让所有人都认可和参与到就地城镇化模式中来，并不是一件容易的事

情。如何将“复杂”的高碑店整合到就地城镇化模式中，这实际上涉及治理机制的问题。

1. 理念更新：从管理到治理的转变

从各国城镇化发展历史看，依据主体不同，城镇化大体上可以归为两种：一是市场主导的城镇化；二是政府主导的城镇化。前者在欧美国家城镇化进程中表现得比较突出，后者则是我国在过去推进城镇化过程中的最主要特征①。不可否认，我国过去以政府为主导的城镇化，有助于集中大量资源，在短时间内实现城镇化的发展目标，但随着城镇化的深入推进，其问题也逐渐显露出来，如“空城”“鬼城”等大量出现。在新的历史条件下，随着社会主义市场经济的不断发展、社会结构的加速转型，社会主体开始变得更加多元。所以，城镇化的推进自然也不能再像过去那样，走完全由政府主导的老路，而应当充分发挥多元主体的力量，实现合作共治。

首先要进行理念更新，即从“管理”向“治理”转变。社会管理与社会治理一字之差，其意义却大相径庭。传统的社会管理更多强调的是以政府为主导，自上而下地对社会进行组织、协调、监督和控制的过程②。而社会治理则更多地强调社会力量的多元参与，上下互动，相互协商，合作共治。因此，在新型城镇化的背景下，应当更多地培育和发挥多元社会主体的力量，以共同推进城镇化的发展。事实上，城镇化并不完全是政府部门的事情，完全由政府“管”的话，政府不仅管不了，也管不好。尤其是在城乡接合部，更是如此。

如前所述，城乡接合部在社会形态上是多元复杂的，这让其在城镇化过程中面临诸多复杂的治理困境，有时候很难形成一致的意

---

① 李强、陈宇琳、刘精明：《中国城镇化“推进模式”研究》，载《中国社会科学》2012年第7期。

② 郑杭生：《社会建设和社会管理研究与中国社会学使命》，载《中国社会科学》2011年第4期。

见。在这种情况下，如果政府强行自上而下进行推进，往往“吃力不讨好”。就像高碑店村支部书记支芬说的那样，“人管人累死人”。因此，高碑店在推进就地城镇化的过程中不断进行体制机制创新，即在党委、政府的领导下，注重多元社会主体力量的培育，如市场力量、社会力量、公众力量等，并充分调动各种社会力量的积极性、主动性，使他们共同参与到就地城镇化中，基本上做到了从“管理”到“治理”的转变。其基本措施如下：

第一，建立“产业园区”，发挥市场作用。“产业先行”让各市场主体在高碑店就地城镇化及其治理过程中发挥了基础作用。截至调研时，高碑店正在努力建设“三大产业园区”——“古典家具老街”“文化艺术新街”“国际中医药港”，形成了三足鼎立之势。“三大产业园区”共同支撑高碑店的经济发展，成为就地城镇化的重要资金来源。例如，高碑店通过“土地入股”的方式，折换成“国际中医药港”[①]6万平方米的建筑面积（占总面积的三分之一），作为村集体经济的自由资产。这将成为村集体一笔非常可观的经济收入，主要用于村集体公共支出和村民、居民分红。不仅如此，在高碑店从事经营的商户们也是高碑店的重要一员，是高碑店就地城镇化及其治理过程中不可或缺的主体，他们积极投入到高碑店的城镇化中来，为高碑店建设出谋划策，如房屋设计、道路建设等，为就地城镇化的稳步推进注入了强劲的动力，提供了扎实的基础。

第二，建立“五大协会”，促进社会协同。这五大协会分别是“老干部协会”“和事佬协会”“巧媳妇协会”“古典家具协会”“民间文体协会”，它们在就地城镇化及村庄治理中发挥了重要的协同作用。“老干部协会”充当了“智囊团”的角色，主要是把村里的老党员、老干部组织在一起，为村里的大小事情出谋划策，且村里面的

① “国际中医药港”被业内认为是中医药多门类服务平台，希望最终能打造出国家甚至世界的医药产业的样板，现在已列为市重点建设项目，一期工程总建筑面积为18万平方米。

重大事务一般都要先经老干部协会讨论通过，例如“古典家具一条街”首先就是由老干部协会提出的。“和事佬协会”，主要是把村里德高望重、在老百姓中有一定威信且有责任心的村民代表人组织在一起，专门调解村民纠纷。家庭纠纷和邻里矛盾，经过“和事佬”的调解，能有效化解。所以，“和事佬”也都被村民们公认为村里的“大了”①。“巧媳妇协会”，主要是把村里面一些心灵手巧的妇女组织在一起，向外来游客义务介绍、传授各种手工艺品制作技艺，并义务为孤寡老人和残疾人提供帮扶服务。“古典家具协会”，主要是把村里面的古典家具商户组织在一起，对村里古典家具从业者及经营活动进行服务、沟通、监督、协调，促进行业自律，有效地保证了高碑店古典家具的品牌、品质。“民间文体协会”，主要是把村里面多才多艺的村（居）民组织在一起，开展各种文体活动，目前涵括了高跷老会、秧歌队、腰鼓队、合唱队等团体。总之，培育这些民间社会组织的力量，让他们参与到村庄治理中来，发挥其各自特色和优势，为高碑店就地城镇化注入了强劲的活力。

第三，建立“三项制度”，保证公众参与。这三项制度分别是“政策宣讲”“联席会议”“办事公开”。“政策宣讲”，主要是通过入户宣讲和集体宣讲的方式，把村里最新的政策、制度和法规及时地告知每一位村民，保证村民的知情权。“联席会议”，主要是村里定期召开由村民代表、老干部等参加的联席会议，如村民代表大会等，共同商讨、研究解决村里出现的各种重大问题，并且有针对性地制定解决方案，有效地保证了村民的参与权和决策权。“办事公开”，主要是村里各项事务做到公开公平，花钱公开，办事公平，并且村里矛盾一律公开、公平解决。例如，村集体改建村里的废旧公房，用于解决困难村民的住房问题，但改建房数量有限，申报的却有300多户，面对这一问题，村里面就张榜公布了所有申请者的家庭情况，

① “大了”在一些地方一般指婚丧嫁娶组织者，而在高碑店，“大了”则被赋予了一些新的含义，即能了事、会了事的能人，即能调解矛盾纠纷，使其很快得以了结的人。

由群众选出住房最困难户，然后，再经集体讨论由大家共同决定最终名单。以上三项制度促进了村民们参与式协商，有效地保证了村民们的知情权、参与权、决策权和监督权。

通过以上举措，高碑店让村里面各种社会主体的力量都有“用武之地”，很好地将市场、社会、公众的力量与党委、政府结合在一起，上下互动，从而让多元的社会主体共同参与到村庄治理的过程中，为城镇化的稳步推进及有效治理提供强有力的保障。

2. 协商民主：城镇化进程中的治理机制创新

多元参与意在“合作共治”。这其中必须要有一种机制进行保障，就是“协商民主”。所谓协商民主，是指政府、市场、社会以及公民个人等多元主体在公共治理过程中，通过对话、交流、讨论等公共协商程序，自由地表达意见并倾听不同的观点，从而做出合理选择和自主决策的机制。协商民主，乃是中国民主政治的一个重要特色。党的十八大报告首次明确提出并系统论述了“协商民主”，并强调“要完善协商民主制度和工作机制，推进协商民主广泛、多层、制度化发展”。党的十八届三中全会进一步指出，“协商民主是我国社会主义民主政治的特有形式和独特优势，是党的群众路线在政治领域的重要体现”。

作为一种民主形式，协商民主并不简单地等同于票决民主。协商更多的是指民主的过程，协商的结果最终通过票决进行确认，即“票决前有协商，协商之后必须进行票决，由票决产生结果”[①]。可见，协商民主的核心在于协商，它由议题提出、摸底调查、方案设计、集体决策、组织实施等一系列的环节组成。协商民主作为一种治理机制，其最主要的目的是要达到合作共治，通过参与式协商和自主性决策，建立信任，达成共识，促进合作，实现共治。

---

① 李景治：《当代中国政治发展中的协商民主与票决民主》，载《中国人民大学学报》2011年第5期。

事实上，高碑店在就地城镇化进程中从一开始就坚持着“协商民主”的治理机制，并将“协商民主”贯穿于城镇化及治理的全过程。政府不再是简单地“替社会决策”，而是退为公共参与平台的“搭建者”，鼓励多元社会主体共同参与治理，相互协商，相互合作，从而形成协商民主、合作共治的基本治理机制。例如，高碑店在旧村改造和新村建设过程中，从最初的议题提出到方案设计，再到方案确定以及最后的实施，每个环节都充分体现了协商民主的特色。

第一，议题提出。2006年，在高碑店被列为“新农村建设试点村”之后，高碑店在村情村貌的基础上，在老干部协会的建议下，广泛征求村民意见后，最终确定以西区为试点，启动旧村改造工程。自此，旧村改造和新村建设正式被提上了议事日程。

第二，摸底调查。在旧村改造过程中，高碑店首先进行的一项工作就是摸底调查，即摸清村民思想状况、摸清家庭成员情况、摸清村民实际困难，其目的主要是，能够在方案设计中区分各种情况，按实际情况施策，从而使方案能够被更多的老百姓认同和接受。事实上，后来的政策出台之所以能做到尽可能地尊重村民意愿，很多都依赖于前期的摸底调查，例如，对旧城改造的资金，实行“民办公助”[1]；对经济困难的家庭，村集体为其办理担保贷款；对高龄老人特别是80岁以上老人，为其解决了周转房；对不想拆的住户，不强制拆除；对重点人实行一人一法，进行合理沟通等。

第三，方案设计。在摸底的基础上，高碑店开始进行旧村改造和新村建设方案的设计工作，包括如房屋风格、出资模式、土地丈量等；并且，在方案设计过程中，还会及时征求村民以及驻地商户的意见，多方沟通协商，不断修改完善，其间先后共拿出了6套设计改造方案。

---

① “民办公助”，是一种旧城改造的资金筹集方式。“民办”就是村民住宅实行统一规划、统一施工，资金由村民自己筹集；“公助”，就是公共设施等建设资金由村经济合作社负担30%，其余部分向政府申请补助。

第四，集体决策。最终方案的出台需要进行集体决策，即要经过村民代表大会讨论通过。例如，2006—2009年，三年间高碑店共召开了9次村民代表大会，由村民进行表决，先后通过25项提案，最终才确定了旧村改造和新村建设的总体方案。

第五，组织实施。方案确定后，紧接着就是实施。整个实施过程，始终秉持公开、公平、公正的"三公"原则，接受全体村民的监督。例如，在丈量宅基地过程中，不量"人情面积"，不评"人情等级"，所有房屋面积的测评结果都要经过村民反复核实，并且予以公示。对实施中出现的一些问题，高碑店还会积极调动各种力量，如和事佬协会的"大了"进行调解。

总之，高碑店整个旧城改造和新村建设以及就地城镇化过程，都充分体现了"协商民主"的特色，即由老百姓参与式协商，让老百姓自主决策。可以说，"在高碑店，民主既是制度，也是习惯"①。也正是在这种"协商民主"的制度和习惯下，有更多的社会主体参与到城镇化进程中来，政府、市场、社会和公民各司其职、相互协商，从而实现"合作共治"。在整个就地城镇化过程中，政府不再是城镇化的主导者，而是城镇化的服务者；老百姓才是城镇化的主导者，掌握了城镇化的主动权。正因如此，高碑店在就地城镇化进程中才走得如此稳健，也更具有活力，从原来的"三无"村转变为现在的"发展有后劲、人人有事干、生活有乐趣"的"三有"村②。

五、结论

当前，我国正处在城镇化的新阶段，即新型城镇化阶段。新型城镇化的核心是人的城镇化或市民化，即促使农民在生产方式、生活方式等方面全方位向市民转变。然而，需要特别指出的是，人的

① 郜晋亮、何烨：《支芬：把心掏给高碑店村》，载《农业日报》2012年8月27日。
② 魏贺：《发扬民主　畅所欲言》，载《人民日报》2012年11月10日。

城镇化可以有很多的路径，城镇化并不一定就是指大城市化，而应当大、中、小城市和小城镇并举。大城市化虽然有一定的资源集中优势，但很容易造成城乡之间、城市之间甚至城市内部发展的不均衡。基于此，我们认为就地或就近城镇化是一种更符合现阶段中国国情的城镇化方式。

本章着重探讨了城乡接合部就地城镇化这一特殊类型，并对其推进模式及治理机制进行了分析和研究。城乡接合部是介于城市与乡村之间的中间地带，“亦城亦乡”，这无形中造就了城乡接合部就地城镇化的特殊困境。这其中最大的困境就是农民的“失地之困”。同时，城乡接合部体制上的二元和人口上的多元，也让其在推进城镇化的过程中面临诸多治理难题。

北京高碑店作为典型的城乡接合部，在就地城镇化过程中取得了成功。高碑店就地城镇化的成功，一方面要归功于“产业先行”的推进模式。产业先行，不仅为高碑店的就地城镇化提供了重要的物质保障，也让高碑店人拥有了城镇化的主动性，变“被动城镇化”为“主动城镇化”。在产业发展的基础上，高碑店开始推进旧村改造和新村建设。如果说产业发展促进了村民们生产方式的转变，那么新村建设则主要带来的是生活方式的变革。虽说生产方式和生活方式是人的城镇化最基本的两个方面，但二者并非总是同步的。一般来说，生产方式转变在先，生活方式转变在后。高碑店的成功，很重要的一点就是在推进就地城镇化的过程中遵循了这一规律，老百姓有了城镇化的主动性。

另一方面，高碑店的成功还要归功于“协商民主”的治理机制。治理的核心在于多元参与、合作共治。所以，高碑店在党委和政府领导下，非常注重各种社会力量的培育，如市场力量、社会力量、公众力量等，让多元社会主体共同参与到城镇化中来，相互协商，相互合作。这其中的一项重要机制就是协商民主：一是参与式协商，要求各个环节都应当有多元主体的广泛参与，充分协商；二是自主性决策，要求政府不再简单地“替社会决策”，而是让社会自主决策。协商民主可以说是贯穿于高碑店就地城镇化进程中的一项基本的治理机制。通过协商民主，高碑店就地城镇化进程中的多元主体之间建立了信任，达成了共识，促进了合作，实现了共治；同时，也使老百姓真正掌握了城镇化的主动权，实现了主动城镇化。

总之，就地城镇化是符合中国国情的城镇化形式，也是事关老百姓切身利益的大事。因此，在就地城镇化过程中，迫切需要推进模式和治理机制的创新，不仅要调动老百姓的主动性，还应赋予老百姓一定的主动权。

第十章
大城市近郊的就地城镇化
——以吉林市江南乡建华村为例

一、研究背景

1. 城镇化、集体经济与乡村治理

在中国的城镇化发展进程中，一些城郊乡村抓住发展机会，迅速建立了村镇企业并大力发展集体经济，从而改善了村庄的面貌，提高了村民的生活水平。1998年以来，部分有条件的乡村利用土地城市化所带来的巨大增长契机，开启了乡村企业化发展的大幕①。

然而，与20世纪90年代初期中国南方普遍兴起的乡镇企业发展有所不同②，这一轮乡村企业发展具有两个明显的特征：（1）在现行城乡土地制度之下，是村集体组织而并非乡村企业家发挥了更为重要的作用；（2）城市发展促进了土地的资本化与村庄的工业化。这两个明显特征决定了本轮的乡村集体经济发展是以城镇化发展为基本前提的。一方面，村集体组织依托土地资本化推动乡村集体经济发展；另一方面，村庄治理方式向企业化方向转型。企业化，即村集体组织依托现有资源，从自身利益出发，成立企业或者多种经营形式的公司，发展多种经营，使得整个村组织的运营日益企业化、

① 李强等：《多元城镇化与中国发展——战略及推进模式研究》，社会科学文献出版社，2013年，第187页。

② Jean C. Oi, "Fiscal Reform and the Economic Foundations of Local State Corporatism in China", *World Politics*, 1992, 45(1).

集团化。村庄治理企业化也意味着村民与村委会之间的关系发生转化，部分村民成为村办企业工人，另外一部分村民则在经济上脱离了村集体经济组织。

这种依托土地发展集体经济的做法，是城郊村或者沿海发达地区农村城镇化发展的一种比较普遍的现象。关于这一现象，学术界有两种看法：一是乡村治理的企业化具有积极意义，是集体经济发展的成果，它有效地改变了乡村的面貌；二是乡村治理的工业化、企业化同样也制造了很多麻烦，在很多体制、机制问题尚未厘清、定型化的条件下，存在着后续发展的问题，包括利益分配、民主治理、企业发展等[①]。

这里应该强调的是在乡村企业发展过程中，领导者往往起着决定性作用，决定着一个村庄的企业化发展路径和成败。在那些著名的乡村发展案例中，如天津的大邱庄、江苏的华西村、北京的韩村河，领导者的关键作用在很大程度上解释了这些村庄企业化兴起和发展的原因。在制度环境模糊、产权架构不明晰的条件下，领导者的主观能动性往往是具有决定性意义的，但是这同样带来了乡村企业化发展的种种隐忧，即发展的不确定性和内部风险。一旦领导者出现判断错误，或者难以抗拒种种不确定性的诱惑，乡村企业化就容易沦为“类家族式”的治理模式，导致企业发展的风险系数骤增。

此外，一个村庄的发展离不开外部条件，包括制度环境、发展契机、内部治理结构等因素。当这些内外因素在特定的时间和空间有机地联系起来时，一个村庄的发展才可能成为现实。尽管乡村企业化发展带来了乡村环境和权力结构的重大变迁，但是作为一个标本意义上的企业化和城镇化的发展案例，本章除了分析上述问题以外，还将重点讨论以下问题：乡村企业化发展的动力机制是什么？

---

① 何艳玲：《如何迈向有序与善治——高速工业化村的社会管理问题探讨》，载《人民论坛·学术前沿》2012年第13期。

如何处理集体产权与私有产权、村组织与村民之间的关系？村集体经济如何实现可持续发展？建华村面临着哪些发展带来的问题？他们是怎样思考和解决这些问题的？总之，本章试图通过对吉林市江南乡建华村的案例进行研究，探索建华村就地城镇化和企业化发展的经验与问题。本章首先介绍建华村的地理、区位、历史和治理；然后讨论引起建华村企业化发展的关键契机、如何打造产业发展的链条，探讨建华村的社会建设，主要是从分配、再分配政策的角度切入；最后，则重点讨论建华村企业发展进一步市场化的构想，以及建华村分房确权的构想和实践、建华村的企业化和城镇化发展的主要特点和后续问题。

2. 建华村概况

建华村地理位置优越，交通便捷，从吉林市城中心乘车经江湾大桥到建华村仅需5分钟，距离吉林机场只有16公里路程。吉林市最大铁路货物运输枢纽站“龙潭山”车站就坐落在其附近2公里处。建华村背靠东山，北临松花江，东依北华大学，而向西不远处则是市区。

建华村的辖区面积是6.4平方公里，全村下辖5个社，根据2013年的统计，现有农户2100户，农业人口4500人，其中60岁以上老年人475人，占全村总人口的11%，建华村现有劳动力人口大约1000人，人均年收入约1.5万元。

根据“建华村大事记”记载，建华村的集体经济在2002年前后开始兴起。2002年4月5日，建华村在村一社所在地建设农业产业园，主要是果木生产、苗木培育。2002年5月，经批准建设了集中供热项目。2002—2005年，建华村坚持“发展是硬道理”这一理念，大力发展集体经济。通过不断改善投资环境，招商引资，经过3年多的努力，建华村从一个经济发展后进村变成了先进村。到2005年末，全村民营、股份制、“三资”企业发展到35户。其中，建华村集体资产控股企业6户。2005年全村社会总产值实现3亿元，集体经济纯收入280万元，上缴国家税金180万元，农民人均收入达到了6000元，村固定资产从1997年的230万元增加到5300万元。同时，村里解决了部分村民的就业问题，据估计，当时大约有350名农民在村办企业中就业，工资收入在月2000元左右。

2005—2008年，随着城市的扩张，建华村的大量集体土地被政府征用，房地产开发建设兴起，一些居住、商业楼盘开始动工。在这一过程中，建华村利用了外部契机，逐渐发展壮大了自己的产业链条。2012年，建华村成立了建华村产业园区，当时有7家村集体企业入驻。截至2013年，全村企业产值2.6亿元，集体收入2500万元，全村固定资产达2亿元，有335名村民在村办企业中就业。可以说，建华村在2005—2013年经历了快速的、跨越式的发展。

建华村先后投资2.2亿元兴建了农民新村，调研时一期、二期工程已竣工，按照成本价销售给村民，三期工程正在施工中。俗语说，“要想富，先修路”，建华村还投入800多万元修建水泥路24公里，实现了户户通水泥路。村里还成立了30人的专职绿化保洁大队，投入100多万元搞工程绿化，实现了村屯道路及新村绿化、美化、亮化、环境保洁全覆盖。

村民的就业、养老、医疗、教育、社会救助被纳入村民福利保障体系。居住在农民新村的村民们的物业管理费全免，每年的供热费按照成本价收取。青年人在本村统一安排就业，老年人每年领取1600—2000元不等的养老金。村里给考入中学、大学的村民子女发放奖学金。村里每年拿出近40万元对村民参加新型农村合作医疗保险进行全额补贴，村民不用掏一分钱就能享受医疗保险。每年春节、三八妇女节、中秋节、重阳节等重要节庆日，村里都会拿出一定资金为村民发放各种福利和补助。为此，建华村荣获了多种奖项，被评为“全国文明村”“全国民主法治示范村”“全国廉政文化建设示范村”“五好基层农村党组织”等。

与全国其他许多地方的村集体经济发展情况相比，建华村采取了“村企合一”模式，并提出了由“分散经营”向“规模经营”转变的发展思路。在这一过程中，村民与村集体组织之间的关系发生了深刻的变化，村子的发展越来越具有国有企业的特征。尽管，村集体企业化的发展之路注定不会是平坦的，这是因为企业发展进一步市场化的前景仍然具有诸多不确定性，但是回顾建华村的企业化发展历程，我们却不难总结出一些关键步骤或者说是关键变量：城市扩张、产业链条、社会建设与分房确权。可以说，建华村正是一个依托土地资本化而逐渐发展起来的城郊农村。

二、模式特点：村企合一、确权到户

1. 城市扩张契机

进入21世纪的第一个十年，城市基础设施投资加大，房地产市场兴起，吉林市城区不断扩大。城市的总体规划更加突出居住区向南发展，工业区向北发展。根据吉林市“十二五”规划[①]，吉林市被定位为综合性特大城市，“坚持‘北拓、南优、东控、西调’的方针，合理引导城市重心向北部、西部、西南部拓展，加快形成‘北工、中商、南居’的空间结构形态。到2015年，城市建成区面积扩大到200平方公里以上，基本具备承载250万人口的综合功能”。

建华村所在的吉林市丰满区，位于松花江南岸，正是城市居住区向南扩张的“首冲”之地。2008年以来，吉林市的城市建设、城市扩张的速度明显加快。这给建华村的发展带来了契机。建华村利用周边地区大搞房地产开发的优势，先后成立6家公司，负责运输、建筑装修、集中供热、物业服务、房地产开发等业务。这些公司由于地缘优势，很快发展壮大起来。

2. 土地资本化，打造产业链条

建华村企业化发展最为重要的特点有两个：一个是村办企业随

① 内部文件。

着城镇化发展而逐渐形成产业链条，另一个则是村庄建设带动一批村办企业发展。也许，人们会问，建华村企业化发展的第一桶金源自哪里呢？答案就是土地。

建华村的土地由两部分组成，一个是村集体土地，一个是农民宅基地。由于城市拆迁，既征用集体土地，又征用宅基地，加之部分村辖区范围内的荒地，因此这些土地在城市开发中增值收益部分的“大头”就归入了建华村村集体，部分补偿给了失地农民。到户的农地的补偿价格是每平方米400多元，此外农民还获得房屋和农业投资的补偿（例如大棚和树木等），宅基地的空地和集体用地的补偿则给村集体。

依托这些土地增值收益，建华村利用特殊的区位优势，率先从建设建华供热公司开始，逐步打造了一条产业链条。这一发展思路是逐渐形成的。起初，村委班子认为，应该利用市里大搞城市开发的契机，把村集体经济发展起来，而着手点就是从“江南区”的规划方向和现有基础设施的匮乏处考虑。鉴于市政府打算把江南区作为居住区重点规划建设，同时这一地区缺乏相应的供热系统，建华村把发展的起点首先放在了供热公司的建设和运营上。这一公司于2002年成立，公司固定资产9000万元，主要给北华大学以及周边6家小区提供冬季供热，供热总面积达到120万平方米，年利润约300万元（表10–1）。

在随后的发展过程中，建华村创建了一系列的服务性企业。由于周边城市开发和大量建设投入，建华村依托地理优势，于2003年、2004年分别创建了鑫丰建筑公司和龙华物流公司。前者的主要业务是建筑施工、室内装潢、道路施工等，后者的主要业务则集中于建筑材料的运输和搬运。这样，建华村利用自己的地理条件，在城市建设大潮中分得了相当可观的收益，这些成为乡村改造、开发以及企业后续发展的第一桶金。

2011年和2014年，建华村开始筹建开发、设计和建设产业链条的上端、终端企业，先后创办了房地产开发公司、建华物业公司，以及合景园绿化公司。至此，一个从事地产开发、建筑、运输、供热、物业、景观绿化的建筑人居企业集团的雏形凸显了出来。其中，本村创建的房地产开发公司担负起了本村大量建设、回迁和改造项目，尤其是规划、建设和开发了农民新村。建华村规划设计了5期农民新村建设。新村将占地16.7万平方米，建筑面积14.66万平方米，建筑住宅33栋，地下车库1栋，地上车库308个。新村采取了集中居住规划，这样大量集体土地被改造为城市用地，或者流转至他用。

表10–1　村办企业的经营情况

公司	注册资本（万元）	年利润（万元）	安置村民就业人数（人）	业务
建华供热公司	9000	300	85	供热
建鑫公司	3090	800	195	锚杆钢、建材
房地产开发公司	3090	NA	55	农民新村开发
建华物业公司	50	NA		主要为建华新村服务
龙华物流公司	500	390		周边建筑施工运输工程
鑫丰建筑公司	80	预计280		房屋建筑与室内装修
合景园绿化公司	95	预计200		绿化、保洁
村办集体企业	15905	1970	335	城市建设相关

资料来源：建华村提供的村情介绍。

2011年，建华村开始打造建鑫公司。这一公司与之前创建的一系列以地产开发和社区服务为核心的企业有所不同。这是一家中小型工业配件生产公司，主要生产煤矿井下支护产品，年生产规模锚杆钢15万吨、锚盘150万套，年销售额达到6000万元。这一村办工厂的创办，显示出村集体企业发展思路的转变。

3. 房产确权与集体福利

如果没有新社区建设、集体福利以及土地、住房的确权到户，那么以上所有村集体组织的经济行为则完全类似于一种微观经济学意义上的厂商行为。但是，集体经济的重要部分即是其发展出了一种共享收益的集体主义模式。一方面，村集体经济的发展，为村民带来了就业机会、村庄物质环境的改善、老弱妇幼的社会保障。另一方面，土地、住房的确权到户，既保障了集体土地的所有权，增强了村集体的凝聚力，同时又保护了村民家庭、个体的宅基地使用权。在制度设计上，村民选举村委会成员，并建立了村务监督委员会，理论上与公司治理结构具有相似性。

建华村在“软环境”的建设方面，还有相当长的路要走。从其分配和再分配的社会政策的角度观察，整体上还处于解决基本的社会福利和公共服务的“初级阶段”。2008年以来，农村合作医疗迅速推开，农民的大病报销问题得到了相应的解决。村里每年拿出40万元补助，使全村的基本医疗公共服务得以全面覆盖。对于60岁以上老人，村里每年会发放养老金，这一数额年均2000元，因此村民养老问题仍然要依靠子女。村里计划修建养老院，并打算社会化和市场化运营，具有村民身份的人将会享受优待。由于接近市区，大部分村民选择把孩子送到市区里的小学、初中或者高中。村里也正筹划建立幼儿园。但与村办企业发展所取得的成就相比，村庄社会建设方面则显得不足。村办企业的社会化福利、包容性发展以及更加公平的分配机制仍有待进一步完善。

影响建华村社区建设和治理的重要一步，是该村于2013年开始的“分房确权”行动。这一行动改变了村民与村委会之间的社会和权力关系。所谓分房确权，就是不改变村民宅基地的集体土地使用性质，根据其市场价值，在内部置换成类似小产权房的房屋私有产权，并颁发国家承认的房屋私有产权证明。这在全国范围内可以说是一个先例。以往，农民集体土地上的私有房屋因产权问题，只能用来居住或内部交易，而不能作为商品出售和转让。大量农村地区的房屋产权并没有政府相关部门出具的房屋私有产权证明。在调查过程中，笔者发现大多数村民对所谓的小产权证的认可度仍然较高，不少民众愿意与村民签订另外一份担保合同，来获得缺乏法律保护的产权证明书。建华村开发的房产价格相对于周边的价格来说较低，对不少人来说这是一个经济划算的购房条件。

当然，也有不少村民、外来租户感到，分房之后人们与村集体本来就松散的联系更加弱化。在普遍缺乏更加有效且实际的民主监督和公共参与的机制条件下，建华村同样面临着基层社区的碎片化问题。不同的村社之间，同一村社内部的不同利益群体之间，也存在着利益平衡、公共参与等方面的碎片化问题。

4. 集团股份化和确权到户

建华村集体经济的发展主要是依托区位优势与土地增值收益。如果不考虑现有的土地利用规划和权属关系，那么随着征地拆迁、房屋产权的私有化以及基本公共服务设施的初步完成，未来三分之二以上的村民将脱离村集体经济，变得几乎与市民一样。对他们而言，村委会的职能就如同城市中的居委会。

但是，建华村选择了一条集团化和股份化的发展道路。这样一来，建华村集体企业将会获得更多的市场投资，但同时也将担负更大的风险。进一步市场化的选择，具有一定的逻辑必然性。如果就地城镇化发展的浪潮过去了，企业的发展很快便会遇到可持续发展的动力瓶颈。如何突破这个瓶颈？建华村的思路是把村里的各个企业组合在一起，成立新的集团，仍由村支部书记担任集团的总负责人，但是把企业发展的决策权在一定程度上下放给各个分公司。这样一种管理模式被称作M-form（Multi-divisional Form，分权式事业部制），其主要优点在于市场的灵活性和适应性。这种集团化发展的思路，显然有着长期发展的考虑，也是中国乡村企业发展情景下的一种较为普遍的尝试。

建华村仍然试图理顺村集体与村企业之间的股权关系。在理论和权利归属意义上，集体企业是属于所有村民的，但是在实质意义上，这往往被理解为是村组织领导层的控制性资产。然而，建华村尝试进行进一步的现代企业股份化改造，将每一份股权确认给村民，村民既享受收益，又共同承担市场风险。我们大胆推测，如果村民能够通过村务监督委员会、村民代表大会等行使决策、监督等权利，那么村集体经济在实质上便很有可能完成实质意义上的转型。这一模式将很有可能证明，以确权到户为基础的集体主义组织模式完全可以在市场经济条件下焕发出新的生机。

三、讨论：确权到户的新集体主义？

建华村案例证明：城镇化与乡村治理的企业化之间具有密切的关系。从一个落后的普通村到一个资产规模上亿，经营种类多元，即将走向股份化、集团化的新村，建华村的企业化发展之路，同时也是其土地城市化、村民生活方式城市化的就地城镇化之路。

在这一过程中，建华村的企业化发展是市场逻辑的演绎，并最终走向了股份化和集团化。村民与村集体组织之间的关系发生了重构。村集体变成了村企业，村民变成了村企业的员工。这种社会关系的转换和转化，从长期的发展来看，对于探索乡村集体经济发展和新型城镇化模式而言，值得更进一步地探索和研究。当然，我们认为，不论体制如何变化，村集体经济的社会保护功能不应削弱。从建华村发展的过程可以看到，集体土地及其农地制度在城镇化发展过程中所可能产生的巨大价值以及所发挥的巨大作用，是不容忽视的。

需要进一步指出的是，建华村案例有两个主要特点：一是依托城市扩张而兴起村办企业；二是村企合一的治理模式。这两个特点是建华村集体经济迅速发展的前提。在这个前提下，建华村依托城市开发过程中的区位优势和发展机遇，迅速打造了村办企业的产业链条，并最终走上了集团化的道路。在村集体经济发展过程中，村庄治理也日益倾向于企业化，大量的投资用于兴建村庄内部的基础设施，村庄内部的社会关系发生了深刻转变。建华村的企业化发展案例让我们得以重新思考，在新型城镇化发展过程中，集体经济制度所发挥的功能。建华村就近城镇化、治理企业化与确权到户的实践，提出了一个反思农村集体土地制度、集体主义组织模式的课题，那就是集体主义制度与个体权利在市场经济条件下，仍有可能完成一次制度上的互补与结合，这很可能具有更深刻的社会价值和意义。

第十一章 村企合作注入外部资源的就地城镇化

——以华润集团希望小镇建设为例

一、研究背景

随着城镇化推进，农业产业化和规模经营、农村建设用地整治和农村城镇化等问题日益浮现出来。客观来看，随着农村人口的外流，“空心村”现象日益明显，基础设施建设不足，公共服务品质难以提升，无论是从政府改善公共服务投入的角度，还是从农村居民生活品质提升的意愿出发，都提出了调整农村居民点、引导人口适度集聚的需求。在城镇建设用地指标短缺、农村建设用地利用效率不高的现实背景下，基于保障农田和粮食安全的需求，政府也希望统筹城乡建设用地，促进土地集约利用。在2008年国务院出台《城乡建设用地增减挂钩试点管理办法》的政策推动下，地方政府开始推动统筹城乡和“新型农村社区建设”，四川、山东、河北和河南等省份都进行了很多探索。

但是农村经济形态、生产生活方式、居住空间的调整具有内在的密切联系。许多地方认识到，单一的农业产业发展或者农村建设用地整治面临着许多弊端，例如单纯的村庄整治和集中面临着与小农生产方式不相适应的问题。另一方面，无论是农业产业化还是农村建设用地整治，农村自身都缺乏相应的资金、技术和人才。党的十八大召开以来，国家提出新型城镇化战略，要求破除城乡二元制度障碍，实现人口、资金、土地等要素的自由流动，在加速城镇化进程的同时，也引导城市先进生产要素向农村流动，带动农村的可持续发展。

在此背景下，地方政府开始探索并出台政策，引入社会资本和外部企业投资农业和农村，这有利于政府减轻负担，激发社会活力。例如，成都市在统筹城乡实践中尝试“政府、企业和村庄”三方合作模式。成都温江区出台文件，鼓励“村企合作”引导政策，鼓励外部资金参与村庄整治，村庄和企业进行合作，要求签署村企合作协议，并制定农业产业实施方案、项目投融资方案、资金平衡方案、拆旧建新实施方案、土地权属调整方案、农民集居区修建方案等。而国内其他地区也出现了一些“企业下乡”“村企合作”的案例。在政策推动下，一些大型国企也进入农村，探索“村企合作”推动农村就地城镇化的模式，例如华润集团的希望小镇建设模式。“村企合作”模式有哪些特点与成功经验？面临什么样的风险与问题？本章试图通过对华润希望小镇的调研进行分析和探讨。

二、华润集团希望小镇建设模式

华润集团是一家大型国企集团，主营业务包括地产、基础设施和公用设施，以及消费品（含各种零售、啤酒、食品、饮料）等。2008年华润集团成立七十周年，华润集团基于感恩回报、履行企业社会责任的价值观念，发挥多元化经营的优势资源，利用集团企业和员工的捐款，到贫困地区、革命老区建设希望小镇。近几年，华润已建成广西百色、河北西柏坡希望小镇，湖南韶山、海南万宁、北京密云、福建古田、贵州遵义华润希望小镇也正在规划建设中。

1. 希望小镇建设模式

华润集团希望小镇的建设模式包括三个方面：乡村环境改造、产业帮扶引导和基层组织重塑。

第一，乡村环境改造。改造生产生活环境是建设希望小镇最直接的抓手。华润集团提出，结合当地的地形地貌、民俗风情、气候特点等因素，对希望小镇进行整体规划设计，与村民一起，共同建造具有乡村特色、体现当地新农村风貌的农舍民居。通过改造，帮助农民过上“走平坦路、喝干净水、用清洁灶、上卫生厕、住整洁房”的新生活，从根本上改变当地农民的生活、医疗、教育及休闲娱乐环境，促进当地农村向城镇化方向转变。

第二，产业帮扶引导。培育具有活力的产业项目是希望小镇可持续发展的内在动力和根本支撑，也是增加农民收入、提高农民生活质量的保障。在希望小镇建设中，华润集团通过旗下全资食品公司规划和投资现代农业项目，通过产业帮扶，积极引导和培养当地农民的市场意识，大力扶持富有地方特色、能与华润集团产业发展相结合的种养业，运用创新、科学的方法提高农业产出效益，推动当地农业发展模式向可循环发展的生态农业转变，从而改变传统的农村经济发展模式。同时，华润集团结合当地的生态、文化等资源禀赋，因地制宜策划生态旅游、乡村酒店等产业项目，促进农业发展和旅游休闲产业等第一产业与第三产业的“一三融合”，为当地村民创造更多的就业机会和收入来源。

第三，基层组织重塑。随着希望小镇的建设，当地乡村的产业形态和居住形态都发生了很大改变，这就要求对原有小农生产模式下的村集体经济和居住管理体系同步进行改造。对改造重建后的村庄社区，华润集团引入城市社区管理模式，成立小镇社区居民委员会，在当地政府的领导下统一管理小镇的各项行政及公共事务；在产业方面，为了适应农业产业化和市场化经营，积极引导小镇村民共同参与创立“农民专业合作社”，激发农民创业精神，发展新型农村集体经济，使农民能充分分享产业发展收益。希望小镇社区居民委员会和农民专业合作社重新塑造出一种新型的农村组织管理架构。

2. 北京市密云县希望小镇概况

华润集团在北京市的希望小镇位于北京市密云县穆家峪镇，下辖荆稍坟、南穆家峪、北穆家峪、西穆家峪、九松山、阁老峪6个自然村，共约2750户、6300人，总面积约3.2万亩。小镇位于穆家峪镇的穆九沟峪经济产业带里，全长4.36公里，是穆家峪镇“三沟两河、三点一线”总体发展的核心组成部分。小镇地处低山浅丘区，属平原与山区的交接地带，地形为北高南低呈阶梯状分布。在项目启动前，上述6个行政村的乡村设施较差，道路照明设施、排水设施、污水处理系统及供气供暖设施皆无，农民居住环境较差。从发展条件上看，该希望小镇西南距离密云县县城不足10公里，区位条件优越，北邻密云水库，具有发展景观和旅游休闲的潜在有利条件。

（1）密云希望小镇产业项目

作为北京市新型农村社区建设的试点地区，密云县希望小镇以企业帮扶为依托，走出了一条以产业融合发展为基础、新居建设为支撑的新农村社区建设新路子。

由于希望小镇地处生态涵养区，因此，只有走第一产业与第三产业融合发展的路子，才能在保护好生态环境的前提下，实现农村经济发展、农民收入增长。希望小镇立足穆家峪镇丰富的山水资源、便捷的交通和镇域区位优势，在以往的农业种植和林果业基础上，成立专业合作社，构建资源节约、技术密集、品质安全的中高端种植业、创意农业、苗圃花卉、观光休闲、餐饮住宿联动的产业业态，以满足城市居民对鲜活农副产品和观光休闲旅游的需求。

希望小镇引入华润集团资金成立股份公司，当地农民以股份的形式投入农用地、建设用地和劳动力，农民的农用土地以流转的方式由专业合作社统一管理经营，农民每年获得稳定的土地流转收入或土地租金收入，部分产业项目收益按村民所占股份分配。在这种“村企合作”模式下，农民保持生产要素所有者的身份，除了充分就业，还有生产要素收入，从而既促进产业发展，又促进农民增收。

截至调研时，规划的产业项目包括五丰农业基地、凤凰苗圃基地、万家果园基地和木棉花乡村酒店等，项目充分体现了现代种养业和乡村旅游业的结合。

（2）密云希望小镇新型农村社区建设

密云县的希望小镇按照耕地不减少，建设用地不增加，不以购买、置换等任何方式剥夺农民宅基地的原则，启动新居建设工程。在操作模式上，对农民宅基地和住房分别进行评估和补偿，农民通过旧房拆除和宅基地复垦获得收益，用于购买集中新建社区住宅。从调研来看，农民获得的补偿在10万—20万元，基本上可以购买到120平方米左右的社区新住宅（成本价在1500—1800元/平方米），但购买更大面积如180—200平方米就需要自己额外出资10万—15万元。对这部分费用，允许只缴纳30%，政府对其余部分给予贴息或低息贷款。值得注意的是，希望小镇设置了退出机制，即农民可以选择将获得的新住宅“销售”给华润集团或镇政府，销售价格可以达到6000元/平方米，粗略测算农民新住宅按照不同面积，市场价格可以达到80万—150万元，农民可以用补偿款到密云县城购房（县城房屋市场价大约在1.2万—1.5万元/平方米）。

此外，希望小镇建设也注重乡村公共服务设施和基础设施的整体提升。规划建设市政设施综合楼、道路工程、给水工程、污水再生水工程、供热工程、生态环境工程、绿化工程、景观水系等配套设施，建设村委会行政综合房、村民之家、卫生站、小型老人养生之家、小型日托所、村民广场、公交站点、生态公厕等公共服务设施体系及社区服务项目，以使农民的生活、教育、医疗及休闲娱乐环境得到根本改变。

（3）华润集团希望小镇投资模式

华润集团的希望小镇建设模式，从表面上看主要是以华润集团的资金纯投入为主，在建设过程中农民基本上只是以农地入股参与农业经营，以宅基地置换新的住宅。虽然农民购置新住宅超出面积需要自己承担部分费用，但基本上以建安成本为主。农民“拆旧建新”的资金实际上是由华润集团承担。如果以密云县“希望小镇”

的建设来看，按照户均20万元成本计算，2750户农民意味着5.5亿元的净投入，这还不包括农业产业化方面的前期投入。当然就密云县这个案例而言，华润集团的投入采取了分期策略，并非一次性投入。

根据华润集团的宣传和介绍，“希望小镇”建设模式具有很强的公益性质和帮扶色彩，没有明显的商业诉求和盈利目标。按照密云县希望小镇的模式，华润集团目前建设和规划的8个希望小镇预计投入超过40亿元，考虑到为五年中分批投入，仅占集团年利润总额的5%左右，其中尚不包括该集团内部员工捐款。

不过，华润集团投资的希望小镇主要位于红色革命老区，生态环境良好，显然在乡村旅游、生态旅游产业等方面也具有一定的潜力。北京市密云县希望小镇位于水库旁边，邻近县城，距离首都市区车程不到一小时，休闲旅游需求和土地升值潜力巨大。显然，华润集团希望小镇建设的投入回报虽然并不是非常清晰和明显，但也有部分类似于“增减挂钩”和土地置换的操作。

三、总结与讨论：“村企合作”模式的经验与问题

1.“村企合作”模式的成功经验

从华润集团希望小镇的实践来看，“村企合作”模式对于农村引入先进生产要素和就地城镇化具有正面的意义。

第一，引入先进生产要素，促进乡村产业发展。当前我国农业的主要问题是农地分散、科技与资金投入水平相对低下。从农业发展的国际比较来看，我国人多地少的国情决定了发展劳动力、技术密集型的高效农业具有相对优势，这也是缩小城乡差距，促进农民就地城镇化的重要产业支撑。但是实现我国农业向精致农业、高效农业和观光农业转变，一个很大的制约因素是农村缺乏资金、技术和人才。北京市密云县的希望小镇建设，通过引入华润集团，为穆家峪镇的这些村庄注入了资金、品牌、管理、人才等企业资源，引

入了高效的农业产业，为农村就地城镇化提供了产业和就业的支撑。

第二，以农村建设用地整治带动社区建设。改善农村居住环境，提升公共服务和基础设施水平，是农民就地城镇化的重要目标。农业产业化进程和农村人口减少伴随着农村居民点集聚和建设用地整治。近年来，国土资源部提出了“城乡建设用地增减挂钩”，通过农村建设用地整治，获得土地收益，进而反哺农村社区建设，有效解决了乡村建设缺资金、城乡统筹缺抓手、耕地保护缺动力的制度困境。北京市密云县希望小镇的建设模式，虽然是“村企合作”，主体由华润投资，但其发展模式中很重要的一环是通过建设用地和宅基地整治，获得发展乡村旅游等相关产业的建设用地，同时又能获得资金投入到乡村社区建设中，从而改变农村社区的整体居住面貌和公共设施水平。

第三，农村生产形态和生活形态改变相统一。当前河南、河北、山东等不少地方都在推行新型农村社区建设，通过村庄整治集约节约建设用地，但由于是单一地推进居住集中，而不是与农民生产方式的转变和农业产业化结合起来，导致农村集中居住与分散的小农生产经营方式不相适应，从而引起农民的诸多抱怨，也引起了社会舆论“农民被上楼”等广泛的批评。希望小镇的建设模式，在居住方式改变的同时也注重产业帮扶，总体上实现了生产方式改变与生活方式改变相统一的现代化农业生产经营模式（参见图11-1），是值得肯定的。

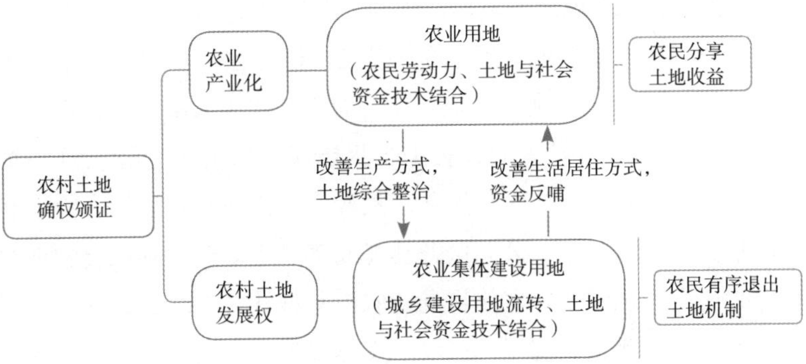

图11-1　现代化的农业生产经营模式

第四，政府、企业和村庄三方协商合作机制。“村企合作”提出了城乡生产要素结合的可能途径，但实践中合作往往面临着信任与利益均衡等诸多难题，例如企业可能更多考虑市场和收益，在合作中占有更多收益，农民获得有限。20世纪80年代以来的“公司加农户”合作模式中，这种问题比较明显。另一方面，农民法律意识淡薄，企业也存在着在合作中农民是否遵守契约的疑虑，一些地方也出现过农民反悔的现象。同时在拆旧建新的过程中，也出现过农民想多要一些拆迁费、担心企业是否侵占利益从而导致了拆迁难和群体性事件；而对政府投入也出现过老百姓不领情的情况，企业、农民和政府分别站在自己的立场想问题、做事情，等等。

北京市密云县希望小镇通过组建联合党委，使三方有了共同的平台进行磋商、对话，减少了互相争执、指责，形成了良性的三方协商合作机制。党组织在统筹谋划、整合资源、沟通协商和组织实施等方面发挥了积极作用。通过成立县、镇、村三个层级的联合党委，决策重大事项，协调建设方（企业）、上级机关、同级部门和村民。党员在希望小镇建设过程中带头宣传政策、流转土地、签订协议，同时又代表村民对村民普遍关注的问题进行监督和协调，例如，党委组织成立了工程质量监督党员服务队，对新型农村建设中的房屋质量进行监督。北京市密云县希望小镇采取的“党组织引领、政府支持、企业参与、农民主体”的政府、村庄和企业多方合作模式，对于当前农村探索就地城镇化也具有一定的参考和借鉴意义。

第五，四川省“农村综合体”以及“村企合作”模式。华润集团的希望小镇的建设是“村企合作”的一个代表。事实上，近年来四川省在推进农村发展的过程中也提出了“农村综合体”这一概念，即在场镇周边建成农户居住规模较大、产业支撑发展有力、基础设施建设配套齐全、公共服务功能完善、组织建设和社会管理健全、能初步体现城乡一体化格局的农村新型社区。综合体的公共服务设施，包括道路、院坝、广场、文体设施、水电气主干道、污水管道及污水处理、公共服务设施等由政府主导进行统一配套建设。

丘陵地区新农村综合体的辐射半径在3公里左右，辐射人口在7000人左右。

成都市在统筹城乡实践中也尝试了“政府、企业和村庄”三方合作模式（参见图11-2）。例如成都温江区出台文件，鼓励“村企合作”引导政策：鼓励外部资金参与村庄整治，村庄和企业进行合作，要求签署村企合作协议，并制定农业产业实施方案、项目投融资方案、资金平衡方案、拆旧建新实施方案、土地权属调整方案、农民集居区修建方案等。成都龙泉驿探索三方合作模式，企业负责投资和市场化运作，政府下属平台公司参股，政府负责协调三方利益，保护集体经济组织资产不受损害，构建公平的市场环境，三方按照一定比例分享产业收益。

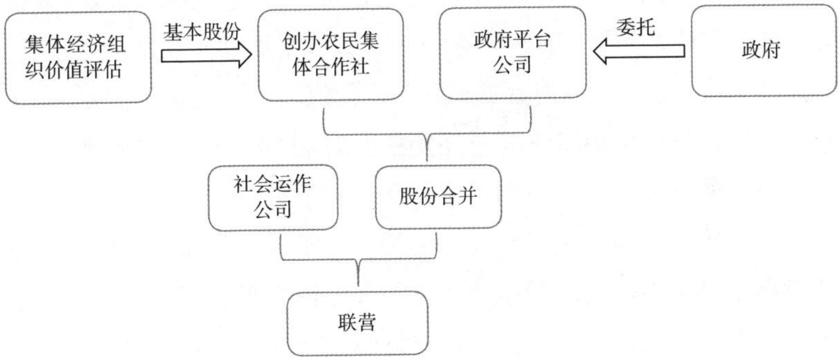

图11-2　“政府、企业和村庄”三方合作模式

2.“村企合作”模式的主要问题

“村企合作”模式具有能迅速引入外部资金、技术等先进生产要素，投入大见效快，在短时间内改变乡村面貌的特点，但也面临着一系列的问题。

第一，企业投资收益模式与利益均衡的问题。“村企合作”中企业等外部投资主体必须考虑投资的周期、效益和退出机制。但农业项目具有投资周期长、效益偏低的特点，乡村旅游等项目也是长期经营型的产业。“资本下乡”在为乡村带来资金、技术的同时，也不可避免需要占有和分享一部分产业收益，导致村庄和农民的收益减少，甚至在企业逐利的机制下可能导致农民获益十分有限。而且企业投资的农业项目一般来说是以高收益的经济作物如花卉、药材等为主，虽然在我国当前仍具有一定的市场空间，但不能完全取代粮食等大宗作物生产，因此“村企合作”模式难以大面积推广。目前外部投资主体的主要动力在于城乡建设用地整理，在政府给予一定政策的情况下投资周期较短，投资收益有保障，退出机制较为明显。但“地票”①等政策仍局限于成都、重庆等少数政策试验区。成都温江、龙泉驿等地区的发展动力来自于此。但如果没有土地增值收益作为保障，投资主体也面临着投融资安排方面的难题。在华润集团的希望小镇模式中，华润集团作为知名大型国企对其的投入具有很强的政治和公益色彩，尚不清楚其资金投入是否能实现平衡或收益，因此这一模式很难说具有普遍性和推广价值。

第二，产业可持续性与村庄内生发展能力的问题。“村企合作”的另一个问题在于企业策划、规划和投资的产业项目，如果不是由企业长期经营的话，是否能逐步交给乡村本身。例如北京市密云县希望小镇建设中规划的采摘、苗圃和乡村酒店等新型产业，华润集团项目人员表示，产业孵化以后会逐步退出并交给农民。但村庄目前还不具备经营管理的能力和人才，村干部等也是流动性的，即使交还给农民以后，无论是农业产业项目还是乡村旅游产业，都面临着经营方面的波动和商业风险，对于经济能力薄弱的村庄和农民，是否能承担经营风险和波动也是未来一个比较严峻的问题。从台湾地区“社区营造”的经验来看，乡村的可持续发展，还是必须回到

① 地票制度是重庆市等地在农地改革探索实践中的一项创新。所谓“地票”是将农村腾退的建设用地指标转移到城乡规划建设区域使用的交易凭证。农村宅基地、乡镇企业用地、农村公共设施等闲置的农村集体建设用地，复垦并经过土地管理部门验收，产生建设用地指标。通过交易，获得地票者可在市域范围内，申请将符合城乡总体规划和土地利用规划的农用地，转为建设用地。

对乡村社区自我发展能力的培育上，特别是农村居民素质、意识的整体提升。

第三，人口城镇化背景下新型社区建设的适宜规模的问题。“村企合作”是一个短期内居住形态的集聚和改变，往往是就地集中的模式。从人口城镇化和进程来看，乡村人口的减少仍然是一个长期的趋势。这样必然导致已经建设的大量乡村住宅面临着未来空置的风险。当然，由于“村企合作”模式注入了较多的现代农业和旅游业项目，这些项目的就业吸纳能力强于一般的农业项目，因此人口外流的问题会得到一定程度缓解，但在规划建设中仍然要充分考虑近期和长远的变化。密云希望小镇的建设设置了农民分流的政策，即农民可以选择货币补偿而到县城或小城镇定居，或者在以后由华润或镇政府“回购”自己的住宅，回购价相当于县城商品房价格的一半。密云希望小镇能采取这种模式，主要是因为邻近县城和密云水库，对于城镇居民具有很强的吸引力，市场潜力不错。

第四，乡村基层治理的重构探索问题。随着“包产到户”和农业税的取消，我国乡村的集体经济事实上逐渐瓦解，乡村社区日益“原子化”，基层自治也越来越松散，不少研究指出乡镇政府也逐渐成为“悬浮型”机构。但是随着企业进入和各类产业的引入，经济利益重新浮现出来，村委会、各类产业联合体（村庄与企业）、农业合作社的职能需要合理界定，使之既能充分发挥市场经营主体的能动性，又能充分发挥民主和自治机制，保障经济民主与收益共享。同时，乡村中的社会构成也日益多样化，如外部企业、外来人员、NGO等，需要建立多元主体的治理与协调机制。

随着农村社区化建设的开展，农民的生活居住品质改善的同时也意味着生活成本的上升和公共服务的治理成本增加，例如增加了社区垃圾清运、自来水运行费用等相关物业管理费用和设施费用。这些费用在“村企合作”模式中短期内通常由政府或者企业承担，但随着企业的退出，未来社区面临着如何自治和自我服务的问题，这些问题需要在这个转变过程中逐步解决。

第十二章 政府主导注入外部资源的就地城镇化

——以北京市X区Z村为例

新型城镇化主要是指以人为本的城镇化。对于远郊的农村地区而言，很多地方并没有成熟的力量可以实现一种自发的城镇化。这些地方之所以会被卷入城镇化的浪潮，大多是因为当地政府的政策或者一些“能人”的作用，而改变往往是从居住方式的变更开始的。就村民来说，很多人并没有做好从“农民”变为“居民”的心理准备，一方面是因为人们适应改变需要一段时间，另一方面也跟某些政策没有考虑周全有关。其间，民众、政府和市场围绕着利益而起的争论，恰恰反映出政府主导的城镇化模式下可能存在的一些问题。本研究以处于被动城镇化中的Z村作为研究对象，探讨Z村缘何走向城镇化以及城镇化过程中出现的问题。

一、研究背景

Z村位于北京市X区东南部，总面积约17平方公里，截至2013年底，全村有住户2100户，5289人，其中劳动力3500人，超龄人员1300人，未成年人及在校生489人，是X地区面积最大、人口最多、历史最古老的村庄之一。随着XY高速公路的开通，作为北京市首个获准建设的浅山地区新城，Z村迎来了新的发展时机。Z村将建成以休闲度假、旅游观光、都市农业等绿色产业发展为主的山前生态特色小城镇和城市生活新区，成为北京市东部地区的旅游集散中心。

2009年1月，Z村党总支和村委会对全体村民进行了关于Z村新城建设意愿的问卷调查，结果显示：新城建设支持率达到96.8%。2009年夏，Z村新城建设正式启动，新城规划边界北起东南路，南至Z村南部山前地带，东起某高速公路，西至C村，总用地面积约341.33公顷，规划建筑面积303.26万平方米。新城建设秉承“生态、绿色、人文”理念，在中心设置大型城市中心绿地，在优美的环境中建设花园式住房、小高层、高层等多元化住宅，并配套大型的集中商业、超市、步行街区、运动休闲设施等，还将引进三级甲等综合医院和市重点中学，努力打造多元化生活方式。同时，大幅提升基础设施建设水平，新建供水厂、污水厂、集中供暖站、燃气调压站、变电站等，铺设各种市政管线90余公里，新建道路20公里①。

Z村从2009年11月开始拆迁，建成后的Z村新城居住区分为东西两区，东区回迁已于2011年底基本完成，西区从2012年开始回迁，每户人家可以以1600元/平方米的价格购买173平方米的回迁房。

目前Z村已经建立物业公司。其中的一部分地区已经上市，处于建设中。还有一部分空地目前尚未开发，究其原因，其中一个说法是这些地区目前正在搞环评，还没有得到拍卖许可，环评一旦完成，这部分土地就进入市场，按照既定规划纳入发展的轨道。

Z村位于都市远郊，原来属于郊区农村。由于位于浅山地带，部分村民承包山地种植果树。拆迁前的村子有村民做点小生意。周边的砖厂、建筑厂、服装厂吸引了包括Z村在内的周边村庄的劳动力。位于市郊的Z村究竟能否利用好大城市发展带来的集聚效应？首先需要明确Z村新城的定位。如果简单地将其看成一个新村建设、农民上楼工程，虽然属于北京行政区划内，但是作为一个离市区比较远的村庄，Z村几乎不在北京市发展的中心辐射范围内，其发展的速度恐怕要大打折扣。如果没有市场力量的介入，Z村依托自身的力量

① 根据《Z村史话》整理。

发展商业和服务业是比较困难的。

如果一个地区没有自发形成成熟的市场并带来人们的就业方式和居住方式的改变，但人们的生产生活方式却在短时间内发生了变更，那很可能是政府的力量起了关键的作用。政府为何愿意选择Z村作为新城建设地址？根据Z村新城工作人员的说法，位于X区内的Z村新城项目跟一般的村改居项目不太一样，在未来的发展中，它将肩负起分担整个X区的养老、医疗、休闲需求问题，现有的X区县城将来主要承担整个区的行政功能，所以Z村新城的发展不仅仅是独善其身或者辐射周围的村子，它的服务半径至少是全X区。与Z村新城地位相似的是F镇，后者是X区的西南部另一个镇，未来以发展工业园区和物流为主，X区县城、Z村新城和F镇共同支撑起X区的发展。

至于为何新城选址会在Z村，答案较为复杂，附近的诸多村子发展状况大同小异，Z村的区位优势可能只是其中一方面，比如D村的一位村民告诉笔者，据说原先新城建设项目是准备落在D村的，后来转到Z村，周围的村子不可能再获得这样的政策优势——由政府带动先把房子盖好，村民回迁之后，再谋求发展。从整个过程也可以看出，假如没有政府的大力推进，处于城镇边缘位置的Z村村民不可能自发走上一条盖楼转型的城镇化道路。

二、Z村新城城镇化主要特点

1. 住房先行，产业跟进

Z村的城镇化是一种政府主导下的被动城镇化，典型表现是住房拉动为主，产业后续跟进。尽管存在工厂和小商业经营，但是在远离城市中心的远郊地带，这些因素尚不能支撑Z村走一条内生的主动城镇化道路。而且，农民搬迁上楼后，大部分人并没有留在原地继续从事以前的工作，即使继续做生意，也是将拆迁补偿的余款带往县城或别的地方进行投资。城镇化的发展需要产业的支撑，X区

32路公交车的司机师傅说起对Z村新城的发展印象，觉得“新城发展得有点慢”，除了东西两大片居住区高耸的楼房，中间空出的土地基本还是空着。村民纷纷在上面开荒，种一小片玉米或蔬菜，他们中的大部分人并不太清楚政府未来会如何利用这片土地。

截止到2014年5月底，原有村民的回迁安置情况已经完成大部分。计划开发的土地中，有一块地已经上市，拿地的企业已经在可以开发的土地上盖起了高档别墅。村里建成了一个室内的集贸市场，已经投入使用，在附近摆摊卖菜卖水果的周围村民对集贸市场充满期待。而一些土地正在打地基，计划建学校。那些目前没有任何动静的大片空地，被不愿意放弃农耕的村民们种下的玉米苗覆盖着。按照相关人员的说法，这部分土地处于环评中，一旦完成环评，就可以上市，投标方直接和国土资源部进行商谈，一旦拿到地就可以搞项目开发。

新城建成后将包括300万平方米住宅，以及配套的集中供暖中心、新型自来水厂、污水处理厂、再生水厂、文化中心、图书馆、体育馆、中小学等。

2. 整建制农转居

按照《北京市建设征地补偿安置办法》，征用农民集体所有土地的，相应地，农村村民应当同时转为非农业户口。应当转为非农业户口的农村村民数量，按照被征用的土地数量除以征地前被征地农村集体经济组织或者该村人均土地数量计算。应当转为非农业户口的农村村民人口年龄结构应当与该农村集体经济组织的人口年龄结构一致。依据此规定，Z村应该转居1580多人，这批人需要分掉征地产生的安置补助费，剩下的3000多人既不享有安置补助费，又守着资源稀缺的山地，由此带来的不公平使得Z村提出了整建制农转居的方案。2011年4月20日，北京市人民政府批准了Z村整建制农转居的请示。Z村整建制农转居工作自2012年3月正式开始，至2013年12月底，已转居1770户，合4641人，完成总户数的87.9%，完成总人数的87.7%，尚有243户648人未转居。

（1）安置补助费

按照政府相关文件,Z村转居后国家征占地所产生的安置补助费，用于符合条件的人群缴纳养老保险和向超龄人员发放养老生活补贴，经测算，截至2012年，征地共产生安置补助费及利息2.8亿元。其中70%分配给村民个人，每个人的安置补助费为75000元。但75000元的补助实际上并不直接发放给村民，特别是对于劳动力人口，这部分钱作为缴纳社会保障资金由村委会统一提留，每人每年缴纳7500元社会保障金，有的村民还要补足一些钱。对于超龄人员而言，每月可以领取按月发放的500元安置补助费，75000元的安置补助费可以发放12.5年。剩余30%作为村集体积累资金，用于为回迁安置后的村民缴纳供暖费和水电费的补贴等。

（2）社会保障

从农村户籍转向城市户籍，身份的改变并没有触及问题的实质。重要的是转居后，社保和就业安置的问题。社保方面，笔者以医保和养老保险为例说明。

医保方面，截至2013年底，4000余人仍被纳入新农村合作医疗保险，已经转居并真正享受城镇居民医疗保险的人包括原先就在正规单位就业的人员、用自己的75000元安置补助费缴纳社会保障基金的人员。还不到缴纳社会保险年龄的人员以及没有缴够的人员仍旧被纳入新农村合作医疗保险，每年缴纳100元，由村里统一缴纳。

养老方面，转非劳动力达到国家规定的退休年龄时，累计缴纳基本养老保险费满15年及以上的，享受按月领取基本养老金待遇。基本养老金由基础养老金和个人账户养老金两部分组成。转居后的超龄人员（男60岁，女50岁）每人每月领取300元的基础养老金。如果他们想要享受跟自己居民身份相匹配的养老保险，需要补齐应缴纳的社会保险费，大多数人以前就在村子附近工作，如果务农或者打零工的话，一般没有正式的挂靠单位，加上以前对保险的认识并不清晰，参保意识相对淡薄，其个人账户部分往往为零。对于不能享受城镇养老保险的老人而言，加上每月500元的安置补助费，每人每月可获得800元生活费。

（3）就业安置

Z村约有劳动力3500人，其中40—60岁人员1470人，35—40岁1181人，35岁以下830人。为解决他们的就业问题，区里按照不同年龄段，实施了“两组织、一政策”：福利性组织（如物业公司）、劳务派遣组织、灵活就业政策。

对于35—40岁人员，这部分人比较年轻，政府鼓励他们灵活就业。他们中的部分人以前就脱离农业工作，工作变动与是否失去土地关系不大。

对于40—60岁人员（女性40—50岁，男性50—60岁）来说，突如其来的变迁打破了一些人原来的就业模式，比如村中小生意的经营中断、失去果园等，规划中的新产业尚未引进过来。相关文件提出“撤村不撤社，转居不转工，资产变股权，市民当股东”，据此村民将成为有资产的市民，但是农村集体经济产权制度改革及之后的股民分红都需要一个过程，目前尚无有效的实施办法。而这部分人一般是家里的顶梁柱，其中的一部分也属于农村就业困难人员。

调研中发现，有近500人在村中成立的福利性组织——物业公司——工作，享受五险一金，每月按照北京市最低工资标准领取薪资，他们具体负责保洁、绿化、保安工作。他们的薪资中市财政负担80%，区财政负担20%。

对于超龄人员，每人可以领取村里发放的500元安置补助费。根据人口年龄结构和平均死亡率预测，12年后，大概还会剩下一半超龄人员。镇政府一名工作人员预期：按照规划，随着经济发展，村里能够负担得起这部分人的养老问题。但是不少村民对村里的规划和前景并不完全明了，或者即使明了，对未来是否能够按照既定规划发展起来尚存不少疑虑和担心。

关于超龄人员的退休问题，刚过50岁的妇女和刚过60岁的男性实际还具备劳动能力，他们失去田地后，自谋职业的困难也较大，但是按照政策，他们也不能进入过渡时期旨在解决劳动力年龄人口就业的福利性组织岗位。上楼后的柴米油盐等一切消费都需要现金，12年后，他们还属于老年人中的较年轻群体，养老怎么办？村里发的钱会更多还是更少？

还有一个需要引起重视的问题是，转居后，由于趸缴社会保障金的数额原因，超龄人员不能被轻易纳入城镇医保体系。这部分人处于疾病高发期，对医疗资源的使用频度和数量都比较高，就医疗报销绝对量而言，医保卡比新农合要划算。一位69岁的老人做了白内障手术，一共花了两万多元，按照他的说法，新农合最多报一万元。他每个月因为高血压等慢性病还需要花200多元的药费。这些对他而言都是沉重的负担。这也是和他一般年纪的村民担心的问题。

三、Z村就地城镇化中的一些问题

在对Z村的发展过程和现状有一个了解后，笔者概括了Z村就地城镇化中出现的几个问题。

1. 转居安置

为何有人不愿意转居？ Z村有55户居民不同意转居。出于利益的考虑，一些人认为自己本来就是农村人，住上高楼也是农村人，国家的一些补贴政策倾向于农村，不愿失去继续享受补贴政策的资格。有1户因为违反计划生育政策，一旦转居需要缴纳社会抚养费，居民比村民的社会抚养费要高。或者农民虽然上楼，但是多子多福的观念尚未能更改，一直拖着不转居，是为了多生孩子后再转居。有3户人家认为自己享受安置房太少，不能满足居住条件，因此不同意转居。有50户是因为未拆迁户补偿等相关问题未得到解决，从而不同意转居。

至于转居后，福利保障与居民身份不匹配，虽然转居，但相关的福利待遇不会一次到位，出现过渡时期“居民身份、村民保障”

的问题，这些不仅和转居本身有关，也和长期以来农民工的权益没有得到保障有关。他们在家乡种地或者外出务工，也是一种工作，但是由于主客观原因，工作年限并不能有效折算成工龄，加上对社会保障的认识不那么清晰，一旦要纳入城镇保障体系，由于之前没有细水长流地缴纳相应的社会保险，故不能轻易享受居民应该有的待遇，必须缴纳一大笔钱把之前欠的钱补上，才能享受跟居民身份相匹配的社会保障。一些农民一时间思想转变不过来或者筹不出那么多钱，就陷入一种比较尴尬的境地。

特别是老人，尽管转居，但是养老金的个人账户部分为零，每月能领取的养老金仅限于基础养老金300元。医保方面，城市医保卡每年至少开销1300元才能达到报销的门槛，会有比较大的报销比例，对于多病的老年人而言，这个门槛很容易达到，虽然被纳入城镇医保对他们是比较划算的，但是他们却归属于新农合的医保范围，对于多病的老年人而言，看病就是一件奢侈的事情了。

2. 就业安置

就属于福利性组织性质的物业而言，究竟应该吸收哪部分人就业？一部分40—50岁人员被纳入福利性组织，每月领取1410元的工资。回迁小区成立的物业公司员工完全由原村民组成，物业领导由村委会领导兼任，绿化、保洁之类的员工近500人，明显的劳力过剩，而这个情况恰恰反映出福利性组织其实是政府吸纳就业的一种方式。

40—50岁年龄段的人一般是家里的顶梁柱，但他们的工资收入远远不能满足家庭的需要。即使是这样，很多人仍旧谋求转居、缴纳社保，以期在物业公司寻求一个职位。因为他们没有特殊的技能，只能依靠政府解决就业。政府不管福利性组织是否需要这么多的人，过渡时期稳定是最重要的。村民中流传的一个说法是“赶紧办理转居手续，否则之后想转也不给转了”。而村里工作人员的说法是“以后转居就得他们自己去办相关手续了，而且物业不一定安排就业了”。

对于超过50岁的女性和超过60岁的男性而言，他们一般有继续劳动的能力。这个年龄段的城市职工退休后，可以谋求非正式职业，赚点收入，即使不另外找工作，他们的退休金一般也能够满足基本的生活需求，重新工作并不是必需的。但是农村人就不同了，他们一天不干活就没有收入，半转居的情况不能让他们安然享受自己的老年生活。笔者在小区调研时，发现楼房门前一般都停着农用车，上面放着铲子、锄头、镰刀等农具。一位六七十岁的奶奶坐在小区门口，双手满是泥泞，刚从田地回来的她忘记带钥匙了，等待开锁的人过来："在地里种了点苞谷，不是自己的地，在山上开了点荒地，种点东西自己吃呗。"熟悉农村情况的人可能知道，超龄人员中很多人的身体还很硬朗，体力也比较好，能够继续干农活，直到干不动才会停下来。失去土地后，他们想要谋求一份工作，不是因为闲不住，而是为了生计。对于这类在年龄上并不处于优势的群体而言，找工作——比如进入物业公司等福利性组织，需要政府的帮助，1410元的工资对于中年人来说不够，对于他们来说却是足够的。但是政府的规定就是超龄人员必须退休，不允许进入福利性组织。这些超龄人员不能离土离乡出去打工，便只能被迫接受并非必要的清闲。

3. 拆迁遗留问题

如果我们秉着一切向前看的原则的话，不应该在拆迁已经过去两年后再回过头来提拆迁时期的事情。新城建设是从拆迁开始的，虽然拆迁已经过去好几年了，但拆迁一直是村民持续谈论的话题。人们之所以热衷于谈论拆迁时候的问题，也跟对现状的不满有关。

其中一个焦点是人们对安置补助金不满。安置补助金为每人75000元，要探究这个标准是否合理，还是要从相关政策文件出发。根据《北京市建设征地补偿安置办法》，征地拆迁产生的安置补助金用于安置转居人员。笔者无从考证具体的补偿标准，只能以比较的形式窥探安置补助金是否合理。据笔者在B镇B村和F镇D村调研，两个村子除了按照政策购买一定的回迁房外，每个人获得的安置补助金的数目分别是52000元和80000余元。当然这样的比较其实意义不大，因为拆迁的时间不同，土地的价格也会有变化。

另外一个焦点是人们对于拆迁补偿不公的争论。在访谈中，笔者发现，由于村民思想转变的时间不同等原因，当时的拆迁是分批进行的，并且从始至终并不是由同一家拆迁公司负责，随着市场变化波及土地等实物价格，拆迁补偿发生了变化，越是后来拆迁的得到的补偿越高，这让前期积极参与拆迁的村民觉得“吃亏”了。跳出当事人的思维看，哪怕是早拆迁，自己跟过去的生活相比，还是有比较大的改善。但是，人们有一种“不患寡而患不均”的思想，势必要争取自己的利益最大化。

土地有一定的外部效应，如果这片土地未被开发，房屋价格就没那么值钱。一旦被开发，当地享受一些开发政策，土地及建筑价格就迅速上升。村民在衡量拆迁补偿的差距时，用现在的最高的房产价格作为衡量的标准，相对剥夺感自然进一步增强。前期的补偿不均，加上现状的发展并没有带来足够多的就业机会，使村民对政府失去了信任，他们中很少有人会去想政府勾画出的蓝图可能带来的经济效益，尤其是在对现状不满意的时候更容易设想：假如当时能够多给些补偿就好了。

尽管有自身的局限，但是村民的这种想法无可厚非，因为在拆迁以及补偿过程中，政府确实出现了一些违规的行为，而这就为村民的抗争留下了口实，并且成了村民为自己辩护的法理基础。他们关注自身的利益，不轻易相信政府描绘的蓝图实现后带来的发展机遇和经济机会，政府推动的城镇化若成功了，大家都受益，若失败了，受到责怪理所当然。

4. 新三农和旧三农问题的交织

村民的这种想法未必是出于“小私小我”，放到一个大的历史环境中，一系列问题的产生不仅仅是由新城建设引发的，也跟传统的三农问题有关，农民很苦，农村很穷，城乡差距大。农民知道自己的辛苦，但大多不明了这种辛苦是如何产生的——比如城乡资源分配的不均。他们懵懵懂懂地知道自己的不公平，却找不出一个具体的有形的责任人，并且在他们心中，党和中央是很英明的，如果出错了，肯定是下面的人出错了。城镇化的浪潮波及这里，有了一个主导的实体，他们终于找到了一个可以发泄不满的“靶子”。

村民对社保和就业不满意，搬上楼房后念念不忘“失去了以前的口粮地，钱这么少，怎么生活啊”“没有工作，政府怎么解决啊”“还不如以前种地呢，至少饿不死”……一切都需要政府来负责。搬上楼房的Z村新城居民已经成为周边仍旧住在平房的村民羡慕的对象，并且，在新城建设前，即使有土地，很多人也不务农了，而是选择打工，如开出租车、进工厂做工。换言之，并不是征地让他们从种地的农民变成无业游民，新城的建设是否大幅度提高了农民的生活水平有待进一步验证，但是生活水平的持平甚或降低跟新城的建设没有直接关系。

只是新城的建设改变了他们的生活模式，在由传统向现代生活方式转型的过程中，他们中的一部分人显得无所适从。市场主导的城镇化离传统村落比较遥远，他们继续保持传统的居住和生活，即使落后，但没有明显的对比和参照，也无法去责怪某个具体的人或者机构。但是力推新城建设的政府改变了他们的生活方式，一切的事情就需要政府来负责。人们开始关注其他地方的拆迁补偿，拆迁的不公需要政府解决，就业要政府解决，农民收入问题也需要政府来解决。旧三农问题和新三农问题交织在一起，加强了村民的相对剥夺感，降低了村民对暴露在众人面前的有形政府或者工作人员的信任。

四、总结与建议

政府主推的城镇化，仍然需要做好规划，将市场的力量引入进来，尽快实现产城的结合，以解决居民的就业问题。往往冲突都是利益引发的，老百姓关心的就是柴米油盐等生活问题，一旦这些问题没有得到保障，就容易引发老百姓的不安和反对。

1. 拆迁补偿要有一个统一明确的标准

从2009年新城建设项目启动至今，拆迁及其补偿一直是人们谈论的中心话题，如拆迁不尊重农民意愿、补偿不公平。人们有一种“不患寡而患不均”的思想。如果标准统一、规则明确，人们相互之间进行比较时，不会感觉到一种明显的差距，产生不公平感的可能性会小一些。

标准的统一首先指根据哪些指标做出补偿，比如耕地面积、宅基地面积等，其次指不管发生什么情况，要前后一致，因为村子的面积是在同一时间段进入新城规划的，征地是在同一时间内，不存在开发时间不同带来的级差地租问题。这样的话，政府就不会落下办事不公的口实，能够在之后的新城建设中避免很多问题，不至于失去民众的信任和支持。

2. 政府信守承诺

新城建成后，政府口头承诺为回迁户免去十年物业费。对于这个问题，一些村民担心十年之后一旦基础设施出现问题，如何维修以及谁来出钱维修；另一些村民则直接质疑免十年物业费的说法，因为这没有白纸黑字的规定，万一哪天忽然开始收物业费，民众也没有有效的凭据给予拒绝。据一位村民说：“以前就发生过这样的情况，拆迁的时候说先拆迁的在买回迁房的时候，可以每平方米再便宜300块钱，我们一些人见过白纸黑字的，但是最后也没有按照这个来算。”

新城的建设需要民众的支持，而政府主导的城镇化更与民众的参与分不开。民众是否积极参与，与民众对政府是否有足够的信任有密切关系。假如民众总是觉得自己的利益受损，没有得到足够的补偿，并且将责任归咎于政府的话，那怎么会很好地响应政府的政策宣传，投入到新城的建设中去呢？因此，不论是政府还是基层组织，对于不能做到的事情不要轻易许诺，一旦许诺，就要言出必行。

3. 民众的参与

一个地方的发展不仅仅是政府的事情，它关系到每一个老百姓的切身利益。一些人受文化水平以及眼界见识的限制，有时候未必能够认识到某件事情对他们的重要性。一些老百姓对于这个让周围村子羡慕的大型政策项目，没有表现出应有的积极性。在前期的拆迁重建中，村民对新城建设的意愿选择显示他们较大程度上参与了社区的改造和重建，但是后期的小区发展中，村民其实没有多少自己的想法，无论是“钱不够花，希望政府多发点钱”还是“希望村里引进一些工厂”，都表明他们是把希望寄托在他人身上。他们的社区参与意识并不清晰，只是在认为利益可能极大受损的情况下才采取行动，行动更多是一种拒绝式的防守（比如不转居或者不拆迁）。他们虽然意识到自己的利益问题，但是关注点只放在“房价变高，我的补偿太少，太不公平”的循环上，甚少有人关注未来的发展可能带来的经济效益及相应的补偿效应。“等、靠、要”的思想并不会对新城的建设起到有力的助推作用。

民众的参与还表现在新型小区形成的过程中，民众作为社会力量的代表，如何寻找到合适的途径维护业主的利益。现代小区的三驾马车：物业、居委会、业主委员会，发挥互相制衡与监督的作用，才能实现良性运行。物业的工作人员都是原村村民，一旦出现比较大的问题，他们究竟代表谁的利益，去和谁商谈相关问题？既然要转型，不应仅仅只是居住模式的改变，更应在组织架构和管理方式上做出改变，引导民众从“私”的领域进入“公”的领域，培养民众的公共意识，实现社区的有效治理。

第十三章
制度改革和特色产业推动的就地城镇化
——以四川省安德镇和桑枣镇为例

2007年国家批准成都市设立“城乡统筹综合配套改革试验区”，成都随即启动了一系列配套改革。2008年汶川特大地震发生后，四川结合灾后重建，进一步推动“两化”[①]互动发展，推进产村相融、建设新农村综合体。党的十八大和全国新型城镇化工作会议召开以后，四川提出实施“多点多极支撑发展战略”，继续实施“两化互动、城乡统筹”发展策略。2013年四川省政府出台推进新型城镇化工作的实施意见，推出“百镇建设试点行动”，连续三年每年推出100个试点镇，在资金、土地、政策等方面给予支持。四川省近年来注重以重点镇和新型农村社区为依托，推进就近、就地城镇化，启动了系列开创性的工作，取得了较好的成效，也积累了宝贵的经验。本研究选择成都市郫县安德镇和绵阳市安县桑枣镇的农村新型社区建设实践为样本，比较分析了不同的经验模式，以期总结一些初步的规律。

一、模式特点

1. 安德镇：特色工业化带动镇域农业产业化和就地城镇化

安德镇是住建部2014年公布的全国重点镇、四川省2013年百镇建设试点行动确定的工业型重点镇，也是2005年成都市优先发展区

① 两化：新型工业化、新型城镇化。

域重点镇、成都市十个镇级工业发展点之一。安德镇位于郫县西北部，地处成灌高速、国道317线、温彭快速通道的交会处，西临都江堰，属成都市“半小时经济圈”范围，是“川西工贸重镇”，自古以来就是川西平原重要的物资集散地，享有“旱码头”之美誉。2013年安德镇城镇建成区面积达到5平方公里，城镇人口达到3万人。

安德镇以豆瓣加工、大米加工、食用菌深加工为主的食品加工业发展迅猛，成为“中国川菜产业化基地”，郫县豆瓣成为中国地理标志产品标杆和样板。2013年，郫县豆瓣产业实现销售收入75亿元，带动就业人口12000人，就业人口平均年收入36000元。川菜产业化园区建立了大规模的蔬菜种植基地，当地劳动力可以选择进入工厂上班，也可以选择到蔬菜种植基地打工，继续从事农业生产。安德镇全镇3万多亩耕地中有1.5万亩已经流转给产业园区的企业，作为原材料种植基地，另外1.5万亩也通过企业流转、合作社组织等形式实现了土地规模化经营。

安德镇的就地城镇化模式主要有以下特点：

第一，土地增减挂钩获得的收益用于新村建设。成都是城乡统筹综合改革配套试验区，2003年以来通过一系列改革措施，对农民承包土地、宅基地和农房确权颁证，允许土地流转和集体建设用地上市交易，极大地促进了成都周边新农村建设和土地规模经营。安龙村利用城乡建设用地增减挂钩政策，拆除旧宅基地，建设新型农村社区。全村共有集体建设用地763亩，其中新型社区317亩、产业发展和基础设施用地22亩，可以节约集体建设用地指标424亩，在土地综合整治验收完成以后，县政府按照35万元/亩的标准统一收购。新村建设费用由两部分承担，减去县政府承担的外围市政基础设施配套和指标交易费，不足部分由村民自行算账，实行多退少补。

第二，新村建设坚持“市场化”和“民主化”。新村建设坚持“市场化”机制，首先由参与农民利用宅基地使用权入股组建集体资产管理公司，并以资产管理公司为主体，具体负责项目的实施和管理。村集体资产管理公司采取向银行融资的方式解决前期资金问题，用于新村建设和基础设施配套。政府坚持“民主化”操作办法，把新村建设资金明细全部公开，把选择权、决策权和收益权交给老百姓。政府引导，农民自愿，是否参与、选择多大的户型，完全由农民自主决定；资金来源、偿还渠道、建房面积、补助标准等群众最关心的问题，都由农民民主讨论决定，真正做到了“新村怎么建，农民说了算”。

第三，公共服务设施“1+36”，全面提升公共服务水平。安龙村在成都市提出的“1+21”新村公共服务设施基础上，将公共服务配套设施标准提高到“1+36”，全面建成公共服务中心、幼儿园、文化活动中心、卫生所、便民服务站等公共服务设施，为农村居民就医、就学和享受公共文化资源创造了条件；配置完成自来水设施、微动力污水处理设施、电力设施、电子监控、呼叫系统等基础设施，初步构建起了10分钟生产生活圈，极大地方便了农民生产生活，大幅提升了其生活品质。

第四，大力发展“1+3”产业，促进乡村经济可持续发展。安龙村是安德镇近年来新型农村社区建设的示范点，位于安德镇东南2公里，面积约8平方公里，耕地面积3540亩，有18个农业合作社，农户1125户，人口3399人，其中劳动力2210人，常年外出劳动力337人。从2010年开始，安龙村启动了新型农村社区建设，按照成都市提出的“宜聚则聚、宜散则散”的原则和“形态、业态、生态、文态”四态合一的理念，安龙村规划建设了10个农村新型社区，其中最大的160户534人，最小的20户79人。新村采取“小规模、组团式、生态化”的布局和粉墙黛瓦、错落有致的川西民居风格。

在产业发展方面，安龙村将农村新型社区建设和乡村旅游结合起来，发展“1+3”产业，即现代农业、有机农业、观光农业与乡村旅游相结合。在现代农业方面，主要依托安德镇川菜产业园发展蔬菜种植基地。安龙村主要产业是花卉苗木和生态蔬菜的种植，引进大型花卉苗木公司10家，实现产值上千万元，带动安龙村600人以上劳动力就业。至2012年底，安龙村共计花卉苗木种植面积1900余亩，生态蔬菜种植近百亩，是成都的“可持续发展生态示范村”。

安龙村建立乡村连锁客栈，与县文旅公司合作，采取返租的方式，充分利用农户已经建好的住房，实施标准化改造，统一运营管理，鼓励农户居家就业，实现人、房、地效益最大化；建立精品盆景园，占地面积13亩，总投资约400万元，组建小微盆景合作社；建立生态蔬菜基地，组建安龙蔬菜合作社，带动20户以上农户参与。根据规划，安龙村产业结构将从以第一产业为主，发展为以第三产业为主、第一产业为辅，农民收入结构由农业经营性收入为主转变为工资性收入、财产性收入、农业经营收入各占三分之一。2013年农民人均年纯收入达到15029元，预计2015年将达到24000元，增幅将达到77%。

2. 桑枣镇：特色旅游业带动农业产业化和就地城镇化

桑枣镇也是住建部2014年公布的全国重点镇，四川省2013年百镇建设试点行动确定的旅游型重点镇。桑枣镇位于龙门山山前平坝，距安县县城25公里，境内有罗浮山风景名胜区和海绵生物礁国家地质公园，温泉资源丰富。桑枣镇位于5·12汶川地震集中灾区，通过灾后恢复重建，农房和乡镇基础设施得到恢复和提升，但是产业发展相对缓慢，乡镇规模比较小，大部分青壮年劳动力外出务工。因此桑枣镇重点镇建设和新型农村社区建设的关键是要发展产业、集聚人气和商机，增强乡村活力，振兴发展灾区经济。近年来桑枣镇依托罗浮山温泉度假区，大力发展旅游业，同时发展特色农业，城镇人口迅速增加，从5000人增长到1.1万人，外出打工人员回流明显。

桑枣镇的就地城镇化模式主要有以下特点：

第一，通过城乡建设用地增减挂钩，腾退老宅基地。安县是5·12汶川地震极重灾区，大部分农房经历了灾后恢复重建，乡镇和村庄的基础设施和公共服务设施得到改善。根据灾后重建政策，农房重建和民生工程可以先行用地，灾后重建的村镇和农房大都结合了新农村建设，相对集中。因此对于灾区村镇，较少存在搬迁改造或者集中迁建的需要。安县利用城乡建设用地增减挂钩政策，对地震受损的老旧农房和宅基地进行拆除，对土地进行整理和复垦，节约出来的大量建设用地指标主要用于当地产业发展和工业园区建设。

第二，充分利用自然生态和灾后重建资源条件，大力发展旅游产业。桑枣镇旅游资源丰富，不仅有罗浮山风景名胜区、温泉资源，海绵生物礁国家地质公园，还有羌族历史文化遗迹古羌王城遗址，共同位于龙门山山前旅游发展带上，毗邻北川新老县城，旅游发展潜力巨大。随着北川新老县城成功申报国家5A级旅游区，旅游产业迅速发展，桑枣镇迎来区域旅游发展的机遇。近年来桑枣镇依托罗浮山温泉旅游度假区，建设温泉酒店和配套服务设施，积极打造温泉旅游小镇，并带动服务业发展，目前已建成星级酒店6家、特色农家乐9家，还有在建的五星级酒店2家，2013年为桑枣及周边乡镇群众提供就业创业岗位4078个，其中吸纳桑枣本地劳动力达2100人。

第三，发展特色农业，延伸旅游产业。围绕温泉旅游业，桑枣镇大力发展生态农业旅游，依托安县加快发展乡村特色旅游业的契机，积极引导环罗浮山及场镇周围的村组群众大力发展花卉农业，主动延伸罗浮山景区观光线，实现传统农业与现代旅游业的有机结合。现已建成玫瑰、核桃、黄秋葵、绞股蓝等中药材种植园11000余亩，1000余名桑枣农民成为农业产业工人。农民每年除了能拿到每亩500元的土地流转租金外，还可以在闲暇时间给专业合作社打工，挣到每天40—50元的报酬。以玫瑰种植为例，桑枣镇在安县本地农民企业家带领下，成立农业开发有限公司和玫瑰种植专业合作社，带动5个村，规划建设4000亩玫瑰主题公园，引进大马士革Ⅲ号油用玫瑰，已经种植面积1300亩，不仅可作为旅游观光园区，而且可就地加工玫瑰花茶和玫瑰精油，提高附加值、延伸产业链。

二、总结与讨论

安德镇和桑枣镇同属四川省重点镇，一个是工业型乡镇，一个是旅游型乡镇，两者具有一定的相似性也有差异性。通过比较分析，发现以下规律：

第一，不同区位、不同条件、不同资源、不同的发展阶段决定了必须因地制宜，寻找适宜发展的方向和模式。安德镇位于成都特大城市和郫县卫星城周边，区位条件、交通条件得天独厚，因此具有较好的产业发展条件和市场潜力，特大城市的溢出效应、级差地租产生的丰厚的土地收益给乡镇产业和新村建设带来巨大的外部动力，工业化加速发展，吸引人口和产业集聚能力较强。桑枣镇位于成都平原经济区的边缘、龙门山山前地带，区位条件相对不利，地级城市的扩散和溢出效应有限，工业化相对滞后，因此人口和产业集聚能力相对较弱，长期以来发展比较缓慢。但是灾后重建和特色的旅游资源为本地发展带来新的机遇，旅游产业与特色农业的结合为本地经济发展和人口就地城镇化创造了条件。因此从规划角度，不能简单照搬和复制就地城镇化的发展经验，而应当利用自身的条件，因地制宜寻找发展空间和路径。新村建设具体方案可以说是“一村一策”，每个村的情况都不同，必须因地制宜，针对当地区位、经济社会发展等因素，寻找适合本乡本土的适宜道路和模式。

第二，镇域经济应当选择“以镇带村、以城带乡”的联动发展模式。镇的重要作用就是连接城乡，带动农村发展。安德镇、桑枣镇和安县县城带动周边规模种植业和乡村旅游发展充分说明了这种模式的内在规律。一方面乡镇农产品加工工业需要原材料种植基地，另一方面这种模式可以为村庄和集体经济组织提供资金和技术的支撑和服务，同时提供消费和交易的市场，在城乡之间形成良性互动。特色旅游资源和旅游度假区的开发同样具有吸纳就业、带动周边农村发展的作用，关键在于拓展旅游产品，延伸产业链，发展观光农业和乡村旅游。因此，推进就近、就地城镇化应当充分发挥镇—村联动模式，在县城和重点镇周边发展农村新型社区和新农村综合体。“种植业+旅游业发展”的模式是一个能实行、能推广、能复制的模式，需要持续的投入。通过“公司+合作社+农民”的方式，引入外来资本，引进优秀品种和专业技术，实行规模化种植和商业化运作，能取得较好的成效。在此基础上，发展乡村旅游，实现“1+3”产业联动发展，也是一条现实路径。

第三，尊重市场规律，发挥市场主导作用，农村新型社区建设要算好“几本账”。乡镇经济和新型农村社区建设不能凭借政府一厢情愿，必须尊重市场规律。特大城市周边乡镇和农村新型社区建设动力强劲，市场起到主导的作用。安龙村的新村建设算好了几笔账：一是政府算好账，土地集约整理获取的收益可以支撑新村建设的大部分成本；二是农民算好账，每家花几万元到十几万元不等就可以获得一套高品质的住宅，住宅可以通过乡村客栈和农家乐获取收益；三是企业算好账，选好乡村旅游项目，前期投入资金打造，可以在未来几年收回成本。政府做好规划、算好账，搭建平台，招商引资；企业和农民自愿自主参与，通过市场机制推动新村建设，减少了政府主导拆旧建新带来的系列遗留问题。

第四，土地制度改革是实现规模化经营的重要制度保障。城乡建设用地增减挂钩有利于筹集新村建设资金和建设用地指标，有利于促进城乡之间和乡村内部土地资源的合理配置与节约集约利用。发达地区大城市周边可以获取较高的土地收益，为农村新型社区建设提供动力；欠发达地区县域范围内统筹指标使用，有利于拆除旧宅基地，实现土地的复耕，有利于农地的规模化经营。由于过去一段时期，郫县工业园区土地指标已经争取并落实，园区建设基本成熟，县域范围内流转的集体建设用地主要用于商住土地的开发，因此土地收益相对较高。而安县在工业用地指标紧张的情况下，节约的指标大部分用于工业用地和基础设施用地，成本高，收益低，工业用地的地价甚至低于征地拆迁的成本，节约建设用地指标收益很低，无法产生收益用于新村建设。

安德镇当地干部将城乡建设用地增减挂钩分为“大挂钩”和“小挂钩”两种方式。“大挂钩”就是在县域范围内，统筹调剂使用节约集体建设用地；“小挂钩”即在本镇本村范围内，节约整理出来的集体建设用地直接用于产业项目，如乡村工业、旅游业项目。大挂钩依托县级土地整理和交易市场，小挂钩更多依靠有开发意向的企业，先期介入。镇村更加希望采用小挂钩的方式，可以把节约出来的建设用地直接用于本地建设，发展产业，项目周期也比较短。实际操作中，主要是企业前期投入资金用于新村建设和旧村拆迁以及土地整治，在土地整治通过验收后，通过集体土地挂牌流转拿到土地。但是目前存在的主要问题是，土地综合整治完成后需要报省国土厅验收，周期很长，企业前期投入资金压力大，对于企业来讲存在风险。虽然农村集体土地和承包土地可以确权颁证，但是仍然存在宅基地建房和拥有所有权的房屋同房不同价的问题。只有深入推进农村产权制度改革，解决农民的后顾之忧，让农村财产价值得到市场化的公平的体现，农村土地才有可能转化为农民进城和市民化的资本。

第五，尊重农民意愿，政府引导，农民自愿，实现有序梯级城镇化。在推进重点镇建设和新型农村社区建设的过程中，各地情况、经济实力、农民意愿千差万别，推进城镇化应当坚持政府引导、市场机制、农民自愿，让农民自己选择什么时间到什么地方，是留在老宅、搬进新村，还是直接进城。就安德镇的情况来看，大约20%的农民愿意进城，40%不能进城就业的留在本村改善，40%条件差的留在原地。政府的工作核心是改善基础设施和提升公共服务，努力实现基本公共服务均等化，逐步缩小城乡差别、大城市与小城镇之间的差别，然后由农民用脚投票，在这过程中一定会表现为“梯度城镇化”，体现农民市民化的多元自主性。

第十四章 从社区治理视角对北京近郊Z村和G村就地城镇化的比较研究

一、研究背景：就地城镇化与基层治理

随着市场经济的深入发展，20世纪90年代初以来，中国开启了人类历史上前所未有的城乡大迁移。由于长期以来形成的城乡二元分割体制，以及各种历史和制度性因素，大量外出务工的劳动者难以在城市尤其是大城市落户，更难以融入城市社会。清华大学2012—2013年中国城镇化与劳动移民研究调查数据显示，尽管中国的城镇化率达到53%，但是，以户籍为统计口径的真实城镇化率只有27%，二者相差26个百分点。大量农村户籍的外来务工人员为城市的发展做出了杰出的贡献，但没有或很少享受到市民待遇。由于严格的户籍控制，这一情况在一些特大城市中更为明显。

在这一总体背景下，本章所关注的特大城市城郊农村的就地城镇化具有重要意义。一方面，这些近郊农村拥有得天独厚的发展条件，可以依托特大城市快速引入资本，利用土地增值发展乡村工商业，从而赢得经济发展机会。另一方面，这些农村又要面对城市化带来的挑战，即当地农民以及外来务工人员如何转变为具有户籍身份的当地居民，并获得相应的社会保障与利益分配或再分配，从而为实现更有效的治理提供社会基础。可以说，特大城市城郊农村的城镇化，既有天生的区位优势，也面临着更为严峻的社会治理形势。

实际上，对于特大城市近郊农村的善治而言，城镇化模式的选择至关重要。所谓“善治”，主要内涵是公共利益最大化的社会管理过程，其本质特征是政府与社会的合作管理，是政府、市场与社会的一种新型关系[①]。善治作为一种治理目标，主要是针对治理失效而提出的，善治的实现更是依赖于政府权威、公共秩序、公民社会的发展等因素[②]。如果从社会转型的角度来看，乡村的城镇化发展首先是农民的身份转变，其次是外来移民的身份转变。在这一过程中，如何处置集体财产，如何分配土地增值收益，如何建构新型社区权力结构，是中国城镇化发展模式的重要参考因素。在此意义上，城镇化发展过程实际上是利益的重新分配过程，这一过程在很大程度上决定着新型城市社区的治理绩效。

那么，特大城市郊区农村如何实现有效治理呢？这与其城镇化模式的选择有着怎样的关系呢？为了深入研究这些问题，本章在大量社区调查的基础上，选取了北京市城郊的两个具有典型特点的“村庄”——Z村和G村作为案例进行比较分析。由于地理位置的特殊，这两个案例很可能与中国其他地区的案例存在着差异，但其在城镇化发展过程中所显示出来的问题，具有相当典型的意义，对于深入研究这一类地区的就地城镇化发展与治理模式很有启示。

1. 为何治理绩效差异明显？

在展开深入的调查访谈之前，笔者直观地感受到Z村和G村在城市景观上的巨大差异。Z村建筑景观杂乱，环境卫生也较为脏乱，而G村建筑景观具有统一的风格，整洁而有序。这样一种直接的、扑面而来的视觉冲击，可以使任何研究者产生疑问：为什么同样处于大都市郊区，两村在乡村治理上有如此明显的差异？是体制性因素

---

① 陈广胜：《走向善治——中国地方政府的模式创新》，浙江大学出版社，2007年，第102页。

② 格里·斯托克：《作为理论的治理：五个论点》，载《国际社会科学杂志（中文版）》1999年第1期。

还是领导者的个人行为发挥了更大的作用?

毫无疑问，作为治理绩效的重要组成部分，政府对公共产品或服务的提供深刻地影响着当地的干群关系以及政府的威信与权力基础。这一点在Z村与G村也不例外。经过一段时间的调查，笔者发现Z村和G村在基本公共服务的提供上具有明显差异：G村规划有序、环境整洁，在村民的子女教育、医疗保健、养老、社保等方面的投入较大；而Z村则缺乏适当的规划，环境卫生情况较差，在上述基本公共服务的提供上十分有限，当地民众对政府的满意度普遍较低。那么，是什么原因导致这样一种差异的出现呢？令人更加疑惑的是，Z村和G村都成立了村经济合作社与农工商总公司，其产值均较高，对乡村集体经济和村财政收入的贡献也都较大。既然如此，为何在分配政策上出现如此明显的不同呢?

2. 特大城市近郊农村的就地城镇化

农村地区的就近、就地城镇化，主要是指农村生产生活方式向城市生产生活方式转变的过程。在这一过程中，农村原来的生产方式发生了转变，非农生产方式逐步成为主流，农民的户籍身份逐步转变为城市居民身份，农民的生活方式逐渐市民化。可以说，针对中国农村地区的就近、就地城镇化，一般有三个观察维度，即产业、户籍与基本公共服务提供。这三者在某种程度上是高度相关的，而乡村产业化的发展方式往往起着决定性的作用。

改革开放之前，农村实行人民公社制度，形成了高度集中的、组织化的农村经济社会管理体制。农村劳动力被束缚在土地上，国家禁止任何形式的私营行为，非农产业的发展几乎不存在[①]。改革开放以后，这一僵化的管理体制逐步被打破，农村逐步建立了家庭联产承包责任制，对农村劳动力的束缚逐步取消，于是打工潮开始出

---

① 李强等:《多元城镇化与中国发展——战略及推进模式研究》，社会科学文献出版社，2013年，第201页。

现，农村的工业化发展在一些地区迅速取得了令人瞩目的成绩。

但是，由于农村土地的权利界定在法律意义上仍存在着一定的模糊性，以及各种相关经济性、制度性因素的复杂作用，20世纪90年代中后期以来的土地城市化问题日趋严重[①]。由于土地在城市经济发展过程中的巨额增值收益，政府、银行、房地产商以及其他资本相继介入土地城市化的利益链条之中，形成了比较稳固的基于土地开发的利益集团。尽管这样一种开发模式创造了城镇化发展的奇迹，推动了城市的经济，但是也带来了相当严重的地方债务问题、社会分化问题，埋下了冲突的隐患。[②]近年来，房地产市场的不正常发展也成为全社会日益关注的问题。

正是在这一背景下，特大城市郊区农村的城市化问题逐步进入研究者的视野。早期，研究者们关注城乡接合部不断产生的外来人口聚集区——“城中村”问题，描述和分析了城中村产生的原因和机制[③]。随着研究的逐步深入，研究者们开始关注一些大城市城郊农村的主动城镇化[④]，不少乡村利用土地资源和城市经济的外部性或溢出效应，承接相关产业，或者提供相应的服务，逐步带动乡村摆脱农业生产方式，开启了就近、就地的城镇化发展。但是，相关研究对特大城市郊区农村城市化问题的研究仅仅停留在产业化、经济发展模式方面，却缺乏对其利益分配、社会治理、组织管理等方面的研究，这种重经济、轻社会的研究趋势近年来得到了改善。一些学者总结了广州郊区工业化村的城镇化发展和治理问题[⑤]，或者研究了

---

① 华生：《城市化转型与土地陷阱》，东方出版社，2013年。

② 周其仁：《改革的逻辑》，中信出版社，2013年。

③ 李培林：《村落终结的社会逻辑——羊城村的故事》，载《江苏社会科学》2004年第1期。

④ 李强等：《多元城镇化与中国发展——战略及推进模式研究》，社会科学文献出版社，2013年，第1—5页。

⑤ 何艳玲：《如何迈向有序与善治——高速工业化村的社会管理问题探讨》，载《人民论坛·学术前沿》2012年第13期。

以外来加工制造业为核心的东莞郊区农村的发展与治理逻辑[①]。因此，一些在快速的乡村就地城镇化过程中被忽视或掩盖的经济社会发展不平衡问题、基本公共服务均等化问题得到了关注。然而，值得注意的是，关于特大城市郊区农村就地城镇化问题的研究仍缺乏丰富的实证研究基础。

总之，很多学者从区位优势、土地开发模式、产业、分配机制、治理结构、领导者行为和角色等角度来分析特大城市郊区农村城镇化发展，这些研究提供了很好的视角和分析维度，但是进一步把这些因素整合进一个比较完整的发展与治理逻辑链条之中，能够让我们获得更为全面的图景和理解。为此，笔者尝试把这些要素放在具体的两个案例中进行比较分析，以进一步讨论二者的治理逻辑如何导致了治理绩效的巨大差异。

二、模式特点：土地资本化与双中心结构

1. 村庄的地理、人口与历史

Z村地处北京西北部的城乡接合部，辖区面积约3平方公里。改制前的Z村是典型的城郊农村，农民被整合进农村生产大队。1955年6月，政府在全国范围内建立了户籍登记制度。严格的城乡户籍制度限制了Z村村民进入邻近工厂和城镇的机会。Z村村民除了拥有自己的宅基地外，其他的生产性土地归村集体所有。20世纪50年代末，邻近工厂招工，很多村民进入了工厂工作，改变了自己的农村户籍身份，至今在Z村仍然有300多人拥有城市户籍。党的十一届三中全会后，人民公社制度被废止，由于实行家庭联产承包责任制，Z村逐渐开始建立村民委员会并开始实行村民选举，村民自治制度逐渐形成。在随后的城市化过程中，Z村依托土地资源开始招商引资，发展

① 胡必亮：《雁田新治理》，中国社会科学出版社，2012年。

乡村产业，餐饮、酒店住宿、仓储物流、建材加工等乡村产业不断发展。

由于城市的快速扩张，Z村逐步演变成了一个典型的城中村，被周围的高楼大厦所包围。Z村一直作为某高校的发展预留用地，在城市发展过程中一直被禁止开发，这也是导致这一情形出现的原因。2002年Z村推行了“农转居”政策，截至2013年，Z村有1360户约15550余人，户籍居民2822人，村民283人，登记流动人口12445人，流动人口总数在3万人左右。因此，Z村也被称作“人口倒挂村”，即外来人口数量大大超过当地居民或村民的人数。这一人口结构的转变对Z村的发展和治理产生了深刻的影响。

G村地处北京长安街东延长线上，距天安门仅8公里。辖区面积2.7平方公里，常住人口6200多人，登记在册的流动人口8800多人。村庄北临京通快速路，南临广渠路，西临四环，东临五环，地处北京东南部的城乡接合部。历史上，G村一直是北京城郊的典型农村。在很长的一段时间里，G村与Z村相比，并无特别之处。到2002年，由于国家大量重点工程建设占用农村土地，G村已经成了“农村无农业、农民无耕地、农转居无工作”的“三无”村庄。2002年以后，政府选派了一位村党支部书记到该村工作，G村的情况因此发生了显著的变化。G村先后利用城市经济快速发展的区位优势，利用土地资源招商引资，并逐渐建设形成了以古典家具制造销售为核心的商业、旅游业乡村。G村经过10年时间的规划经营，村庄面貌大为改观，居住环境大大提高，到2012年人均年收入高达2.63万元，全村有多达500余家商户，全村经济收入达到28亿元。

那么Z村与G村在2002年农转居以后，采取了怎样的发展方式或路径推进就地城镇化的发展呢？又是什么原因导致10年以后二者差异如此明显呢？

2. 农转居：身份转换与利益分配

对于Z村来说，农民转城市居民过程表面上看是村民的身份转换过程，而实际上是利益的再分配过程。10年以后来看当年的农转居，这一过程既是村民离开农业生产成为市民的第一步，也可以说是另一种形式的“下岗”。2002年，北京市政府开始推行农转居政策。政策规定，转居后的村民可以拥有城市户口、享受市民待遇，并能够获得每人3万元的政府补偿，但村民必须放弃集体土地产权。于是，有的家庭妻子是居民身份，丈夫是村民身份，或者父母是村民身份，子女是居民身份。一些当地的老百姓把这叫作“一家两制”。“农转居”政策在实际的推行过程中，至少在Z村，没有完全实现市政府的“整建制”目标。截至2013年，当地还有村民283人，在户籍身份上，村民和居民同时并存。转居后，Z社区共有1360户居民，占地300万平方米。在籍居民2822人，村民283人，登记在册的流动人口约12445人，估计外来人口是本地居民的10倍左右，约3万人。转居后的Z社区所辖范围并非只是Z村，还包括与Z村一街之隔的某大学家属片区、某供电局家属片区、某矿务公司家属片区。Z村片区有自建楼127户，多数为3层楼房，有4—5层的楼房6栋；平房片区居民493户；某大学家属楼片区248户；某供电局家属楼片区83户；某矿务公司宿舍103户（其中81户居住在高两层的矮楼里），7栋楼房。辖区内还有两家单位，某水泥公司和某大学分校。

在Z村向南不远处就是一座著名的大学，据当地村民以及管理者称，Z村连同其他几个村子，都一直作为该大学后续发展的预留用地，其用地性质一直被区政府在规划和土地审批上保持着严格控制，所以一直没有被开发。但是，笔者并未查询到该大学的发展规划中有对Z村土地利用的相关规划说明。对Z村是否作为该大学的预留地，区政府、某大学、Z村村委会等利益相关方实际上仍然存有争议。值得注意的是，这一规划政策给Z村的户籍制度、管理格局、土地收益、民众收入来源等方面造成了极大影响。

与此同时，由于集体土地产权在城市扩张过程中的巨额利润和潜在开发价值，以及土地使用性质不能被改变，Z村村委会并没有被取消，而是进行了重组。这一改革如同当年同时进行的部分国有企业的股份制改造，区政府把Z村和周围的几个农转居后的村委会整合到一起，重新建立了新的村委会。新村委会对这一更为广泛地区的集体土地拥有产权和开发权。这极大地促进了村集体的企业化行为，集体经济得到了较快发展。但在实际运营上，关于集体土地的管理、运作及其收益由Z村村委会负责，村集体分红仅覆盖283名具有农村户籍的村民。2002年，由村委会出面成立了村集体所有的“农工商总公司”。该公司的经营项目包括房屋出租、酒店、旅馆、超市、农贸市场、集体土地租赁等。近年来，该公司的年营业额逐步攀升。但从其利益分配的情况看，Z社区中只有约十分之一的户籍人口、约百分之一的居住人口获得了该社区发展中的土地增值收益。

当然，随着外来流动人口的增多，当地拥有户籍的村民或居民、拥有房屋的外来人口或“二房东”等获得了相当可观的房屋出租收入。截至2012年，条件一般的房屋平均租金估计为每月每床位300元，条件稍好的房间租金可以达到每月每间700—800元，相比周围其他中高档商品房小区，这一租金已经是较低的了。在Z村片区，随着人口的增加，很多适合社区居住人群消费的服务业“小微企业”逐渐发展起来。Z社区有幼儿园8个（共计约843人）、社区小学1所（学生约350人）、门面房227个、超市48个、小饭店53个、诊所13个、美容美发店26个，其他类共计约87个。社区市场的形成为这些个体户、外来人口提供了在城市生活的机会。社区服务市场吸引着附近社区的居民前来购物，方便了社区居民的生活，降低了社区居民的生活成本，繁荣了Z社区的经济。

但是，G村并没有采用Z村这种简单的让村民“下岗”的“甩包袱”的方式，而是让村民变成了“股东”，并能够参与分享集体经济发展所带来的土地红利。随着外来人口的增加，以及农转居政策的推行，G村先后成立了多个居民委员会，在村党支部的领导之下工作。

村民都说，好的发展离不开好的带头人。2002年5月，新上任的村支书开始了她的“第一把火”，就是整治村庄环境卫生，迁出392座坟，腾出大量可以建设以及美化的空间。这第一把火让全村的环境大为改观，也让村民们看到了发展的希望。在随后的几年时间里，G村根据当时的市场形势决定发展乡村产业带动村集体经济发展。这一产业很快变成了村里的古典家具文化一条街，并且不断吸引外来商户加入，截至2011年，从事家具经销的商户已经有400多家。家具经销的快速发展，带动了全村的经济腾飞。村集体开始利用相关土地资源，从多方渠道筹措资金，规划建设了全村的文化产业区、居住区、休闲旅游区，极大地改变了村民的生活条件。以前简陋的居住环境、狭窄的小路不见了，代之而起的是二层和三层的新楼，上面用来居住，下面用来出租，每年的租金很多，环境改变了，愿意来投资做生意的人也就多了。

可以说，Z村的农转居是把村民变成居民推给城市，成立组建新的村集体，获得了超额利润的同时并没有将城镇化发展的红利分享给民众。而G村则是保持了村集体的组织和整合能力，在获得经济增长收益的同时，也加大了在村基本公共服务方面的投入，将土地增值红利分配给村民。

3. 土地增值收益的“资本化”

土地的城市化从根本上改变了乡村社区的基本利益结构，瓦解了原有生产大队组织管理的物质基础。户籍制是影响中国社会分层的重要机制，与“户籍制”高度相关的是城市二元体制。这一体制下，土地产权及其收益权是与户籍紧紧联系在一起的。正如上文所述，笔者所研究的Z村在2002年开始“农转居”后，除283名村民选择保留农村户口外，其余约2000名农民都选择改变户籍身份成为市民。市民拥有一定的社会福利保障，但失去了土地收益，而283名村民则可以分享由集体土地收益和增值所带来的分红。随着大量外来人口的涌入，人口构成也日益复杂，收入差距逐渐扩大，这些都加剧了Z社区的分化，也增加了治理的难度。

实际上，对于Z村来说，土地城市化的本质就是村集体土地的“资本化”。村庄集体经济的发展首先需要的是资金，而村庄可以利用的资源就是土地。在特大城市土地增值的巨大利益驱动下，外来资金需要土地，而乡村需要资金，因此，资本与土地的结合就成为启动乡村集体经济快速发展的基本动力来源。大量的外来人口以及原有的农村劳动力则为经济增长提供了大量廉价的劳动力。

经过访谈，Z村村委会以集体土地的代理人身份，向外招商引资，以集体土地为抵押，吸引企业投资。通过“强关系”的熟人网络，一些“有关系”的村民通过注册空壳公司，获得集体土地的开发权，然后向银行贷款获得企业发展资金，最后通过招聘村民进入企业管理层，招聘外来务工人员，逐渐把企业做大，并获得了发展的第一桶金。他们只需要缴纳规定比例的地租，就可以获得30年左右的开发权。而村委会通过农工商总公司来负责村集体资产和集体企业的运营，按照土地的市场价值估算出地租，通过招商引资以多种形式获取这些地租。正如上文所述，仅村农工商总公司所获得的经济收入每年就达到6亿元。与此同时，土地增值收益作为资本进行再生产。依托土地增值收益，村集体经济得到发展。而一些具有“裙带关系”的村民也可以获得发展的第一桶金，牟取暴利，并进而成为拥有较大规模资产的农民企业家。然而，在这一土地资本化的过程中，利益受损的是广大村民。对于Z村来说，村里的基本公共服务由归城市管辖的街道负责，村委会只需要象征性地提供最为基本的公共服务即可。可以说，在一定程度上，这种城镇化发展方式，本质是一种具有较强排斥性的资本积累以及资本循环方式。这不仅损害了集体经济发展的公平正义价值，而且导致巨大的收入分化，加剧了社会心理的失衡。

相比Z村而言，G村并没有将集体土地的开发权直接出租或者转让给公司或者企业，也没有将具有本地户籍的村民或居民排斥在土地增值收益之外，而是通过建立由村集体控股的企业来发展村集体经济，或通过招商引资获取地租收益，再投入到基本公共服务建设之中，承担村集体应当担负的责任。这一做法在全国相当多的农村被采用，具有相当典型的意义。例如北京近郊的韩村河村、郑各庄村等。尽管这种发展方式仍然将大多数外来务工群体排斥在了利益分配体系之外，但是相对于前一种发展模式来说，仍具有一定的正面意义。

4. 转变治理结构："双中心"与"单中心"

所谓"双中心"的治理结构，就是在转居后，Z村实际上形成了村委会和居委会双头治理的基本结构。对于Z社区的管理者而言，公共事务往往要通过与村委会协商的方式予以解决。在多年的管理实践中，形成了一个不成文的规则，即居委会和街道管理"地面"之上的人和事，而"土地"及与此相关的事情则由村委会负责。这种现象，在Z村被称为"一地两府"。正因如此，在一些诸如环境卫生等公共事务处理上也就经常发生相互推诿的现象。例如，困扰居委会的村环境卫生和垃圾处理问题经过一年多的时间才得以解决。实际上这个问题主要是相关费用由哪一个治理主体来负担的问题。尽管最后由村委会、街道各出一部分钱作为环境卫生、垃圾清扫等基本公共服务资金，但是社区环境卫生情况并没有得到根本改善，与G村的情况形成鲜明对比。

Z社区"双中心"治理结构之下，是碎片化的管理体系。Z村在城市化转型过程中逐渐催生了碎片化的社会空间、利益群体。Z社区不仅内部的各个片区之间差异较大，在实际的治理过程中还具有十分多元的治理主体。组织化的"单位"、"法团化"的村委会、具有政治联系的农工商总公司、治理能力有限的社区居委会、街道下设的各分支机构（如社保所、工商所）、社区警务站等组成了碎片化的社区治理结构。与改制前单一的农村生产大队相比，Z社区的治理主体是碎片化的而不再是高度统一的了。实际上，这些多元治理主体本身就是处于市场经济中具有不同能力的组织实体，是理性计算经济效益的行动者。这些多元主体之间由于缺乏有效的互动机制和协调机制，造成了社区公共事务处理的效率低下。

相比Z村，G村则是一个“单中心”的治理结构。G村党支部具有较强的统合能力。新成立的居委会、村委会、社区服务站往往在实际运行过程中处于村党支部的领导之下，这一治理架构突出了村党支部的领导作用。

那么，G村的“单中心”治理结构又何以成为可能呢？第一，由于村委会掌握着村里重要的经济资源，尤其是集体土地的产权、开发权和收益权，具有提供基本公共服务、基本行政管理的能力，也因此具有相当程度的合法性基础，能够得到村民们的支持。第二，村集体经济给G村村民带来了丰厚的物质回报，G村村委会没有把土地增值收益完全资本化，或者转让给私人资本，而是加大了对村基本公共服务的投入，使得广大村民获得了土地增值带来的红利。这极大地加强了G村村委会的权威。第三，村支书的个人魅力加强了村委会的组织动力和权威基础。很多村民都认同和信任村支书，这使得村党支部即村委会的行政能力和治理绩效大大提高。

尤其值得一提的是，G村设立组建了介于群众和村委会之间的老干部协会，这一类似民国时期的“乡董会”的社会组织，起到了辅助、缓冲和化解干群矛盾、村委会和群众矛盾的独特功能，同时也对村委会的决策起到了监督作用。老干部协会也逐渐成为村领导集体宣传和动员村民的重要中介组织。由此，我们看到，G村的“单中心”治理结构，并非仅仅是由上而下的垂直领导，同时也逐渐构建了各种横向的社会组织，从而能够有效地动员村民，有效地推进社会治理。当然，有效治理的基础是G村党支部获得了民众的信任和支持。

5. 比较：土地、领导者与村组织

回到前文所提出的问题，我们在上文的分析中已经论述了一些导致两个村子治理绩效差异的主要原因。笔者从两个村庄的地

理区位分析开始，从农民身份转变和村集体的企业化、利益分配、土地资本化以及治理结构等方面概括了Z村和G村的城镇化发展方式。

总体来看，Z村和G村的城镇化发展过程具有相当多的相似之处，很多共同因素决定了二者的发展方式和治理逻辑。首先，二者都处于特大城市的近郊地区，具有相当的区位优势，能够便捷地利用城市经济增长带来的各种有利条件，尤其是资本、劳动力以及土地价值的快速增长。其次，二者原来都是典型的农村，村集体均拥有土地的产权和开发权，都处于相同的政治经济制度环境之中，都在法律的模糊地带，通过土地资本化获得了村集体企业的原始积累，并逐渐在城市经济发展过程中分得大量土地增值收益。

然而，城镇化发展中改革逻辑的差异，导致利益分配、治理结构上的巨大不同，最终影响了二者的治理绩效。Z村实际上遵循的是一种类似于20世纪90年代中后期在全国普遍推广的国企改革逻辑，村民“下岗”，村集体转型重组进行股份化“改造”。在这一过程中，村民丧失掉了“改革”之后土地增值带来的超额利润。这深刻地影响了Z村中所逐渐形成的不同社会阶层群体的社会心理、对村委会和相应准政府机构的信任程度，最终大大降低了治理的有效性。尤其是“双中心”的治理结构的形成，导致诸多管理机构之间的“碎片化”治理，更加剧了基本公共服务提供的失衡以及治理的失效。G村遵循的则是另外一种类似于21世纪前十年以来的国有大中型企业的股份化改革逻辑，村民以股东身份参与到村集体经济的发展和分红过程之中，村委会通过控制垄断性的土地资源掌握了发展的主动权，并且逐步改善村居住环境，加大对村基本公共服务的投入，在一定程度上实现了村集体的“共富”。

但是，Z村和G村的发展表明，二者都忽视了作为劳动者的外来务工人员的应得权益，他们理应分享土地增值带来的相应红利。但是，在现有的城乡二元体制条件下，这一包容性的发展模式难以实现。

从上述两个案例的比较分析中，笔者认为导致二者治理绩效差异的主要原因是土地增值收益的分配方式、领导者的关键作用以及村集体组织的整合功能。

（1）土地增值收益分配决定治理绩效

比较Z村和G村的发展方式和改革逻辑，我们可以从中认识到，土地增值收益的利益分配方式决定了乡村城镇化之后的治理绩效。

首先，土地增值收益的分配涉及公平正义的社会主义核心价值观，是不容忽视和扭曲的，否则将影响到政府治理的合法性，进而削弱政府包括村治理主体的权威和行政基础。作为集体所有的土地，其收益当然应当由全体村民分享，土地的增值来自城市经济的增长以及全体劳动者的辛勤劳动，不应该由少部分群体独享。

其次，土地的资本化带来了巨大的利润，也充实了村委会等治理主体的行政性资源，为村委会提供更加具有包容性的基本公共服务奠定了经济基础。这能够有效地增强民众对村集体的认同，对村委会治理能力的认可以及对村委会的信任，进而增强村委会处理公共事务的效率。

最后，利益分配的失衡往往加剧了村民与村领导层、外来务工群体与村民之间的矛盾。由利益分配所导致的群体性冲突事件近年来频频出现，证明了这一点。可以说，利益分配的失衡导致民众对村集体、村委会失去信任，不仅会大大降低治理绩效，而且很有可能酝酿形成或者爆发较大规模的群体性事件或者利益冲突纠纷。

（2）领导者的重要作用

由于农村就地城镇化过程中与土地产权、开发权有关的利益分配、集体资产的处置等存在着制度上的灵活性、法律上的模糊性，因此导致领导者的作用或角色至关重要。

我们看到，G村村支书在整个发展过程中采取了与Z村完全不同的发展方式，她甚至提出了“谋事不谋权”的理念，通过十年时间把一个“三无”村变成了一个规划有序、民众收入较高、环境优美的“新农村”。她在整个发展中的作用是无可替代的。而与之对应，Z村的领导者，尤其是上级政府的主管领导，在发展过程中完全忽视了村民的利益，更没有考虑到基本公共服务的责任与义务，失去了调整和完善治理结构的最佳“窗口期”，导致治理长期困难重重，社会矛盾日趋尖锐。可以说，在制度创新和变迁的过程中，一个具有职业精神的领导者往往是起决定性作用的。

另一方面，这也说明基层政府在发展和改革方面存在着制度性漏洞，无法有效地保障集体资产的保值增值、阻止集体资产的流失。同时，有关农村土地产权方面的“确权”等重要工作，既需要顶层设计的保障，又需要基层政权的配合，但实际情况是二者都缺乏，最后农民的权益受到一定损害。

（3）村集体组织的整合作用

在市场经济的发展过程中，组织资源远比失去组织的个人更能获得经济增长所带来的红利。

在Z村的发展改革过程中，大量村民由于“农转居”失去了村民身份，因而也失去了集体土地的产权，同时也脱离了集体组织的“庇护”。相比之下，在发展过程中，尽管G村部分村民转为居民，但是仍享有村集体资产的处置权，能够从村集体经济的发展过程中获益。G村是按照传统来分配土地增值收益的。因此，我们可以发现，村组织没有解组的G村反而保持了较强的集体经济色彩，在很大程度上承接了计划经济时代的组织化传统，并在新的城市经济增长中获得更大的竞争优势。也就是说，村委组织在整个经济发展和利益分配的过程中起到了统合作用。

同时，“单中心”的治理结构比“双中心”的治理结构更具治理的有效性。G村的治理绩效来自“单中心”的权力结构，农转居后，居委会、相关街道的管理机构并没有影响到村委组织的治理权威，而是在村委组织的领导之下，这一制度设计有效地避免了Z村的碎片化管理状态，从而增加了治理的有效性。

三、总结与讨论：向包容性的城镇化发展

综合来看，Z村和G村案例说明，在推进特大城市近郊农村就地城镇化的过程中，应更加注重土地增值收益的公平分配。在某种意义上可以说，就地城镇化问题就是土地增值所带来的资本化问题以及公平分配问题。如何平衡经济发展与利益分配之间的关系是至关重要的。尤其是，利益分配问题将直接影响到治理绩效，直接影响到城镇化的可持续发展。但是，我们也看到，这两个案例说明更大规模的外来务工群体，由于户籍制度等种种制度性歧视，被排斥在应得的权益分配之外，不仅不能体现社会公平正义的基本价值理念，还对社会稳定产生了不利的影响。

正是在此意义上，包容性的城镇化发展之路对社会均衡发展而言更为重要。就地城镇化的本意即是尊重农民意愿，避免不必要的交通成本和城市发展压力，但绝非是为了保护特大城市的特殊利益而设置的特殊政策。比较Z村和G村的治理绩效和发展之路，我们认识到，这种包容性的城镇化发展是人的城镇化而不是简单的土地资本化，是基本公共服务的均等化而不是高度的社会分化，是一切具有歧视性、排斥性的公共政策的逐步取消，而非巧设寻租空间、保护特殊利益群体，是社会融合而非社会排斥。在对策方面，应进一步理顺制度和治理结构，整合现有的市场资源、社会资源和组织资源，更包容地提供充分的基本公共服务和物质保障，统筹考虑外来务工人员的子女教育、大病医疗保障等问题，做好基础性、普惠性的兜底保障工作。从长远来看，应逐步规范土地增值收益的分配机制，保障农民个体在市场经济中的平等交易权利和地位。从社会转型的高度看，就地就近城镇化发展要避免“土地金融陷阱”，避免土地增值收益不公所加剧的社会分化和社会冲突。

第十五章
就地城镇化不同主导模式的比较研究
——以湖南省两个村庄为例

2008年8月22日，湖南省召开了“新型城市化工作会议”，确定了“新型城市化”概念，并做了相关部署。同年12月12日，具有一定标志性意义的文件《中共湖南省委、湖南省人民政府关于大力推进新型城市化的意见》《湖南省域城镇体系规划（2010—2020）》下发。2012年2月17日，作为督促与强调性的文件《中共湖南省委、湖南省人民政府关于加快新型城镇化推进城乡一体化的意见》下发。随之，2012年底规划性质文件《湖南省“十二五”新型城镇化发展规划》《湖南省推进新型城镇化实施纲要（2012—2020年）》公布，文件设定了“九大重点工程”①引领湖南省城镇化方向。2012年，湖南全省城镇化率达到46.5%，较2007年之前提高6.05个百分点。新型城镇化的关键节点是就地、就近城镇化，然而湖南全省87个县城镇化率远落后于省平均水平。②因此，如何提升县域范围内就地城镇化水平成为一个重要议题。

我们在湖南省选择了两个地点做访谈与问卷调查，希望探究国家的宏观发展规划与“就地城镇化”中的“市民”是如何实现互动

① 九大重点工程是：县级市和县城提质扩容工程，城镇路网结构提质优化工程，重要水源地保护工程，自来水、天然气供给工程，“两房两棚”建设工程，污水和生活垃圾治理工程，大气污染防治工程，轨道交通站场城市综合体建设工程，城市群绿道网建设工程。

② 佚名：《2013年湖南省县城提质扩容新型城镇化》，http://www.chyxx.com/difang/201306/207054.html，访问于2013年6月3日。

的，从而达成宏观层面城镇化的发展、宏伟规划的实现以及个人层面现代性的获得。

一、调查点的选择及概况

我们首先选择了长沙市望城区铜官镇作为我们的调查点。之所以选择铜官镇，其原因在于2012年7月31日，长沙市召开的“推进城乡一体化工作会议”确定了长沙市的暮云、铜官、永安、大瑶、灰汤五个镇为新型城镇化试点镇。另外，铜官镇的典型意义还在于：铜官有“千年陶都”之誉，自唐代开始以陶瓷闻名于世。铜官地处湘江东岸、长沙北境，镇域面积29.44平方公里，2013年人口为2.6万人，现今的铜官，自北向南由循环工业园区、新镇发展区、古镇保护区、太丰垸及洪家洲生态农业区四大板块组成。铜官正在改善基础设施建设，修建铜官大道、城湘大道等交通设施，着力实施规划引领、项目带动、产业支撑三大战略。具体措施包括：（1）优化顶层设计，实现融合发展。突出陶瓷文化主题，推动历史文化、人文景观、特色产业的深度整合，提出“用10年时间建成10平方公里、积聚10万人、实现10亿元财政收入，建设现代工业文明和古代城市文明交辉的现代工业新镇，世界旅游的目的地”①。（2）注重建管并重，提升城镇品质。具体包括交通网络的完善、古镇特色的打造、生态宜居环境的营造等。（3）构筑平台载体，加快产业发展。包括园区平台的扩大、陶瓷复兴平台的搭建以及招商引资网络的建构等内容。综上所述，我们认为，铜官镇城镇化的核心推动力来源于政府规划以及历史文化要素。我们在铜官镇选择花实村作为调查点，这个村因为铜官镇作为新型城镇化试点镇，村民土地因产业引入被集体征收，村民也集中居住。

---

① 铜官镇政府小城镇建设汇报材料：《做精做特陶城名片，打造世界旅游目的地》，2015年2月10日。

为了对比，我们又在宁乡县选择了双龙村作为代表。在双龙村，城镇化的动力来源于村干部以及村民的愿望与行动。双龙村地处宁乡、益阳、桃江三县交界之处，总面积7.8平方公里，水田1988亩，山地2800亩，现有人口2840人，下辖12个村民小组。双龙村过去是典型的贫困村，村民称之为“三不村”（一不靠路、二不临水、三不近城）。村里青壮年劳动力以外出打工为主，妇女、老人、儿童留守在家。据村里统计，2007年双龙村人均年收入不超过3000元，由于家里主要劳动力长期外出务工，许多耕地相继减产甚至荒芜。2008年开始，新上任的村支书带领村民由传统小农转向乡村工业化。这个村在就地城镇化的道路上，采取了以下措施：

第一，通过土地流转解放劳动力和土地。一直以来，双龙村农业基础设施薄弱，村民收入低。改革开放以后，双龙村绝大部分家庭的男性劳动力外出打工获得收入，以致许多农田抛荒，农业生产效率低，农户收益低。2008年新上任的村支书有强烈的改变村貌的动机。他首先着手农田水利改造，在对全村水利设施进行排查后，以轻重缓急为基准，分类建设。他先后筹资85万元，改造了全村水库溢洪道，全面护砌支渠，清淤了堰塘；还新建电排1座，以提高抗旱能力；用6个月时间完成了农网改造。2011年，他又带领大家对全村的土地进行了综合整治，当时被纳入整治范围的农户达800多户，400多亩油菜田和5亩多成林樟树田得到了改造，1户人的房屋进行了拆迁，综合整治的结果是让2000亩土地成片成规模。土地整治之后，村支部与益阳地区种粮大户签订协议，村干部入户动员，召开村民大会，本着“公开、透明、自愿”的原则，让承包商与农民签署土地流转合同，村民将土地承包出去，从中收取租金。到2014年底，1000多亩土地承包给了外来的种粮大户。于是，双龙村基本实现了机械化生产和农业规模化经营，农业生产效率迅速提高。此一举措从根本上转变了村民的生产方式，使村民从传统农业生产中脱离出来，进入其他更有现代性特色的产业。

第二，依托镇政府推进的产业转型机遇，实施以商招商项目。为了形成双龙村自己的经济支柱，吸纳本村劳动力，促进就地城镇化进程，村委会积极利用全镇产业结构转型机遇，吸引外部工业企业落户。截止到2014年底，双龙村引进的企业中，年产值2000万—4000万元的企业有2家，超过6000万元的有4家，村内劳动力几乎全部实现了就地就业。村委领导通过向上级政府争取资金，带动其他村干部与村民积极投资建厂，向落户该村的技术人员学习，聘请浏阳市技术人员，不到两年时间该村村民就相继创办了几家公司，比如美欣烟花、宁乡发射药厂等。

第三，开发土地资源，探索“租金+薪金+股金”的发展模式。学界大多数人认为自发性就地城镇化属于“主动城镇化”，大多数农民对变迁过程有比较清晰的认识，对变迁后个体获得的收益与可能承担的风险也有比较理性的预期。双龙村经济结构的转变以就地转型为基准，以提升农民收入、改善农村农民生活为目标，充分尊重农民就地城镇化的主体地位。首先，村民将土地承包给农业生产大户后产生了农业规模效益，与此同时村民可以获得土地租金，使劳动力获得释放。其次，就地转移本村劳动力，招商进入该村的企业需要与村委签订协议，协议规定“同等条件下，优先雇用双龙村村民到工厂里务工”，这样做能获得双重好处：既使引入企业的劳工供应得到保证，又使本村村民劳动转移获得可靠渠道，进而提升村民收入。如在翔龙飞凤企业工作的村民月工资最低为2000元，而在美欣烟花厂工作的村民，特别是技术水平提高较大的村民收入已经高达每月7000—8000元。最后，村委会允许甚至还鼓励村民将个人闲置土地入股到公司，年终分享公司收益。这一模式不仅使农民工作生产方式得到转移，而且就地实现了农民的财产增值。双龙村领导班子认为，“租金+薪金+股金”模式特别有利于就地城镇化，可以保障村民原有的生活标准不降低，并且能够拓展村民非农化发展空间。

第四，村干部及党员的模范带头作用提高了村民的集体意识。以2008年修建村级公路为例，我们知道，修建公路要调整土地还要筹集资金，这是两大难题。一开始，大约有10%的村民不愿意配合，不愿意出资。村委会在村书记的带领下挨家挨户与村民交流意见，让村民理解修建公路的长远好处，村书记则自己主动多出资6万元支持公路修建，其他村干部也每人出资1万元，在资金最终仍有缺口时，村书记利用个人关系动员外出务工人员、本地能人捐资，他多次去镇政府、县政府争取资金，村民看到村委会积极为民办事的态度，均转变了以前的观望或消极态度，积极配合。许多老党员还身先士卒，不但同意无偿出让自己的土地为村里修路，还自愿轮流到工地上监工以确保工程质量，其他没有被占地的普通村民则同意无偿出让自己的土地以补偿那些因为修公路自愿失去土地的农户。另外，双龙村的国庆区一直属于干旱地带，如果连续一周不下雨，村民生活用水就要到相距近2公里的益阳鸾凤山去挑水。村庄通过向上争资，多方筹资40余万元，兴建了自来水厂，使村民全部饮上洁净卫生的自来水。这一模式在双龙村类似的公共项目建设，如建设电网、修建水渠、土地流转中，均有体现。因此，我们认为，以村干部牵头、村民积极参与的公共事务，往往容易成功，进而也可以很好地提升村民的集体意识、村庄意识、公益精神，为整个村庄的就地城镇化提供基础。

第五，“村企合作”模式有利于村庄公共事业建设。在双龙村，“村企合作”模式的主体是村委会和村内企业，一般来说，村委会为企业提供有偿服务，服务的原则是不干涉企业内部发展。另外，村委会还要协调企业与村庄和村民的关系，处理企业与村民之间可能出现的纠纷，而企业则需要履行相应的社会责任，回馈并出资发展乡村公共事业：比如修建桥梁，或者在学校举办大型活动，建设村办学校、村级敬老院、村庄文化广场等，出资维护村庄环境卫生等。

二、村民的城镇化程度

为了探究就地城镇化过程中村民的市民化或者非农化程度，我们分别在煤炭坝镇、铜官镇选了两个村，并在铜官镇的花实村选择了41户家庭，在煤炭坝镇的双龙村选择了40户家庭，就非农化或就地城镇化议题做了问卷调查，以考察两种不同模式下的就地城镇化对村民现代性所产生的影响，以此判断村民的城镇化程度。煤炭坝镇的双龙村属于主动城镇化代表，而铜官镇的花实村则是被动城镇化的代表，后者因为新型城市化试点区的拓展而被征地，农民被集中居住（见表15-1）。

表15-1 被调查对象基本数据 单位：人

居住地	性别		户口		文化程度			
	男	女	农村	城镇	小学	初中	高中/职高	大专以上
花实村	26	15	37	4	9	18	10	3
双龙村	23	17	37	3	13	17	6	4
合计	49	32	74	7	22	35	16	7

注：表中所列的城镇户口其实与目前的城镇化没有关系，这些户主是居住在村内的教师，或者退休后回家乡居住的人员。

表15-1数据显示，尽管两个村的城镇化动力不同，但是户口变动以及村民的文化程度几乎没有差异。实地调查发现，花实村的土地尽管被整体性征收，但是村民的户口性质并没有发生改变。村主任告诉我们，花实村为了支持铜官镇的新型城镇化试点工作，村民住房被拆迁，90%的土地被征收，村民获得补偿款后在政府设定的区域根据住房建设规划自己建房。一般情况下补偿款仅够新房建设，如果新建的住房标准高一些的话，村民还要自己掏腰包。调查发现，花实村拆迁农民平均每户自己还承担了15.17万元的住房建设经费，最少的花费也有9.15万元，最多的则达21.18万元。尽管如此，花实村仍有45.7%的村民积极配合政府拆迁政策，37.1%的村民在政府动

员后同意拆迁，只有17.1%的村民进行了一定程度的抗议，不过最后还是同意了，拆迁过程中没有所谓的“钉子户”。不过在村民获得的补偿额度方面，只有5.7%的村民认为他们获得的补偿与他们的期待差不多，其他人都觉得补偿太少，只有8.6%的拆迁户对拆迁补偿结果基本满意。

1. 城镇化意愿

大多数农民不愿意实现户口意义上的城镇化。调查发现，花实村有39.5%、双龙村有50%的村民不愿意获得城镇户口。而愿意去城镇居住的村民所占的比例也很少，花实村45.9%、双龙村33.3%。在居住形式是否集中的问题上，呈现较大差异。花实村已经实施集中居住了，得到了70.7%的居民支持，而双龙村没有实施集中居住，只有35.0%的居民支持。反对者所占的比例在花实村是14.6%、在双龙村是47.5%。在集中居住的选址方面，70%左右的村民希望选址本村，花实村是67.6%、双龙村是76.9%，而支持集中居住到集镇或县城的村民比例，花实村是27%、双龙村是15.4%。这说明农民的乡土情结依然浓厚。

而针对城镇化过程中可能出现的村庄合并问题，大多数人表示同意，持反对意见的不足5%。就农村现有土地的处理问题有以下几种意见：（1）不支持土地流转。花实村21.2%的村民、双龙村16.4%的村民均表示不支持。（2）支持土地流转。约三分之一的村民支持村集体收回土地统一经营，花实村的支持比例是37.5%，双龙村的是33.3%。（3）就土地的开发与经营问题有三种意见：村集体经营、外来合作与农户自主合作开发，更多的村民希望与外来公司合作经营，相应比例是：花实村37.5%、双龙村33.3%的村民建议由村集体收回土地集体经营，花实村41.7%、双龙村39.4%的村民建议村集体与外来公司合作，花实村20.8%、双龙村27.3%的村民建议由农户组织成立合作社集体经营土地。（4）就土地收益如何处理，约40%的村民希望固定收取土地出租收益，相应比例是花实村40%、双龙村47.2%，其他村民则希望以土地入股获得分红。（5）就土地规模化经营以后农民日后的去向问题，近50%的村民希望到附近城镇的第二、第三产业工作，其他人则愿意部分从事农业，部分从事非农业。

2. 就业城镇化

第一，农田数目以及耕种。我们的调查样本中，花实村有79.5%的村民完全失去土地，而双龙村只有5.3%的家庭失去土地，双龙村21.1%的家庭拥有3亩地。农田数量越多，越有可能从事农业劳动，或通过农业劳动获得收入。针对自己拥有的土地，在花实村自己耕种的人比例是42.9%（6人），在双龙村是36.1%（13人），双龙村已经有55.6%的人（20人）将自己的土地外包给外来的种粮大户，自己则到落户村内的企业打工。

第二，职业技能及职业选择。在希望从事的工作方面，失地农民似乎比较有“自知之明”，很少有选择做公务员、教师的，其中大约有50%的人希望做私营老板，这一倾向在花实村更为突出，达到52.4%（11人），而在双龙村是40.0%（8人），选择到企业做工的人在花实村只有14.3%，双龙村只有10.0%。两个村的农民非农就业技能转换的准备做得还很不够，如花实村有52.5%的人（21人）、双龙村有57.2%的人（23人）没有任何专业技能，这阻碍了农民的非农就业，影响农民就地城镇化。在选择职业方面，我们发现超过50%的访谈对象主要考虑工作地点与福利待遇。我们知道现代人选择工作更应该以个人发展机会、专业是否对口为基本要素，这说明这两个村的农民在工作选择上的城镇化程度仍然不高。

第三，职业培训。鉴于目前大多数农民缺乏专业技能，因此就业培训被认为是实现人口非农化进而城镇化的基本途径。双龙村已经有43.6%的村民（17人）接受了就业培训，66.7%的村民（26人）愿意接受培训，31.6%的村民（12人）愿意自己出资参加培训，而这几个比例在花实村分别只有22.5%（9人）、46.2%（18人）与27.5%

（11人），两者差异显著。这说明主动城镇化的双龙村的农民更愿意获得专业技术能力提升。就培训的组织者来说，花实村主要依靠政府（占比77.8%），而在双龙村则是由企业（占比76.5%）来承担。

第四，工作地点。我们对花实村19人、双龙村20人就工作地点与期望的工作地点的调查发现，这两个村的村民绝大多数在本村地域内工作，而且村民们的工作地点与其期待的工作地点之间似乎没有差异。对两个村进行比较，作为主动城镇化的双龙村有极少数村民的工作地点超越了本县地域，而被动城镇化的花实村则全部希望在本乡镇工作。

第五，非农化就业。我们知道，城镇化的基础条件应该是就业性质、工作技能等方面的非农化改变，即由农业就业、农业劳动技能转变为非农业就业与非农业劳动技能。转变越彻底，城镇化程度应该就越高。另外，非农劳动者的数量占比也可以说明就业城镇化的程度。从调查样本获得的家庭人数来说，花实村户均5.63人，多于双龙村户均的4.48人。而从劳动力数量的平均值来看则没有什么区别，花实村（样本：41户）2.49人，双龙村（样本：38户）2.58人。花实村的确没有村民务农，双龙村也只有5.1%的人（2人）务农。两个村无业状态的人数占比都很高，有30.8%（12人），花实村56.4%的农户（22人）从事个体经营，这一比例在双龙村只有10.3%，还有54.6%的人从事其他非农职业。我们知道，职业状态能够从基础意义上说明城镇化程度，这些数据说明，两个村的就业城镇化程度在60%—70%之间。

第六，签订合同的比率。签订合同构成正式契约关系被认为是现代人保护个人权益的基本手段，而这一手段往往会被城镇人口较多地使用。因此，农民从事非农职业时，如果能够主动与用人单位签订合同，或至少觉得需要签订合同，便可以说明其有较高的城镇化水平。双龙村有更多的人签订合同，并且有更大比例的人愿意签订合同。

第七，参加相关保险的比率。传统社会主要依赖民俗风俗来调节人们的行为，传送相关福利。现代社会主要靠制度建设规范社会行为，保障权益。尽管学界很少把村民参加保险定义为城镇化的内容，不过我们认为居民参加保险是一种现代性行为，在很大程度上与城镇化发生关联。调查发现，主动就地城镇化的双龙村与被动就地城镇化的花实村，在新农合与养老保险两个项目上有大体一致的参与比例，而在其他项目上涉猎很少。按照一般逻辑，花实村村民由于失去土地应该加入城镇医保与城镇养老保险。

3. 经济城镇化水平

经济城镇化是人口城镇化的根本，而家庭收入的来源结构可以说明经济城镇化程度。如果家庭经济收入完全来源于农业收入，那么经济城镇化程度等于0，如果完全来源于非农收入，经济城镇化程度则趋近于1。调查得知，2013年花实村户均收入6.25万元（其中2户有农业收入，户均1万元），非农收入户均6.14万元；双龙村2013年户均收入7.64万元（其中15户有农业收入，户均1.13万元），非农业收入7.69万元。如果使用经济城镇化广度指标（1-农业收入户/全村总户数）与深度指标（1-农业收入总和/全村家庭经济收入总和）测量，经济城镇化广度：花实村95.7%，双龙村57.2%；经济城镇化深度：花实村99.0%，双龙村93.7%。数据说明，花实村经济城镇化程度更高。但经济城镇化程度高，村民并不必然获得更多利益。

4. 生活方式城镇化

第一，住房的集聚程度。传统上农村要么以村落形式聚居，要么散居，整体上与城镇街道形式或门岗式小区等居住聚落有较大差异。我们调查的两个村，花实村属于城镇化改造式住宅，已经成为标准的城镇街道小区居住形式，而双龙村在居住聚落空间上仍然保留原有的格局，只是各住房之间的道路实现了硬化，可以通行小型汽车与农用车。花实村村民：48.7%（19人）的住房为3层，33.3%（13人）的住房是4层，还有少数的为5、6、7层的；双龙村村民：30%（12人）的村民住房为1层，60%（24人）的为两层，极少数的为3层。而从住房面积分析，花实村居民户均面积达到485.86平方米，极小值80平方米，最大值960平方米；双龙村居民户均建筑面积321.58平方米，极小值40平方米，最大值1000平方米。两个村的平均面积差异大，村民的住房状况整体上比较好，同时也说明政府补偿款改善了花实村村民的居住条件。

第二，交通方式。交通方式提质式变化是现代文明的一种体现。一般情况下，城市居民总体的交通工具比农村居民的交通工具优良一些，如城市居民普遍使用摩托车时，农村居民基本上依赖自行车或步行，城市居民广泛使用汽车时，农村居民大多依靠摩托车。调查发现，村民目前的主要交通方式是摩托车，其次是汽车。不过，花实村村民的交通工具在拆迁前后发生很大变化，如拆迁前只有7.5%的村民使用汽车，而到我们调查时已经有56.1%的村民使用汽车了，这一比例远高于双龙村的38.5%。

5. 就地城镇化主观评价

新型城镇化需要以人为本，就我们所选择的两个村来说，村民的主观评价在很大程度上可以检验目前湖南省正在实施的新型城镇化试点的方向。如果仅从村民自身视角分析，无论是被动城镇化的花实村，还是主动城镇化的双龙村，在经济发展、基础设施改善、文化生活丰富、邻里纠纷减少四方面均有比较好的效果；有一些指标，如就业能力提升、收入提高、环境质量改善、村民利益考量方面，主动城镇化的双龙村有更好的满意度；而在居民参与开发建设、尊重居民意见、提升公平程度等方面，两个村都比较欠缺；在就业能力提高、收入增长、环境改善、考虑村民利益方面，被动城镇化的花实村目前的状况距离居民的期待还很远。

三、总结与建议

新型城镇化不仅仅是人口在居住聚落上的集中，更是城市文明的拓展，它涉及居住方式、生活方式、工作方式的变更，是以提升居民生活质量与满意度为基准的过程[1]。新型城镇化战略应该以人口城镇化为中心，而人口城镇化的核心则是人口在城镇化过程中获得发展。湖南省正在加速推进新型城镇化建设，提出了九大发展战略，描绘了城镇化发展蓝图，制定了诸多发展战略与推进措施，湖南省的面貌也会因此而发生大的改变。然而，通过对上述两个村城镇化过程的实证研究，我们发现，无论是主动城镇化的双龙村还是被动城镇化的花实村，其体现在村民身上的人口城镇化发展程度与政府所规划的战略目标之间均存在较大差距。因此，在湖南省新型城镇化大变动中，如何提升人口的发展要素，提高人口的城镇化满意度，进而拓展城市文明，仍然是一个亟须解决的问题。

我们建议：（1）就地城镇化应该尽可能实施主动城镇化战略，尽量避免村民被动城镇化，因为主动城镇化会导向村民更好的发展与更高的满意度。各级政府应该积极发现主动城镇化的村落与集镇，鼓励支持村民以及村干部的参与。（2）积极鼓励村民参与城镇化的各种项目。目前的普遍问题是村民在城镇化过程中参与不足，村民潜能没有得到充分发挥，村民的积极参与有助于提升城镇化质量。（3）以村民为主体，以村民利益为根本，发挥他们的积极性，实施城镇化战略。（4）杜绝以村民重视的少许好处为诱导手段，进而剥夺村民长期生计的政策出台。因此，城镇化具体政策的出台需要经过规范、理性、着眼于长期生计的商议，通过村民、开发商、政府、专家学者之间多次的协商，进而形成政策，这样既有利于城镇化战略高质量推进，也有利于失地农民主动城镇化动力的发挥。

---

① Chaolin Gu, Liya Wu, Ian Cook, “Progress in research on Chinese urbanization”, *Frontiers of Architectural Research*, 2012(1): 101–149.

第十六章
产业集聚推动的县域就近城镇化
——以山东省邹平县[①]为例

就近城镇化是以地市、县域空间为发展主体的城镇化模式。本章试图通过对山东省邹平县案例的实证研究指出，县域经济具备一定的人、财、物吸纳能力，能较好地为人的城镇化提供各类物质和制度需求，也有利于避免大城市、特大城市出现各类"城市病"。

一、邹平县基本状况

邹平县地处山东省中北部，滨州市的最南端，胶济铁路北侧，黄河下游南岸。全县总面积为1249.97平方公里，下辖5个街道办事处（黛溪、黄山、高新、好生、西董）、11个乡镇和一个国家级经济技术开发区，常住人口78.71万人，户籍人口726737人。[②]

邹平县自20世纪30年代开始，一直受到国内外学者的关注。1931—1937年，梁漱溟领导的山东乡村建设研究院在山东邹平开展了如火如荼的乡村建设运动，引起国内外广泛关注。在山东108个县中，邹平被选为试验点，原因有五：从地理位置来看，邹平在山东位置比较适中，不偏于一隅；从交通状况来看，邹平交通不为不便，但又非要路冲繁；从社会性质来看，大体为农业社会，受工商业影

① 现邹平市。

② 邹平统计局编：《邹平县国民经济和社会发展统计公报》，《邹平统计年鉴》（2012年），第3、7页。

响较小；从经济条件来看，邹平不甚贫瘠，亦非甚富庶，颇合于一般性；从治理范围来看，邹平在山东省位列三等，小县易于治理[1]。邹平因其“普通性”被梁漱溟视为“农民中国”的一个缩影。它在一定程度上反映出华北旱作农业社区的一些核心特征：以农业生产为主，商品经济不发达，农业生产剩余有限；村庄以自耕农为主，社会结构相对扁平，阶级分化不明显；家庭（家族）势力弱小，缺乏强大的乡村精英等。

为促进地方经济发展，梁漱溟提出“促兴农业，从农业引发工业”的路线。他认为，中国经济建设必定要筑基于两点之上：以农兼工，由散而合[2]。他设想一种小型而分散的乡村工业，农民既是农民也是工人，这些工业主要控制在农民自己手中，将真正满足农业的需求。这样发展起来的经济，其重心将普遍立于乡村而非都市，并最终实现“都市化的乡村”或“乡村化的都市”[3]。在山东乡村建设研究院和县政府推动下，邹平立足地方资源网络，以农民家庭自愿为原则，通过社会教育和实利表证[4]方式，推行农业技术改革，大力发展农民合作经济。截至1936年底，邹平共有各类农民合作社303个，社员8695人，合作经济成为地方经济中一支重要力量[5]。其中以美棉运销合作社最为成功，“梁邹美棉”一度成名，为邹平植棉产业打下坚实基础。20世纪80年代市场化改革以后，魏桥创业集团发展

① 山东乡村建设研究院：《山东乡村建设研究院概览》，山东乡村建设研究院出版，1934年，第2—3页；梁漱溟：《山东乡村建设研究院设立旨趣及办法概要》，《梁漱溟全集》（第五卷），山东人民出版社，2005年，第237页；梁漱溟：《回忆我从事的乡村建设运动》，《乡村建设理论》，上海人民出版社，2011年，第420页。

② 梁漱溟：《乡村建设理论》，上海人民出版社，2011年，第372页。

③ 梁漱溟：《乡村建设旨趣》，《梁漱溟全集》（第五卷），山东人民出版社，2005年，第579—580页；梁漱溟：《山东乡村建设研究院设立旨趣及办法概要》，《梁漱溟全集》（第五卷），山东人民出版社，2005年，第223页；梁漱溟：《乡村建设理论》，上海人民出版社，2011年，第345页。

④ 实利表证，指证农民代表通过实际利益来证明美棉良种的优越性，以及合作社给社员带来其实际利益。

⑤ 丛树旗：《山东邹平合作事业分析》，载《大公报》1937年1月27日。

成为全亚洲最大的棉纺织工业基地，为地方经济发展做出突出贡献。

为了加强与国外的沟通和交流，中国社会科学院于1987年选定山东省邹平县（包括县城在内的9个村镇），作为第一个对美国学者开放的调研点。美国国家科学院认为，邹平"在中国有代表性"，调研邹平"是长期连续性蹲点式调查的绝妙机会"。从1987年开始，美国连续五年（每年三个月）派出学者到邹平进行跟踪式调查。自此以后，到邹平调研的国外学者累计超过300人次，其中包括美国前总统吉米·卡特（Jimmy Carter）、著名历史学者艾恺（Guy Salvatore Alitto）、社会学者魏昂德（Andrew Walder）、戴慕珍（Jean C. Oi）等。经过30多年的发展，邹平县的经济、社会、文化事业发生了翻天覆地的变化，邹平县也成为美国学者考察乡土中国社会变迁的一扇重要窗口[①]。

随着20世纪70年代后期家庭承包制度的推广，邹平县的经济开始进入快速发展阶段。这与农民生产积极性的提高以及市场资源配置功能的发挥密不可分，此外，地方政府也在经济的恢复与发展过程中扮演了至关重要的角色。魏昂德指出，20世纪80年代，邹平县地方工业的快速发展主要依托镇办、村办集体企业。到1988年，镇办、村办集体企业工业产值仍占到全县工业总产值的70%[②]。魏昂德把地方政府在经济发展中扮演经济行动者（the role of local governments as economic actors）的现象称为"政府即厂商"[③]。戴慕珍则将这种地方政府参与经济竞争的现象称为"地方法团主义"（local state corporatism）。她认为，地方政府在计划经济时代遗留下来的科层网络和集体结构的基础上，通过自身的权威、关系网络直接参与

① 王兆成主编：《乡土中国的变迁：美国学者在山东邹平的社会研究》，山东人民出版社，2008年，第3—4页。

② Andrew G. Walder, *Zouping in Transition: The Process of Reform in Rural North China*, Cambridge, Mass, and London: Harvard University Press, 1998, pp. 1-31.

③ Andrew G. Walder, "Local Governments as Industrial Firms: An Organizational Analysis of China's Transitional Economy", *American Journal of Sociology*, 1995(101): 263-301.

了地方经济的发展。这种参与包括利用财政再分配和转移支付手段在不同效益的企业之间进行平衡，为集体企业发展提供市场信息，以及通过自身关系为低信用的企业贷款等。

但是，地方政府并非支持所有的集体企业，而是使这些企业通过内部竞争的形式优胜劣汰，政府有选择地支持那些效益好、有发展前途的企业[①]。地方政府的这种参与和支持有效保障了体制改革初期地方经济的发展。20世纪80年代邹平农业向工业的快速转变并未导致县域的城镇化，因为这些集体企业绝大多数集中在农村地区。1988年以后，经济环境发生变化，信贷紧缩使这种高贷款模式难以为继。1990年以来，邹平政府开始积极鼓励和培育私有企业的发展。经过20多年的发展，邹平经济完成了从集体经济占主导向多种混合经济共同发展的转变，地区生产总值取得大幅度增长。邹平地区生产总值从2004年的153.02亿元增长到2012年的694.92亿元，增速明显。2012年，邹平县在全国县域经济基本竞争力百强县中的排名上升至第13位。2010年11月11日，经国务院批准，邹平经济开发区升级为国家经济技术开发区。魏桥创业集团成为山东省唯一一家入选全球500强的民营企业。伴随经济的快速发展，邹平县城乡居民收入也得到明显提高。从2004年的农民人均纯收入3942元，城镇居民人均可支配收入9197元，发展到2012年的农民人均纯收入11693元，城镇居民人均可支配收入25027元。

邹平县在20世纪30年代，不过是一个只有17万人口、全县商号不过274家、在山东108县中位列第三等的农业县。改革开放以来，邹平县的经济发展殊为迅猛，邹平县域经济在改善城乡居民生活水平上取得了较大成就。笔者认为，邹平县在城镇化道路上的经验对探索县域经济就近、就地城镇化具有一定的实践指导意义。

---

① Andrew G. Walder, *Zouping in Transition: The Process of Reform in Rural North China*, Cambridge, Mass, and London: Harvard University Press, 1998, pp. 40–55.

二、邹平县就近、就地城镇化的要素分析

对于县域经济来说，能否提供坚实的产业支撑，能否提供充足的就业机会是影响其人、财、物吸纳能力的重要因素，也是人的城镇化的物质保障。近些年来，邹平县主要通过优化产业结构、打造产业集群、促进劳动力就业、推动农业产业化、规范土地流转、加快转移农村剩余劳动力、统一规划县城区建设、加大基础设施投入、吸引人口定居、提高城乡居民社会保障水平、积极探索新型保障模式等措施，为邹平就近、就地城镇化打下了较为坚实的物质基础。

1. 优化产业结构，打造产业集群，促进劳动力就业

第一，近些年来，邹平县政府通过政策倾斜、资金投入、招商引资等措施，确保家纺服装、新型材料、食品医药、机械制造、精细加工、高档用纸等六大传统主导产业的发展；积极改造传统产业，优化产业结构，提高第三产业对劳动力的吸纳能力，增加第三产业在地区生产总值中的比重。2012年，邹平县第二、第三产业增加值共661.24亿元，与上一年相比分别增长11.4%和9.1%。三次产业比例由4.9∶64.3∶30.0调整为4.8∶63.4∶31.8。第三产业对劳动力的吸纳能力不断提高①。第二产业在地区生产总值中所占比重在近几年虽有所下降，但比重仍然占绝对优势。

第二，以重点城建项目为抓手，积极打造“一园两带”项目（工业园区，县城至长山、韩店两大经济隆起带），通过产业集聚效益带动区域经济发展。邹平工业园区一直以来是地方经济发展的一个核心增长极，其对劳动力的大量需求保证了县域内新转移劳动力的就业问题。2008—2012年，这五年来邹平工业园区总产值增长超过三倍有余（见图16–1），成为邹平县域经济就近、就地城镇化的有力物质保障。

---

① 邹平统计局编：《邹平县国民经济和社会发展统计公报》，《邹平统计年鉴》（2012年），第1页。

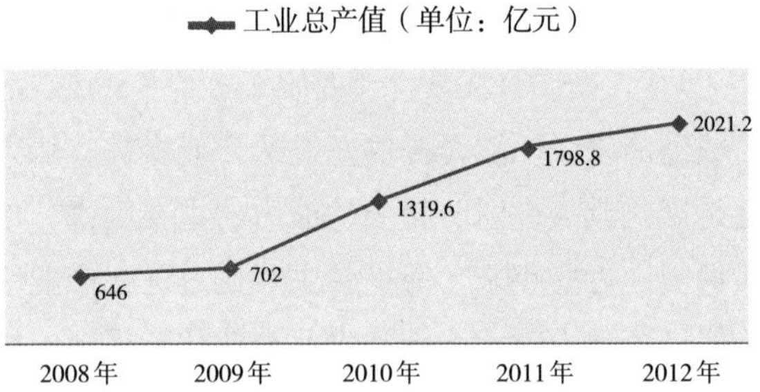

图16-1　邹平2008—2012年工业园工业总产值

资料来源：《邹平统计年鉴》（2008年、2009年、2010年、2011年、2012年），《邹平县国民经济和社会发展统计公报》，第1—2页。

2. 推动农业产业化，规范土地流转，加快转移农村剩余劳动力

城镇化的一个主要标志就是随着农业的产业化、集约化经营，农业人口逐渐转移到第二、第三产业中，农业人口在就业人口中的比例不断降低。我国人地关系高度紧张的基本国情将在一个较长的时间内制约我国的土地制度变迁[①]。在现有约束条件下，创新土地制度，合理配置土地要素，发展适度规模经营，成为影响我国农业现代化的重要因素。国务院印发的《“十二五”现代农业发展规划纲要》（2012）进一步将现代农业发展目标确定为“技术装备先进、组织方式优化、产业体系完备、供给保障有力、综合效益明显的新格局”，第一次提出把“组织方式优化”纳入现代农业发展目标中来。就近、就地城镇化在城镇化前期的一个主要优势在于，由于产业主要分布在乡镇范围内，因此地方劳动力兼业化成为可能。这种发展模式既保障了廉价劳动力的供给，同时也有效地提高了当地居民的经济收入。近些年来，邹平县开始有计划地加快转移农村剩余劳动力，推动农业产业化。

① 温铁军：《“三农”问题与制度变迁》，中国经济出版社，2009年，第12页。

（1）推动农业产业化

邹平县在“工业带动农业，农业服务工业”的指导思路下，根据各乡镇区位和资源禀赋差异，对一些已经发展较为成熟、市场链条较为完善的农产品加工企业重点扶持，逐渐形成粮油、畜牧、蔬菜、花卉、桑蚕、干鲜果六大主导产业。促进了农产品从原材料生产向初级加工、深加工的转变，农产品附加值进一步提高。为了让广大农民合理分享农产品加工、流通增值收益，同时为了增强农民市场竞争力，降低市场风险，邹平县逐渐形成了几种比较有代表性的组织形式。

第一，“龙头企业（公司）+农户”模式。一直以来，制约农业生产的两个主要因素就是资金和技术，对于现代农业来说更是如此。为了解决这类问题，邹平县积极扶持发展了一批具备一定的资金和技术条件，以现代企业制度管理经营的龙头企业，并逐渐形成“龙头企业（公司）+农户”型发展模式。截至2011年底，邹平县农业产业化县级以上龙头企业发展到82家，其中国家级2家，省级11家，市级45家[①]。龙头企业在增强农产品竞争力，延长产业链条，增加农产品附加值上具有较明显优势。但是，这种“以资本带小农”的“龙头企业（公司）+农户”模式最大的缺点是普通农户仍很难分享农业产业化带来的收益，只能停留在产业链低端刨食[②]。

第二，“合作社+农户”模式。为了使农户充分分享农业产业化带来的收益，“合作社+农户”模式可能是一种更好地探索农业产业化的形式。按照《中华人民共和国农民专业合作社法》相关规定，农民专业合作社是在农民自愿的前提下，以农民为主体的互助性经济组织。农民专业合作社有利于农业技术、信息、资金、人力等要

① 邹平县统计局编:《邹平县国民经济和社会发展统计公报》,《邹平统计年鉴》（2011年），第2—3页。

② 李昌平:《再向总理说实话》，中国财富出版社，2012年，第28—34页。

素的聚集，既提高了农业生产的规模化和科学性，同时又能有效降低各类风险。具体来讲，“合作社+农户”又可分为分散或独立农户组织的合作社模式、“公司+合作社+农户”模式、“支部+合作社+农户”模式、“公司+协会+合作社”模式等。邹平县农民专业组织主要包括专业协会和专业合作社两种。此后，邹平合作社数量增长较快。截止到2012年，全县共有农村合作组织240个，带动农户8792户。

从笔者的调查情况来看，邹平县农民专业合作社尚处于初级阶段，无论是合作社的登记、审核，还是合作社内部的管理、监督，社员的合作意识都存在不少问题。如邹平县很多农民专业合作社，未加严格审查就登记为合作社组织，而实际上是为了融资盈利，即使是那些符合规定的合作社，也普遍存在兼营合作金融业务。其次，由于组织合作社的制度成本较高，邹平成立的农民专业合作组织主要由县农科协、龙头企业或公司、村委会领办，由种养大户自发组织的相对较少。其中，龙头企业或公司领办型合作社，农民所得利益较为有限，村委会领办型合作社则普遍存在行政干预过度的问题。尽管早在2007年7月，我国就通过了《中华人民共和国农民专业合作社法》，但是在合作社的实际组织和管理上仍缺乏规范，合作社组织制度不健全，缺乏有效的执行和监督机关，合作社运行混乱，效率低下。

除了培育农业龙头企业和农民专业合作社外，邹平县还按照“规模化、产业化、组织化、标准化”的要求，遵循“一县一色、一乡一品、一村一品”的发展思路，在充分考虑各村镇区位和资源差异的前提下，有重点、有步骤地实施“一村一品”工程。“一村一品”工程是很多小城镇在发展集约化、产业化农业过程中摸索出的产业化种养模式。事实证明，如果培育得当，这种种养方式有利于农产品的市场化产销和信息、技术的推广，农民增收明显，有利于缩小城乡差距。

经过几年的实践，邹平县现已逐步形成“一村一品、一镇一业、品品皆优、业业皆强”的产业格局，如“好生花卉”“西董林果”“焦桥蔬菜”“九户奶牛”“台子香椿”等。邹平县“一村一品”工程具有两个典型特征。第一，采取示范村先行示范，推进村跟进学习的渐进方式实施；第二，由县政府宏观设计，各地方村镇根据区域化、差异化原则统筹规划。一般而言，示范村主要是那些经济基础较好、种养格局初具规模、市场渠道较为健全的村庄。以魏桥镇为例，2009年魏桥镇将楼子张、梁桥、崖镇村、五龙堂列为“一村一品”工程示范村，东码头、南杨、张家、官牛、大碾、甜水等11个村为推进村。经过三年的实践，魏桥镇试图构建起“东部肉鸭、西部肉鸭、北部肉牛、中部蔬菜”为主导框架的种养格局，突出印家乐义蔬菜、梁桥蔬菜大棚基地。①

但调查发现，“一村一品”工程实际效果比较有限。相当多的农户发展特色种植、养殖主要是为了获得政府的财政补贴和贷款。比如，九户镇就有某农户为了获得政府对蔬菜大棚的补贴，一连建20多个大棚，其中绝大多数大棚都未种植任何蔬菜。此外，随着政府扶持力度的下降，农户开始面临农产品销售难的问题。如何保障各类农业经济组织的市场生存能力和竞争力，无疑成为摆在地方政府面前的一大难题。

（2）规范土地流转

建立健全规范的土地流转市场，一方面可以促进零散土地集约化和产业化，另一方面可以有效保障非农就业人口的生活质量。为规范土地流转行为，邹平县按照“自愿、依法、有偿”的原则，推行土地流转“三书”制度，“三书”指土地使用权流转申请书、委托书和合同书。在流转合同中要注明流转土地坐落、流转形式、数量、年限、条件、用途、价格、支付方式和双方的权利、义务等事项，避免和减少农村土地使用权流转过程中的纠纷。同时，邹平县建立了农村土地承包经营权流转市场，促进农村土地的流转集约，发展

---

① 魏桥镇政府：《关于大力开展“一村一品”工程的实施意见》（魏发〔2009〕19号）。

土地利用率高、经济效益好的现代农业。截至2012年，邹平县已建立起县、镇、村三级土地流转服务网络。此外，为了加快土地流转，县政府不断完善土地流转制度，规范土地交易市场，保障土地交易双方合法权益。仅2012年就发生土地流转8.27万亩（包括租出、包出、转出承包耕地）。2012年土地流转面积增长幅度较大，是2011年的2.16倍。

调查发现，邹平县土地流转仍存在很多值得思考的问题，比如土地流转存在人为操纵的虚高现象；村委会作为中间人将村中大量耕地转租给土地承包者，从中谋取差价的现象不在少数；很多集中起来的土地并未得到很好的利用，承包商承包土地的目的主要是获得国家的财政补助以及大型机器的免费使用。此外，一些农民反映，土地承包出去以后，由于就业机会有限，出现了劳动力闲置现象。土地流转不能一味追求数量，更要充分考虑流转后土地的利用情况，以及土地流转农户的生活质量问题。

（3）加快转移农村剩余劳动力

城镇化意味着非农人口在总人口中的比重不断增大，农业人口逐渐转变为非农人口。然而，在农村劳动力转移过程中出现了两个比较明显的问题：第一，流转出土地的农民缺乏相应的技能，很难在就业市场上找到稳定的工作。从某种意义上来说，正是由于这个原因，很多农民更愿意采取兼业的方式，而不愿完全放弃农业经营。第二，目前，农村从事农业的人口年龄普遍偏大，缺乏经营现代农业的知识和技能，这又从反面限制了土地的流转，进而阻碍了农村劳动力的转移。

邹平县的农村劳动力的转移有逐年递增的趋势，但2012年有所下降。非农人口占总人口的比重，从2004年的25%增加到2012年的36%，增幅比较明显。尽管近五年来，邹平县非农人口在总人口中的比重不断上升，但是农业人口仍占绝对优势，农业劳动力转移仍然面临较大压力。为了促进农村劳动力的转移，邹平县政府遵循“先培训后转移，以培训促转移”的思路，采取“订单培训”和“定向培训”的培训模式，将农民培训与就业直接挂钩，一定程度上适应了农村劳动力转移的需求。

3. 统一规划城乡建设，加大基础设施投入，吸引各类劳动力定居

（1）统一规划城乡建设

2011年3月，山东省下发《关于加快推进新型城镇化工作的通知》，明确了“十二五”期间全省城镇化发展目标，计划五年内城镇化水平达到55%以上，并将10个中等城市发展为50万人口以上的大城市，同时将700万农民工变成市民。邹平县成为全省重点培植发展的10个县级大城市之一。邹平县以山东副中心定位自身，以建设鲁中中等城市为目标，统筹城乡规划建设，依循“老城特色化、新区现代化、城镇集聚化、农村社区化”的思路和“统一政策、统一标准、依法行政、让利于民、先急后缓、分步实施”的原则，计划对全县858个行政村进行改造，其中，单独保留的村庄36个，合并的137个，取消的685个（见表16–1）。按照规划，改造后全县社区占地69.2平方公里，约计10.3万亩，全县共节约土地58.4平方公里，约计8.8万亩。

表16–1　邹平城乡一体化规划新格局　　单位：个

中心社区	基层社区	位于县城区的村庄社区	位于镇驻地的村庄社区	总共
59	57	22	35	173

邹平县按照城市建设、小城镇建设、新农村建设“三位一体”的原则，统筹城乡建设管理，具有以下两个特点：第一，将县城、小城镇、新农村三个层次作为一个整体来统筹建设；第二，在充分尊重地方区位、资源的基础上，将原有特色产业做大做强，逐渐形成区域化、集群化、特色化分布格局，从而有利于资源、信息的聚集和市场的形成（见表16–2）。

表 16–2　邹平县城乡一体化建设新格局

三位一体	城市建设	小城镇建设	新农村建设
新格局	东部现代工业区 南部旅游度假区 西部休闲生态区 北部特色工业区 城市核心区	工业带动型：魏桥、青阳、韩店、名集 市场带动型：孙镇、九户 资源开发型：好生、西董、临池 农贸发展型：焦桥、码头、台子 综合发展型：长山	城中村改造型 村企发展联合型 行政村整合型 经济强村带动型 中心辐射型 整村迁建型

根据2009年邹平县的中长期城乡统筹规划，邹平县政府在城乡统筹规划上有计划地将人口向以工业园区为中心的县城区，以及县城至长山、韩店两大隆起带聚集；县域西部则以具有传统工业基础的魏桥镇为中心形成土地开发和人口聚居的核心地带。

（2）加大基础设施投入

近些年来，邹平县在基础设施建设上投入了大量资金，尤其以交通、物流最为突出。1978年以前，邹平县境只有庆淄路和章索路两条标准很低的省级柏油路，以及从肖镇到明集西左一段大约10公里长的县级柏油路。县城也只有一条1977年铺设的沥青路（黄山二路）。改革开放以来，工业园区、乡镇企业的大力发展，吸引了乡镇以及外县的劳动力，劳动力大量流入对交通、物流产生巨大的要求。邹平县加大了对交通基础设施的投资力度，到1996年全县已经村村通柏油路，公路总里程达到1408公里，极大地方便了劳动力和物资流通①。截至2007年，邹平县农村公路改造总里程达1778公里，实现了村村通等级路、村村通客车，成为全省第一个公交车过百辆的县②。2011年，邹平县又在此基础上在山东省率先推行城乡公交一体化运营机制。全县16个镇853个村全部开通公交车线，基本建立起城乡一体化的公交网络和运营机制。截至2012年

① 邹平县统计局编：《辉煌六十年，和谐新邹平》，《邹平统计年鉴》（2008年），第9页。

② 邹平县地方史志办公室编：《邹平年鉴》（2004—2009年），第29页。

底，全县公路通车里程达到2627.76公里，其中县乡公路通车里程达505.23公里[①]。

邹平城乡公交一体化运营机制将邹平公共交通网络分为三级，采取“1、2、1”公交票价制度，即一级公交网络主要在城区运行，部分延伸到镇（办），每人每次1元；二级由县城直达各镇（办）驻地，每人每次2元；三级由各镇（办）驻地通往行政村，每人每次1元。也就是说，无论住在邹平的哪个村，最多只要花3元钱就可以乘公交车到县城。截至2012年下半年，一、二级公交网络已基本建成，城区公交车全部实现了公车运营和“线路、场站、车辆、票价、刷卡”五个一体化。

邹平城乡公交一体化极大地压缩了县域空间，城镇空间的改变既是城镇资本生产和再生产的需要，也是农民生活方式城镇化的体现。邹平城乡公交一体化对县域城镇化发展意义深远。第一，城乡公交一体化扩大了县城经济辐射半径，降低了就业岗位成本和可及性。第二，由于县城人口聚集，必然会导致地价上涨、交通拥挤等城市问题，城乡公交一体化的实现，则提高了中心镇、中心社区的吸引力，村镇居民完全可以在村镇生活而在县城工作，这在一定程度上能够缓解县城人口过度集中的情况。第三，城乡公交一体化能够促进农村居民消费，培养新的城镇消费模式，有利于促进人的城镇化。城镇化最终是人的城镇化，是一种生活消费方式的转变。城乡交通一体化，无疑将有利于城乡文化的交融，缩小城乡生活方式的差异，真正达到城乡生活方式的一体化。

2005年，邹平县成功创建山东省第一个“全国卫生县城”。2012年，邹平县投资7000余万元，建立起“村收集、镇清运、县处理”三级垃圾清运处置模式，确保年底实现“环卫保洁全县覆盖，垃圾清运全县集中，垃圾处理全县统一”的环卫工作格局。截至2012年底，

---

① 邹平县统计局编：《邹平县国民经济和社会发展统计公报》,《邹平统计年鉴》（2012年），第4页。

全县已有16个镇304个村居完成城乡环卫一体化工作，完成率达37%。

随着城乡居民生活消费水平的不断提高，各种生活垃圾和工业垃圾成为影响城镇居民生活质量的一个突出问题。村落聚居模式，由于空间上比较分散，垃圾处理的压力还不是很大，但是“合村并居”后，人口开始集中，垃圾处理问题显得尤为重要，这也是全国很多新农村社区暴露出来的问题之一。邹平县城乡环卫一体化模式的推行无疑为传统农村生活模式向城镇化生活模式的转变增加了一层保障。

（3）吸引各类劳动力定居

邹平县以县级大城市定位自身，不断扩大县城区面积，从2008年的50平方公里、户籍人口25.26万人，扩大到2012年的57.8平方公里、户籍人口32.37万人。在邹平县新修编的总体规划中，规划范围总面积将由67平方公里扩展到385平方公里，将西董镇、好生镇、长山镇、韩店镇一并纳入城市总体规划范围。县城区逐渐成为当地城乡居民定居的理想选择。

2010年以后，城区暂住人口数量明显下降，而城区户籍人口数量则呈上升趋势。由此可知，县城区对县域人口来说是具备足够的吸引力的，从而成为县域人口就近城镇化的主要平台。此外，通过近几年来邹平县外来劳动力人数的变化以及本地户籍高校毕业生返乡就业人数的变化情况，也可看出县域经济无论是对普通劳动力还是对高端人才都具备一定的吸引力。

自2009年以来，邹平县外来人口数量有下降的趋势。但对于县域经济来说，15万左右的外来人口仍是相当可观的。与其他县域相比，邹平县域内人口外出务工的比例相对要小一些，这要归功于当地产业发展对大量劳动力的需求。近些年来，邹平县对高端人才开始具备一定的吸纳能力。截止到2012年，全县人才总量达到8.5万人，成为县域经济发展的重要保障。

通过以上措施，邹平县为县域经济就近城镇化，尤其是为人的城镇化提供了坚实的物质基础。

4. 提高城乡居民社会保障水平，积极探索新型保障模式

党的十八大报告提出要均衡配置城乡公共设施，促进城乡资源要素合理流动，以缩小城乡差距，提高农村生活水平。近些年来，邹平县在“公共财政向农村倾斜、基础设施向农村延伸、公共服务向农村覆盖”的原则下，积极保障和改善民生，城乡居民的社会保障覆盖率和保障水平不断提高，有效保障了人的城镇化。

（1）医疗保险情况

邹平县将未成年城镇居民、老年城镇居民、一般城镇居民个人缴费标准分别上调为每人每年100元、150元、200元，将城市低保提高到每人每年3840元，将城镇职工基本医疗保险统筹基金年度最高支付额提高到10万元。2012年，邹平县出台新规定，非本地户籍但常年在本地工作居住的人员及其子女，凭工作单位证明及房产证明可以参加本地城镇居民医疗保险。

2009年，邹平县新型农村合作医疗（以下简称“新农合”）即已达到100%全覆盖。2011年，全县各级政府对新农合补助标准大幅度提高，由每人每年不低于120元提高到200元，个人缴费标准由每人每年40元提高到每人每年60元。新农合人均筹资标准调整为每人每年260元。其中，各级政府每人每年补助200元，农民个人每年缴费60元。农村低保标准提高到1600元。新农合住院补偿封顶线提高到每人每年5万元。另外，还规定城中村居民和失地农民可以集体参保，在新农合的缴费视为缴费历史，不再另行补费。

截至2012年，新型农村合作医疗参加人数达到59.8万，参合率稳定在100%，人均筹资标准提高到310元，其中财政补助标准提高到240元，住院补偿封顶线提高到10万元，住院报销最高达到90%。[①]

① 邹平县统计局编：《邹平县国民经济和社会发展统计公报》,《邹平统计年鉴》（2012年），第8页。

（2）养老保险情况

邹平县在城镇职工基本养老保险的基础上，推出城乡居民社会养老保险。规定凡年满16周岁（不含在校学生）未参加城镇职工养老保险的城乡居民，可以在户籍地自愿参加。城乡居民社会养老保险采用个人缴费、集体补助、政府补贴相结合的资金筹集机制。个人缴费标准设为每人每年100元、300元、500元、800元、1100元、2500元6个档次，参保人可根据自己的实际情况自主选择，缴费方式为按年缴费。各级政府鼓励有条件的村集体对本村参保人给予补助。邹平县政府在每人每月60元基础养老金基础上，按照不同缴费标准额外给予补助。补助标准为：选择100元的补贴30元，选择300元的补贴40元，选择500元的补贴50元，选择800元的补贴65元，选择1100元的补贴80元，选择2500元的补贴100元，缴费即补。城乡居民社会养老保险待遇由基础养老金和个人账户养老金两部分组成（月领取养老金=基础养老金+个人账户养老金；个人账户养老金=个人账户全部资金积累额 ÷139）。此外，对被征地的人均耕地低于0.3亩的60周岁以上的农民，在每人每月60元基础养老金基础上每人每月加发10元。[①]

三、邹平县就近、就地城镇化的经验与反思

邹平县就近、就地城镇化实践为我们探索多元城镇化，尤其是人的城镇化提供了可资借鉴的经验。通过对邹平个案的研究，我们可以看出，县域经济能否作为就近、就地城镇化的空间单位，关键在于能否为人的城镇化提供各项物质和制度保障。其中，最为核心的仍然是就业问题，县域经济要想实现就近、就地城镇化，必须具备一定的产业基础，为当地劳动力提供相对充裕的工作岗位，吸引各类人口定居。通过邹平县2009—2012年各镇办人口流动情况（参

① 《邹平县城居民社会养老保险试点工作实施方案》（邹政发〔2011〕7号）。

见表16–3)，我们试分析邹平县作为就近、就地城镇化空间单位的能力情况。

表16–3　邹平县2009—2012年各镇办人口变动情况[①]

年份	镇办常住总人口（人）	户籍人口（人）	外出户籍人口（人）	外来人口（人）	乡镇从业人员（人）	外来从业人员（人）	外来从业人员占外来人口比例（%）
2009	868575	728202	45793	186166	554917	164436	88.3
2010	778777	726722	97367	149422	519693	128604	86.1
2011	791264	729728	87815	149351	519571	124243	83.2
2012	787099	726737	93581	153943	471442	124718	81.0

资料来源：据《邹平统计年鉴》(2009年、2010年、2011年、2012年)第12—14页相关数据计算。

从表16–3可以看出，邹平县外出户籍人口［计算公式：户籍人口–(常住人口–外来人口)］在2010年的时候，从45793人骤增到97367人；在这之后，基本维持在9万人左右。外来人口在2010年明显下降之后（从186166人下降到149422人），基本趋于稳定，维持在15万人左右。相比较来看，邹平县净人口流入量在6万人左右。应该说，作为就近、就地城镇化空间单位，邹平县对人口具备一定的吸引力。从外来从业人员占外来人口比例来看，外来人口流入邹平主要是为了就业（维持在80%以上），但开始呈现出些微的下降趋势（从88.3%下降到81.0%），这意味着在外来人口中存在小部分人投靠配偶或亲友现象，他们可以依靠后者的收入维持生计。

概括来说，近些年来，邹平就近、就地城镇化发展主要依托经济园区和乡镇企业的产业带动。地方政府通过基础设施投资和相关

① 部分统计数据存在错误，已根据往年情况做了纠正；其中临池镇2011—2012年外来从业人员数目、魏桥镇2012年外来从业人员数目存在明显误差，暂未找到正确数据；镇办指乡镇政府、街道办事处。

政策扶持招商引资，极大地推动了地方经济的发展。随着县乡交通网实现全覆盖，以县城为中心的经济圈辐射半径进一步扩大，县城区对乡镇劳动力的吸引力进一步加强。而随着“三山两湖一河”、城南新区、西董片区为核心的南部新城（面积约52平方公里）的建设，邹平行政中心开始向南部转移，县城区面积进一步扩大。县城区日渐成为集行政、经济、娱乐于一体的人口聚居区。

但是，邹平县就近、就地城镇化发展过程中也呈现出很多难以解决的问题，成为制约其进一步发展的不利因素，值得我们反思。

第一，产业带动城镇化的发展模式下开始出现资源和环境问题，转方式、调结构压力大。发展科技含量高、环境友好型和资源节约型工业，进一步增加第三产业在地区生产总值中的比重是邹平县政府进一步城镇化发展必须要面对的严峻挑战。

第二，农业产业化道路任重道远。近些年来，邹平县政府加大了对农业产业化的扶持力度，鼓励土地流转集中，积极探索各类新型农业经营方式。但总体来看，效果尚属一般。存在的问题主要包括:（1）土地流转市场不健全，农民缺乏退出机制。这一方面影响了土地的集中和农业的产业化进程，另一方面也不利于非农就业劳动力退出农村。（2）农业产业化法律法规不健全，执法力度不够，监督不严，导致很多农业组织徒有虚名，很难发挥应有功能。地方政府应加大宣传和监管力度，对农业组织进行严格审查，对不符合规定的农业组织进行取缔。最好能自上而下建立独立部门，对农业组织的注册、审核、资金等进行专门管理，既要避免行政系统的过多干预，又要避免农业组织对政府产生财政依赖。（3）农业产业化进程出现过急过快现象，集中后土地用途缺乏监管，土地集中后规模效益体现不出来，效率并未获得显著提高。随着第二、第三产业竞争压力的不断增大，进一步转移农业劳动力、释放农业发展空间成为县域城镇化发展的一条出路。

第三，追求政绩工程，盲目“合村并居”。为了加快城镇化进程，全国很多地方掀起一股政府主导的“运动式”的“合村并居”

热潮，不仅带来大量的资金浪费，拆迁过程中导致的一些社会问题也成为威胁地方社会治安和地方政府合法性的重要因素。笔者认为，基层政府应充分考虑当地经济发展情况和地理区位，合理引导，分类建设，不能为了追求城镇化率，人为地规划建设新社区。更不能用行政力量强迫农民拆迁，而应充分尊重农民意愿，切实保障农民的财产权益。

第四，农业劳动力素质偏低，培养现代农民压力大。目前，我国农业从业人员年龄偏大现象突出，缺乏现代农业所要求的知识和技能。地方政府应加大培训力度，积极引导具备现代农业知识和技能的新一代劳动力从事现代农业生产。

第五，过度强调物的城镇化，对人的城镇化的关注程度尚待提高。以县域经济为空间单位的就近、就地城镇化要以能充分满足人的城镇化的各项需求为目标，解决城乡居民对户籍、住房、教育、医疗、社会保障以及文化等方面的需求。只有这样，县域经济才有足够魅力吸引人口定居。

第十七章
就近城镇化不同主导模式的比较研究
——以环北京三个欠发达地区小城镇为例

一、研究背景：欠发达地区小城镇发展面临的困境

小城镇是中国城镇化的重要力量。费孝通先生很早就提出，小城镇是吸引农村人口的聚集点，是防止人口过度集中的“蓄水池”[①]。党的十八大报告提出：“要增强中小城市和小城镇产业发展、公共服务、吸纳就业、人口集聚功能。”根据《中国城乡建设统计年鉴（2009年）》，2009年末，我国有654个城市和19322个建制镇[②]。即使城镇化发展到成熟阶段，达到70%的水平，中国仍有4亿多人口在农村，他们的公共服务都需要由小城镇来提供。

欠发达地区小城镇在城镇化推进过程中，面临相对落后的发展现状与强烈的发展意愿之间的矛盾。一方面，小城镇规模较小，经济相对落后，基础设施建设水平低，在开发建设市场上与大城市和中等城市相比缺乏竞争力。以县城为例，2009年我国县城的供水量仅为中小城市的一半，再生水利用量为中小城市的四分之一，建成区绿化覆盖率为18.37%，比中小城市低13个百分点[③]。另一方面，小城镇的财政收入十分有限。根据估算，小城镇每增加1万人，就需要

---

① 费孝通：《小城镇　大问题（之二）——从小城镇的兴衰看商品经济的作用》，载《瞭望周刊》1984年第3期。

② 中华人民共和国住房和城乡建设部编：《中国城乡建设统计年鉴（2009年）》，中国计划出版社，2010年。

③ 刘晓丽：《中小城市和县城基础设施现状及问题》，载《城市问题》2011年第8期。

建设1平方公里的城镇，建设投资约2亿元。然而，在欠发达地区小城镇的财政来源中，中央和地方财政拨款很少，建设投融资的渠道比较狭窄，土地收益因此成为地方财政的主要来源。地方政府迫于政绩和财政双重压力，往往具有强烈的土地出让冲动，然而要找到能够真正带动地方发展的项目，却并非易事。

以往对我国欠发达地区小城镇发展的相关研究，在研究对象上主要集中在我国中西部经济欠发达地区，在研究视角上多以宏观为主，综合研究涉及地理区位、产业发展、规划布局、资源环境和发展战略等方面①，专题研究主要有城镇化政策②、人口城市化模式③、政府职能④、空间规划⑤等内容。总体而言，从微观角度对东部地区欠发达小城镇发展模式的研究还很不足。

本章关注我国东部环首都贫困带地区的小城镇，环首都贫困带是指在北京和天津两市中心2小时车程之内经济发展水平明显下降的地区⑥。虽然一般人们都认为大城市周边的小城镇在大城市的辐射带动作用下具有很大的发展潜力，但实际情况并不尽然。位于“环首都贫困带”的欠发达小城镇，往往由于自然地理环境或生态环境保护的约束和限制，无法选择常规的发展路径，同时又难以享受与首

---

① 郑平建：《经济欠发达地区小城镇建设探讨——以安徽省为例》，载《农业经济问题》2000年第9期；刘晓鹰、郑长德：《我国西部欠发达地区小城镇发展战略及其后发优势——以四川省为例》，载《西南民族大学学报（人文社科版）》2004年第5期；李松志、陈烈、武友德：《不同区位小城镇成长理论与模型——以欠发达地区为例》，载《城市问题》2004年第4期。

② 赵佩佩：《城镇化的“误区”与“出路”——试论东部欠发达地区城镇化发展的态势与导向》，载《城市规划》2009年第11期。

③ 俞万源：《欠发达地区人口城市化模式——以梅州市为例》，载《经济地理》2007年第3期。

④ 蒋占峰：《中西部地区小城镇建设中乡镇政府职能界定探析》，载《甘肃社会科学》2003年第2期。

⑤ 杜宁睿、贾卫宾：《欠发达地区小城镇人口空间分布形态研究——以贵州省镇宁县城为例》，载《武汉大学学报（工学版）》2003年第6期。

⑥ 何仁伟、樊杰、李光勤：《环京津贫困带的时空演变与形成机理》，载《经济地理》2018年第6期。

都同等的发展机遇，处于“弱政府”的状态。究其原因，不仅与尚未找到可行的发展方向有关，更重要的是没有找到合理的发展模式，即地方政府选择和谁合作以及如何合作。本章将运用空间政治经济学理论，采用个案研究法，对三种具有代表性的小城镇开发模式进行比较，分析不同模式中不同利益主体在小城镇建设过程中的相互关系，进而提出对策建议。

二、模式特点：环北京欠发达地区小城镇案例分析

本章三个研究案例分别是位于北京周边的J县、C市和Y县，它们与北京市中心的距离分别为88公里、180公里和60公里。三个市县虽然在空间上与北京邻近，但第二产业发展都比较落后（见表17–1），北京的辐射作用主要体现在对房地产行业的带动上。三个市县在城镇开发建设中所采取的主导方式具有不同的特征，并且在北京周边地区具有一定的代表性：J县以政府和开发商联合开发为主导，C市以开发商开发为主导，Y县以本地精英开发为主导。

表17–1　三个案例城镇的基本情况

案例城镇	面积（平方公里）	户籍人口（万人）	户籍非农业人口（万人）	生产总值（亿元）	市/县级财政收入（亿元）	城镇居民人均收入（元）	农村居民人均收入（元）
J县（2010年）	1590	83.4	14.6	209.3	19.5	18703	10998
C市（2009年）	760	54.5	—	190.0	23.8	—	—
Y县（2007年）	776	37.2	4.2	42.2	—	12084	5120

资料来源：各市县国民经济和社会发展统计公报；国家统计局城市社会经济调查司：《中国城市统计年鉴（2010）》，中国统计出版社，2011年。

1. 模式一：政府和开发商联合

J县位于北京以东，为半山区县，2010年户籍人口83.4万人，县级财政收入19.5亿元，人均财政收入在其所在市域的5个远郊区县中是最低的。政府不惜以地方最好的历史文化资源作为品牌，吸引各种投资商前来投资建设，在国家级风景名胜区建设控制范围内以打造产业园的名义进行房地产项目开发。

其结果是：（1）政府获得了土地出让收益，但在国家级风景名胜区保护范围内进行建设，违反了城市规划相关法规，且迟迟未向上级政府递交相关保护规划。（2）开发商从先期开发的房地产项目中获得巨大利益，但开发商是否会向产业园持续投资，产业园是否能够健康发展，存在很大不确定性。（3）征地过程中没有征得村民的同意，村民没有得到预期的土地补偿，强拆导致村民与政府和开发商之间的矛盾十分突出。（4）地方的自然环境和历史文化资源遭到严重破坏。

2. 模式二：开发商主导

C市位于北京以北的山区，为地级市所在地，地貌特征为“八山一水一分田”，由于自然环境和交通条件的限制，地方经济发展相对落后，市域内8个县中有6个是国家级贫困县。虽然C市市区人口超过50万人，但2009年财政收入仅为23.8亿元。C市在城市建设过程中遇到的问题是，房地产商和地方政府讨价还价，在地块选择时挑肥拣瘦，对于本应和新区开发配套进行的老旧小区改造置之不理，只建设新区，以致城市无序发展。

其结果是：（1）政府只能完成新区建设任务，老旧小区改造任务没有财力完成；（2）开发商利益最大化；（3）旧区居民的居住环境没有得到改善；（4）新区建设突破规划，城市无序发展。

3. 模式三：本地精英主导

Y县位于北京以南的平原地区，永定河故道穿过县境，历史上洪水多次泛滥，是传统的农业大县，发展比较落后，2010年县级财政收入仅为5.5亿元。Y县在发展过程中基本上没有外来开发商问津，本土发展较好的几家民营企业家得到地方政府的信任，和地方政府签订协议，分别负责多个工业园区的招商和配套开发工作。

其结果是：（1）地方政府从工业园区获得企业税收，从本地精英的房地产开发中获得土地出让收益。（2）本地精英在园区建设过程中，兼顾企业的效益和地方的发展。（3）在新农村建设过程中，本地精英充分听取村民意见，村民获得了满意的居住条件，并在工业园区获得就业机会。（4）地方经济有了一定发展，但由于工业开发区遍地开花，发展比较缓慢，并且受到开发区及相关土地政策调整的影响，不少工业园区存在问题，地方经济仍然比较落后。

三种模式相关利益方的得失情况分析如表17–2所示。

表17–2　欠发达小城镇三种发展模式的相关利益方得失分析

模式	政府	开发商	百姓	地方公共利益
模式一：政府和外来开发商联合	获得土地出让收益，但征地违反了相关法规	房地产项目获得利益，产业园建设是否可持续仍是未知数	没有得到应有的土地补偿，被迫搬迁，就业问题没有解决	自然环境和历史资源遭到破坏
模式二：外来开发商主导	完成新区建设，但旧区没有改造	利益最大化	旧区居民的生活环境没有改善	新区建设突破规划，城市发展无序
模式三：本地精英主导	获得企业税收和土地出让收益	获得企业效益，并兼顾地方发展	新农村建设充分考虑农民意愿，农民获得就业机会	开发区遍地开花，地方经济发展缓慢

三、内在机制：基于“人民—土地—政事”的分析框架

从以上三个不同主导模式的案例可以看出，欠发达小城镇的城乡发展建设面临着相似的问题——制定好的城乡规划难以实施，违规建设的现象频频出现，小城镇发展的可持续性难以得到保证。如果说城乡规划代表了地方的公共利益，那么我们不禁要问：在城乡规划实施的过程中，究竟谁对地方的发展负责？

古代中国最重要的事有三：祀、戎、农。《左传》曰：“国之大事，在祀与戎。”《国语·周语上》曰：“三时务农，而一时讲武。故征则有威，守则有财。”其中，人民和土地又是根本。《魏书》曰：“国以人为本，人以食为命。”对于地方政府而言，“土地”、“人民”和“政事”是地方工作的核心，《孟子·尽心》曰：“诸侯之宝三：土地，人民，政事。”这三点对于联系城乡的小城镇来说尤为重要，是促进地方发展、推进城乡统筹的核心要素。

依据“人民—土地—政事”的分析框架，可对地方政府的工作任务进行分解：“人民”有生活、生产的基本需求；地方政府因此需要配置相应性质的“土地”，以满足人民的需求；如何让工业区成为工业区、让新城成为新城，地方政府需要财政投入，并需要相关单位参与经营建设，这也就是地方政府的“政事”（见图17–1）。

下文分别对地方政府、外来开发商和本地精英的行为特征及其政治、经济、社会动因进行分析。

1. 地方政府

第一，地方财政捉襟见肘，只能“唯开发商是从”，规划频频被打破。对于欠发达地区的小城镇而言，目前地方政府的财政收入主要有两个来源：一个是土地出让收益，另一个是企业税收。不论是过去的开发区和工业园区建设，还是现在的城镇化和新型农村社区建设，欠发达地区的财政收入都十分有限，需要借助外力发展。其中，最直接的方式就是找开发商，在双方达成共识的情况下出让土

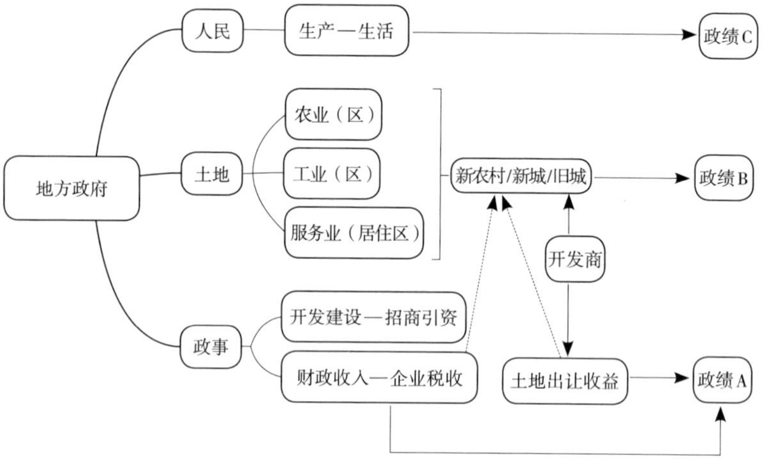

图17-1　基于“人民—土地—政事”的地方政府工作分析框架

地，获得土地收益。地方政府将土地收益的一部分用于城镇和工业区的基础设施建设，再招商引资，获得企业税收。“以地生财”已成为地方政府补充财政收入的一个重要方式。2003—2008年，全国35个大中城市的土地出让收益与地方财政预算内收入的平均比值达到54%①。在欠发达小城镇，土地出让收益更是占了全县财政收入的绝大部分。以Y县而言，2010年财政收入仅5.5亿元，连地方公务员的工资都难以支付，如果没有土地收益，很多事情都无法开展。在这种情况下，地方政府往往会唯开发商是从。

第二，地方干部频繁换届，只管开新区、上新项目，难以保障规划的可持续性。地方干部频繁换届，也是影响地方发展的重要因素。根据国家相关规定，县级人大和党委的任期是五年，但实际情况是县级干部流动十分频繁，任职两三年就调走的现象屡见不鲜。Y县工业园区负责人说：“现在不少干部一来就想着怎么走，谁走得

① 郑思齐、师展：《“土地财政”下的土地和住宅市场：对地方政府行为的分析》，载《广东社会科学》2011年第2期。

快，谁能力就强。”官员频繁流动造成的结果是，县里虽然已经有了开发区或新城，但开发区还是遍地开花。

基于地方政府目前的发展方式，由于力量过于分散，地方经济很难发展，这就导致大量规划做完之后难以付诸实施，规划的可持续性很难得到保证。这不仅造成大量的财力、人力、物力浪费，每隔三五年就要重编规划、重新招商，而且还在县内引起不必要的竞争。如果政府和企业联合起来，把优惠政策都集中到一个开发区，集中力量办大事，相信很快就能发展起来。

2. 外来开发商

开发商追求的目标是利益最大化，他们希望以最低的成本，占据最好的资源，同时获得最大的利润。从J县和C市两个案例可以看出，开发商的行为与地方公共利益存在冲突，开发商想方设法打着各种旗号从房地产项目中获得巨大利润，表面上看高楼大厦起来了，城乡面貌改善了，但是当地百姓并没有从中获得实质上的好处，既没有得到应有的补偿，也没有获得就业的机会，更让人痛心的是，地方原本和谐的人文生态环境遭到了极大的破坏，对于独具山水特色和文化传统的小城镇而言这无疑是“破坏性建设”。

3. 本地精英

本地民营企业的精英具有两面性，一方面具有一般开发商逐利的特征，另一方面，由于扎根在本土，在开发建设过程中会注意把企业的效益与地方发展结合起来，做长期的打算。Y县工业园区负责人说：“我们会有一个规划，和政府合拍，政府要什么政绩，我们要什么效益，要双赢。”从Y县案例看，本地精英在开发过程中，充分考虑了农民的生活和生产问题，其开发的目的和地方公共利益是具有一致性的。

四、总结与讨论：重返乡土

基于人民、土地和政事这三点地方工作的核心，我们不难看出，立足于本土的、可持续性的发展，是小城镇实现健康城镇化的内在要求。当前欠发达地区小城镇发展不起来的原因，从根本上说，是由于更深层次利益结构的不平衡：既有地方政府的力量与开发商的力量之间的不平衡，也有地方官员任职的短期性与地方发展的长期性之间的不平衡。

从环北京三个欠发达地区小城镇的发展经验可以看出，地方发展的动力最好来自本土。越是以本地精英为主导，发展好的可能性越大，越是以外来开发商为主导，发展好的可能性则越小。具体而言，外来开发商追逐的是个体经济效益最大化，地方政府如果缺乏对经济、社会、生态效益的综合考量，而一味追求个别房地产开发项目带来的土地出让收益，甚至不惜破坏生态环境，那么地方发展境遇就会变差。如果地方政府能够做到综合考虑经济、社会、生态三者之间的平衡，限制和约束外来开发商的个体逐利行为，那么则有可能实现个体经济效益与整体经济、社会、生态效益之间的平衡。然而此种情况在欠发达地区往往难以实现，因为地方政府在与外来开发商博弈的过程中多处于劣势地位，在目前以发展为主导的政绩考核体制下缺乏与外来开发商议价的能力，因而也往往使得地方发展处于艰难境地。而本地精英主导的发展则不同，由于其本土特征，熟知本地情况并且受制于民众舆论，通常能够将经济效益与社会效益和生态效益进行较好的结合，并且与地方政府保持较好的合作关系，因此，如果地方政府能够制定科学合理的发展框架并且保证发展的连续性，地方精英主导的发展将是最能够实现综合效益的，因而也是最有利于地方发展的。

对于尚处在发展起步阶段的小城镇，在市场机制还不成熟的条件下，为了实现地方公共利益最大化的目标，以本地精英主导的发展模式不失为一种有效的方式，即“重返乡土”。对此，有如下具体建议：

第一，在发展方向上，加强区域协同发展，营造充满活力的小城镇生活。《国家新型城镇化规划（2014—2020年）》提出："推动小城镇发展与疏解大城市中心城区功能相结合、与特色产业发展相结合、与服务'三农'相结合。"在当前加快京津冀协同发展的背景下，欠发达地区小城镇应与北京和天津等特大城市谋求互补发展。一方面，新农村建设不能仅关注住房条件的改善，而应和产业园区配套建设，将改善居住条件和增加就业机会、提升就业能力、提高家庭收入结合起来。在开发时序上要逐步推进，有条件的地方先行发展。另一方面，应完善区域补偿机制，加快推进区域范围内基本公共服务的均等化，增加小城镇的吸引力，提升整体的人居环境水平。

第二，在发展路径上，重申城乡规划的法定地位，完善地方干部政绩考核制度。城乡规划是经过科学研究制定的发展路径，是指导地方发展的"纲"。政府应当严格按照规划执行，保障规划的延续性，朝令夕改必将造成极大浪费，延误地方发展。在现行行政体系下，建议把规划的落实情况作为考核干部政绩的重要指标，期满后根据规划落实情况再决定是否升迁。与此同时，要严格审查土地审批和建设情况，遏制盲目建设工业园、开发区的行为，提高土地利用效率。

第十八章
新型农村社区建设带动的就近就地城镇化
——以河南省舞钢市为例

一、舞钢就地城镇化与农村新型社区建设的背景

1. 舞钢城镇化的工作背景

河南省提出，推进城乡一体化要以科学发展观统领全局，以体制机制创新为动力，以缩小城乡差距和提高城乡居民生活水平为目标，以加快城镇化为核心，以构建城乡统一的基础设施、公共服务体系为着力点，打破城乡二元结构，统筹城乡发展，推进农村生产、生活方式转变，使农村和城市共享现代文明，以新型城镇化引领工业化、城镇化、农业现代化“三化”协调科学发展的思路。《中原经济区规划》也提出深化“三化”协调探索，先行先试，走出发展新路子。

2007年，河南省明确指出，贯彻统筹城乡发展、推进城乡一体化是贯彻落实科学发展观的必然要求，是全面建设小康社会、奋力实现中原崛起的重要举措，也是建设社会主义新农村的重要内容。为探索城乡一体化发展的新路子，河南省选择了经济发展较快、工业比重较大、财政保障能力较强、城镇化水平相对较高的鹤壁、济源、巩义、义马、舞钢、偃师、新郑等7个市为试点，为全省推进城乡一体化提供经验，做出示范。

其中，舞钢是河南省扩权县市试点之一，也是推进城乡一体化建设的试点城市。2009年以来，舞钢市按照河南省及平顶山市关于城乡一体化发展的要求，围绕“两个集中”（土地向经营大户集中、

农民向城镇集中），将全市190个行政村、834个自然村、1421个村民组整合规划为4个中心镇、17个中心社区，确定了“一城四镇十七个中心社区”的城乡一体化发展格局。

2. 舞钢城乡一体化的政策目标

舞钢市城乡一体化最迫切的任务是：促进城乡各类生产要素的自由流动，实现城乡之间的有序流动、开放互通，加强城乡在产业发展、空间开发、生态保护、人口、就业、社会保障、公共服务设施及市政基础设施建设等方面的对接与统筹发展，从而加快缩小城乡差异，构建新型的城乡形态，实现城乡互补共荣、协调和可持续发展。

（1）实现健康城镇化

党的十八大之后我国对“新型城镇化”内涵进行了新阐释，其内涵可以归结为十六个字：四化同步、美丽中国、布局协调、以人为本。具体来讲，“四化同步”是指工业化、信息化、城镇化、农业现代化协调同步发展；“美丽中国”是指强调人口、经济、资源和环境相协调，建设生态文明的美丽中国；“布局协调”是指城镇在空间布局上，大、中、小城市与小城镇协调发展的城镇化；“以人为本”强调实现人的全面发展，建设和谐社会和幸福中国的城镇化。

新型城镇化更强调缩小城乡差距、促进城乡协调发展，其主要特征体现在四个方面：（1）城乡地位平等：城乡居民和城乡各类经济主体都享受公平的国民待遇，拥有平等的权利、义务和发展机会；（2）城乡开放互通：实现城乡居民自由迁徙，生产要素在城乡之间自由流动，城镇化水平和生产要素配置效率较高；（3）城乡互补互促：发挥城市先进生产力和先进文化的扩散和辐射作用，实现以城带乡、城乡互促的社会经济发展模式；（4）城乡共同进步：在坚持城乡地位平等的基础上，通过城乡开放互通、互补、互促机制的作用，加快缩小工农差距、城乡差距、农民与市民的差距，实现城乡共同繁荣和进步。

（2）引导人口转移，实现科学发展

新型城镇化强调引导城乡人口双向转移，赋予农民相应的财产权利、民主权利和社会权利，实现科学发展，从“伪城镇化”、“半城镇化”到“健康城镇化”，建立“以城带乡、以工促农、工农互惠”的新型城乡关系。舞钢农民户籍规模接近20万人，农民人均耕地面积不足2亩，未来仍有大量农民需要向城镇转移。政府要着眼于舞钢未来的城乡产业发展和格局，分析远期城市和乡村人口分布，以及预测农民城镇化的规模和时序；破除制度障碍，促进农民有序市民化，以及城乡人口的自由双向流动与社会融合。

（3）建设美丽新乡村

随着城市日益发展，农村资源流失，人才缺乏，农村“空心化”“老龄化”“妇女化”现象严重，农业现代化水平低，农民组织化程度不高，小农分散家庭经营方式已经难以实现，农村面临着衰败的危险。从舞钢的发展情况看，农民收入逐年增加，但水平总体不高。2010年，舞钢市城乡收入比为3∶1。农业产业化和规模化进程缓慢，因此，要盘活农村的土地与资产，激发农村发展活力，同时实现以城带乡、城乡协调可持续发展。

二、舞钢农民现状及城镇化意愿调查

为了解舞钢村民对城乡一体化建设的想法和意愿，以及农村的基本情况，调查组在舞钢市农村运用随机偶遇村民进行问卷访谈的方式开展了调研。问卷涉及的调查对象为留守在农村的村民以及在乡镇工厂工作的农民工。调查范围覆盖舞钢市域内4乡4镇7个村庄，最终完成368份有效问卷。问卷内容涉及被调查者的个人基本情况、家庭基本情况、土地状况、住房情况、农业产业化意愿、市民化意愿和对建设新型社区的看法。

1. 农民市民化的意愿

（1）近一半农民愿意以承包地换城镇户口和社会保障

通过询问农民“是否愿意在放弃承包地的前提下获得城镇户口

和社会保障”，将近一半（47.8%）的村民表示愿意这样做，不愿意的比例占三分之一左右（31%），剩下的21.2%的村民表示不清楚（见表18–1）。对于这件事情，农民的意见较为分化，但是多数的人愿意获得城镇户口，是开展下一步工作的良好基础。

表18–1　是否愿意放弃承包地，获得城镇户口和社保

村民意愿	人数	百分比
愿意	176	47.8%
不愿意	114	31.0%
看情况	78	21.2%
合计	368	100.0%

（2）年老农民更希望获得城镇户口和社会保障

不同年龄段的农民对于放弃承包地，获得城镇户口的选择分为两种情况，20—39岁年龄段的人有近一半的人选择“不愿意”，30%多的人选择“愿意”，选择“看情况”的比例最少；40岁以上的村民，有一半左右的人选择了“愿意”，30%左右的人选择“不愿意”，这恰恰和年轻人（20—39岁）的选择相反。由此可见，年老的人更加希望获得城镇户口和社会保障，而年轻人则希望保留农村户口。

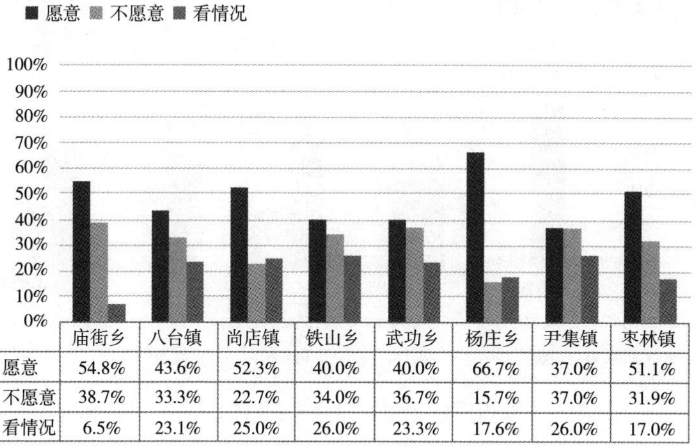

	庙街乡	八台镇	尚店镇	铁山乡	武功乡	杨庄乡	尹集镇	枣林镇
■ 愿意	54.8%	43.6%	52.3%	40.0%	40.0%	66.7%	37.0%	51.1%
■ 不愿意	38.7%	33.3%	22.7%	34.0%	36.7%	15.7%	37.0%	31.9%
■ 看情况	6.5%	23.1%	25.0%	26.0%	23.3%	17.6%	26.0%	17.0%

图18–1　是否愿意放弃承包地，获得城镇户口和社保（分乡镇）

从图18-1可以看出，杨庄乡、枣林镇、尚店镇和庙街乡的农民更倾向于获得城镇户口和社会保障，超过半数的村民愿意放弃承包地，获得城镇户口和社会保障，其中杨庄乡比例最高，为66.7%。尹集镇、武功乡、铁山乡和八台镇也有40%左右的村民表示愿意放弃承包地，获得城镇户口和社会保障。表示不愿意的比例比较低的乡镇有杨庄乡（15.7%）和尚店镇（22.7%），剩下的乡镇表示不愿意的均在30%—40%。

（3）近六成村民愿意到城镇居住

在提到是否愿意去城镇居住（但一定要卖出农村的住房）时，61%的村民表示愿意，39%的表示不愿意。这反映出一个相似的问题，即农民对于出卖宅基地或者让出土地的想法还是不同的，究其原因，笔者通过分析年龄、教育等背景因素，并未发现显著差异。根深蒂固的乡土情结和对未来生活的不确定性可能是他们选择留在农村，继续经营土地的主要原因。

从年龄角度来看，30岁以下的人迁居城镇的意愿比例较高（83.3%），而40—49岁的中年人更愿意居住到城镇中，比例为65.4%（见图18-2）。

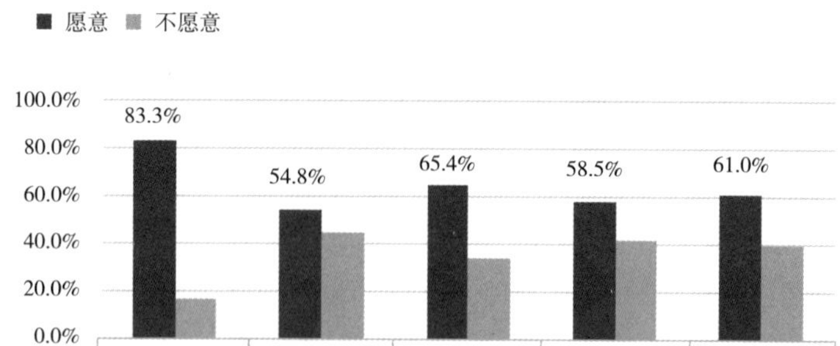

	20—29岁	30—39岁	40—49岁	50—59岁	60岁及以上
■ 愿意	83.3%	54.8%	65.4%	58.5%	61.0%
■ 不愿意	16.7%	45.2%	34.6%	41.5%	39.0%

图18-2　是否愿意卖掉农村住宅到城镇居住（分年龄段）

如果分乡镇来看，杨庄乡和尚店镇的农民愿意迁居城市的比例最高，分别为70%和72.7%，枣林镇的比例最低，为45.7%，其他乡镇的比例都在50%—65%之间（见图18-3）。

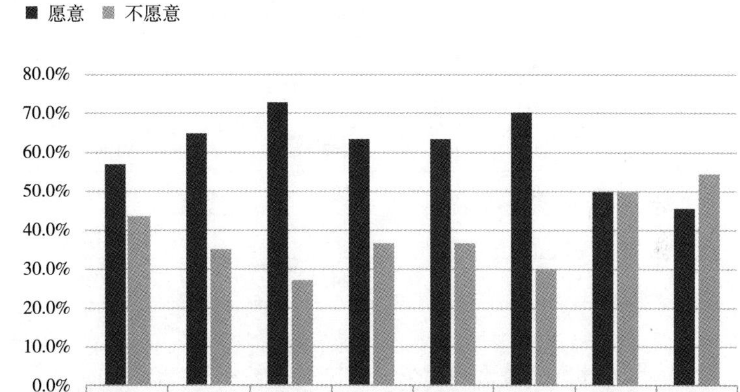

	庙街乡	八台镇	尚店镇	铁山乡	武功乡	杨庄乡	尹集镇	枣林镇
■ 愿意	56.7%	64.9%	72.7%	63.3%	63.2%	70.0%	50.0%	45.7%
■ 不愿意	43.3%	35.1%	27.3%	36.7%	36.8%	30.0%	50.0%	54.3%

图18-3　是否愿意卖掉农村住宅到城镇居住（分乡镇）

（4）迁居后迫切希望解决就业、养老和医疗问题

市民化的过程就是从农民到市民的适应性过程和给予其转化身份的制度性保障。面对城市生活的时候，农民最希望解决的是市民身份和待遇问题。从表18-2可以看出，养老问题、医疗问题、就业问题是最为迫切需要解决的问题，如家中有小孩，那么教育问题就成为最重要的问题。

表18-2　迁居后希望解决的问题

问题	选择	频率	百分比
就业	是	199	80.6%
	否	48	19.4%
	合计	247	100.0%

续表

问题	选择	频率	百分比
教育	是	182	73.7%
	否	65	26.3%
	合计	247	100.0%
养老	是	222	89.9%
	否	25	10.1%
	合计	247	100.0%
医疗	是	202	81.8%
	否	45	11.2%
	合计	247	100.0%

（5）半数村民支持土地流转

表18–3显示，超过一半（51.2%）的农民都支持土地流转，这是因为大部分的农业效益比较低，已经无法满足农民的生活生产需求。但是，对于那些种植特色经济作物的农户来说，他们的土地效益比较高，并不希望进行土地流转，加上一些人对土地的依赖和依恋，超过四分之一（26.2%）的人愿意继续耕种土地。而剩下将近四分之一（22.6%）的人则要看流转之后能够得到的土地租金情况来决定是否流转。

表18–3　舞钢村民土地流转意愿

村民意愿	人数	百分比
支持流转	188	51.2%
看具体情况	83	22.6%
自己经营	96	26.2%
合计	367	100.0%

从年龄段上看，年轻人（20—29岁）对土地流转的态度更加开放，支持土地流转的比例为66.7%，超过其他年龄组支持土地流转的比例（47%—53%之间），表现出了积极的态度（见图18–4）。

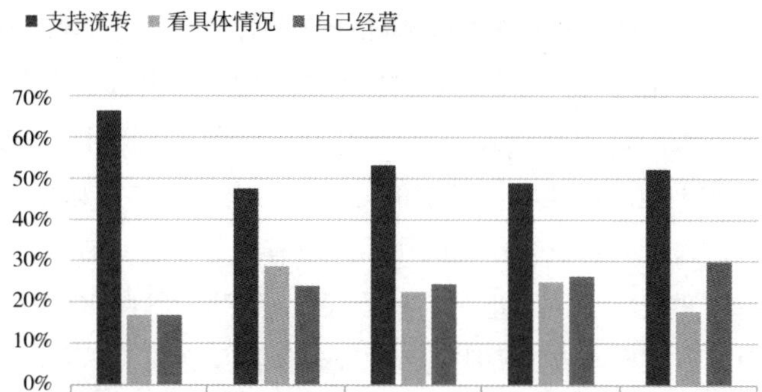

	20—29岁	30—39岁	40—49岁	50—59岁	60岁及以上
■支持流转	66.7%	47.6%	53.3%	48.8%	52.3%
■看具体情况	16.7%	28.6%	22.4%	25.0%	17.8%
■自己经营	16.6%	23.8%	24.3%	26.2%	29.9%

图18-4　村民土地流转意愿（分年龄段）

从各乡镇的情况来看，庙街乡、杨庄乡、尚店镇和八台镇的农民更倾向于将土地流转，比例都达到了50%以上，其他几个乡镇的农民对土地流转持积极态度的比例稍低一些，但也都在40%以上。枣林镇有44.7%的农民愿意自己经营土地，而尹集镇农民愿意自己经营土地的比例仅为10.9%（见图18-5）。

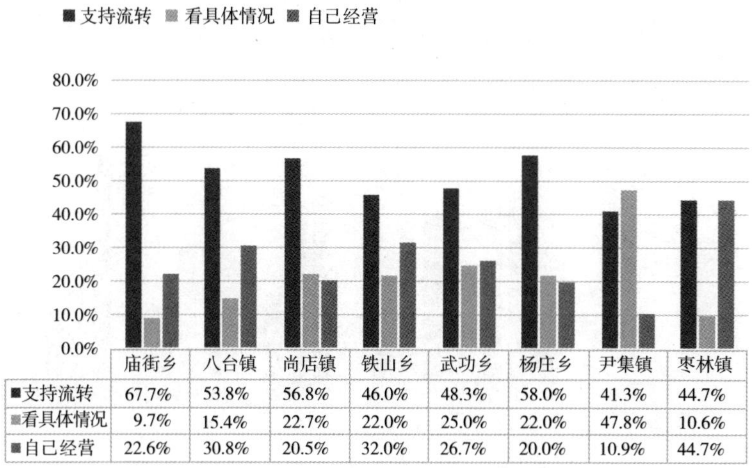

	庙街乡	八台镇	尚店镇	铁山乡	武功乡	杨庄乡	尹集镇	枣林镇
■支持流转	67.7%	53.8%	56.8%	46.0%	48.3%	58.0%	41.3%	44.7%
■看具体情况	9.7%	15.4%	22.7%	22.0%	25.0%	22.0%	47.8%	10.6%
■自己经营	22.6%	30.8%	20.5%	32.0%	26.7%	20.0%	10.9%	44.7%

图18-5　村民土地流转意愿（分乡镇）

（6）村民希望采用村集体统一经营或“公司+基地”模式

对于土地流转的方式，村民们更多地希望由村集体来统一经营，这部分人占到了45.5%，还有36%的人希望以“公司+基地”的方式来运作土地。被学者们赋予最大期望的农业合作社却是农民最少选择的，这说明农业合作社的作用还没有充分体现，需要一定的宣传。另一个重要的原因可能是有些农民不愿意回到过去合作社的土地管理模式，需要向农民说明新型农业合作社与之前的不同之处。

表18-4　对土地流转方式的意愿

流转方式	人数	百分比
村集体统一经营	135	45.5%
公司+基地	107	36.0%
农业合作社	55	18.5%
合计	297	100.0%

（7）年轻农民更倾向合作经济，年老农民支持村集体统一经营

图18-6表明，年轻人对于土地的收益方式稍微有别于其他年龄段的群体，更倾向于选择“公司+基地”和农业合作社的方式来获得土地收益。其他年龄段所呈现的趋势是年纪越大，越期待村里统一经营，越不支持农业合作社的经营方式。

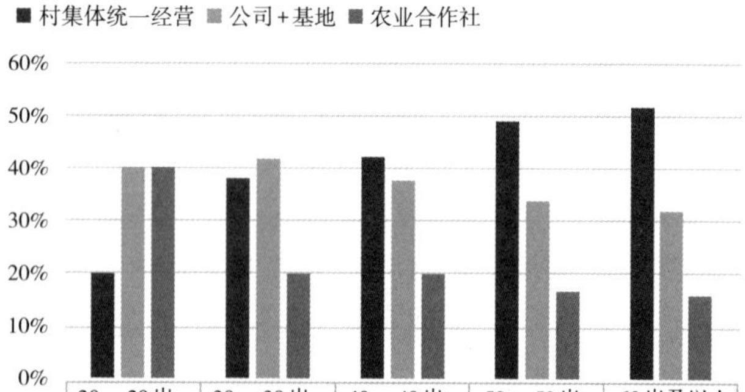

	20—29岁	30—39岁	40—49岁	50—59岁	60岁及以上
■ 村集体统一经营	20.0%	38.0%	42.2%	49.2%	51.7%
■ 公司+基地	40.0%	42.0%	37.8%	33.8%	32.2%
■ 农业合作社	40.0%	20.0%	20.0%	17.0%	16.1%

图18-6　村民土地流转方式意愿（分年龄段）

图18–7表明，武功乡和铁山乡的农民大多希望由村集体统一经营土地，比例分别为53.6%和54.5%，庙街乡则有54.2%以上的农民选择“公司+基地”的方式。

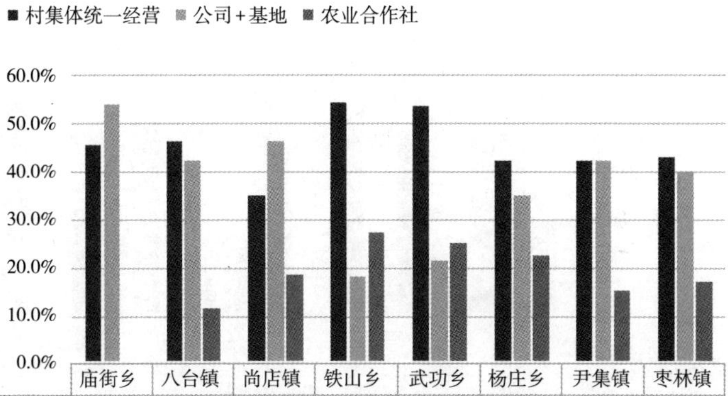

	庙街乡	八台镇	尚店镇	铁山乡	武功乡	杨庄乡	尹集镇	枣林镇
■村集体统一经营	45.8%	46.2%	34.9%	54.5%	53.6%	42.5%	42.5%	42.9%
■公司+基地	54.2%	42.3%	46.5%	18.2%	21.4%	35.0%	42.5%	40.0%
■农业合作社	0.0%	11.5%	18.6%	27.3%	25.0%	22.5%	15.0%	17.1%

图18–7　村民土地流转方式意愿（分乡镇）

（8）年轻农民青睐分红，年老农民倾向于固定收益

对于流转之后土地的收益方式，农民期待更多的是“固定收益”的方式（占比39.1%），这样比较安全。但是，一些人为了增加土地收入，加之更为开放的观念，会选择通过“固定收益+分红”的方式来获得土地租金（占比22.3%），只有20.9%的人选择通过入股分红的方式来获得收益。

从年龄角度看，年轻人更倾向于选择“固定收益+分红”的方案，比例为40%—44%；40岁以上人群的情况基本一致，一半左右的人会选择固定收益的方式获得土地收益。（见图18–8）

从各乡镇的情况看，铁山乡、庙街乡有三分之二的农民期望有固定收益，这个比例高于其他几个乡镇。尹集镇、杨庄乡、尚店镇选择固定收益的比例最低，为30%左右。与其他几个乡镇不同，杨庄乡有45%的农民选择了以分红的方式获得土地收益。尹集镇和尚

店镇较其他几个乡镇而言，更多人选择“固定收益+分红”的方式，比例分别为50%和38.6%。（见图18-9）

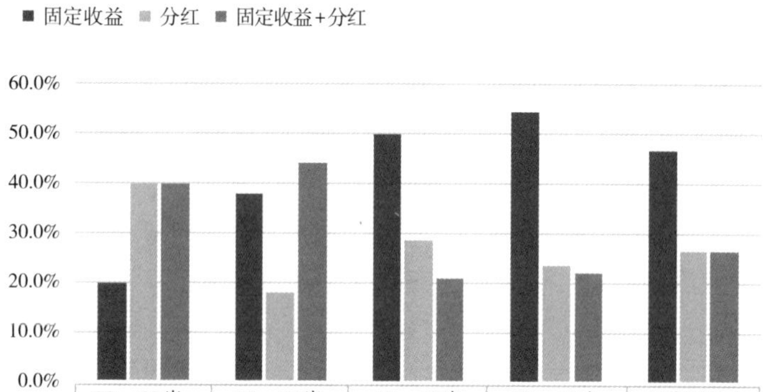

	20—29岁	30—39岁	40—49岁	50—59岁	60岁及以上
■固定收益	20.0%	38.0%	50.0%	54.4%	46.7%
■分红	40.0%	18.0%	28.9%	23.5%	26.7%
■固定收益+分红	40.0%	44.0%	21.1%	22.1%	26.6%

图18-8　对土地收益方式的期待（分年龄段）

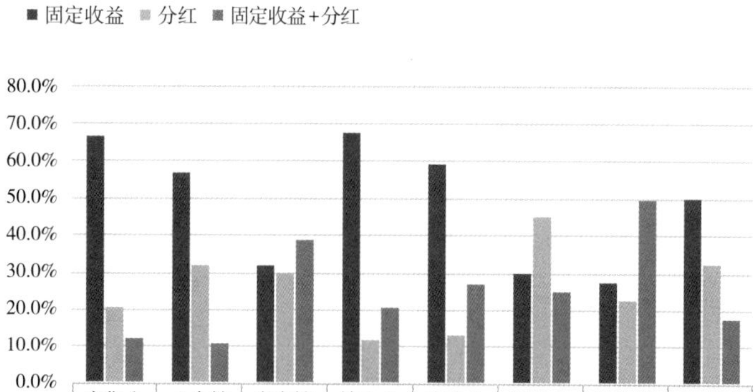

	庙街乡	八台镇	尚店镇	铁山乡	武功乡	杨庄乡	尹集镇	枣林镇
■固定收益	66.7%	57.1%	31.8%	67.6%	59.3%	30.0%	27.5%	50.0%
■分红	20.8%	32.2%	29.6%	11.8%	13.6%	45.0%	22.5%	32.4%
■固定收益+分红	12.5%	10.7%	38.6%	20.6%	27.1%	25.0%	50.0%	17.6%

图18-9　对土地收益方式的期待（分乡镇）

2. 舞钢农民住房现状及新型农村社区意愿

（1）近六成农民赞同规划新型农村社区

建设新型农村社区是统筹城乡建设的基础工程，改善村民们的居住环境，是市民化的第一步，能让他们获得城市社区生活的最初体验。对于这个问题，大多数村民（占比59.4%）表示赞同统一规划建设新型农村社区，不赞同的人有五分之一（占比22.1%），剩下18.5%的村民表示说不清（见表18–5）。可见建设新型农村社区的群众基础比较坚实，关键是建设费用从哪里来，对老房子的补偿办法如何，这是农民们关注的重点。

表18–5　是否赞同统一规划新型农村社区

村民选择	人数	百分比
比较赞同	218	59.4%
不太赞同	81	22.1%
说不清	68	18.5%
合计	367	100%

不同年龄段对于建设新型农村社区的态度并无显著差异，只是年龄较大的村民支持的比例更高。

各乡镇对于统一规划新型农村社区的期待比例都类似，均在50%—67%，其中赞同的比例都超过了半数。枣林镇、庙街乡不太赞同建设新型农村社区的村民比例都接近三分之一，分别为31.9%和32.3%。

（2）村民希望邻近本村建设新型农村社区

对于新型农村社区建设的位置问题，大多数村民（占比65.1%）认为建在本村比较合适，这样不用离家和土地太远，外出的话现在的交通也比较方便，所以，本村建设成为最多的选择。另有16.5%的人选择到镇区居住，有18.4%的人愿意和邻村合并建设（见表18–6）。

表18-6　希望新型农村社区建设的位置

选择位置	人数	百分比
本村就地建设	233	65.1%
和邻村合并	59	16.5%
集中到镇区	66	18.4%
合计	358	100.0%

（3）年轻农民希望合并或集中到镇区，年老农民愿意本村新建

从不同年龄段村民对新型农村社区建设的位置的期待来看，与其他大龄群体不同，20—29岁的村民更希望和邻村合并或者集中到镇区，比例分别为50%和33.3%，30岁以上的村民至少有60%的比例选择本村就地建设新型农村社区（见图18-10）。

从不同乡镇的情况来看，尹集镇、杨庄乡、武功乡和铁山乡的村民相比其他乡镇的村民而言，更加希望在本村就地建设，比例均在70%以上。其他四个乡镇48%—62%的村民希望在本村就地建设。不过，这几个乡镇支持集中到镇区的比例相对于前几个乡镇的比例更高（见图18-11）。

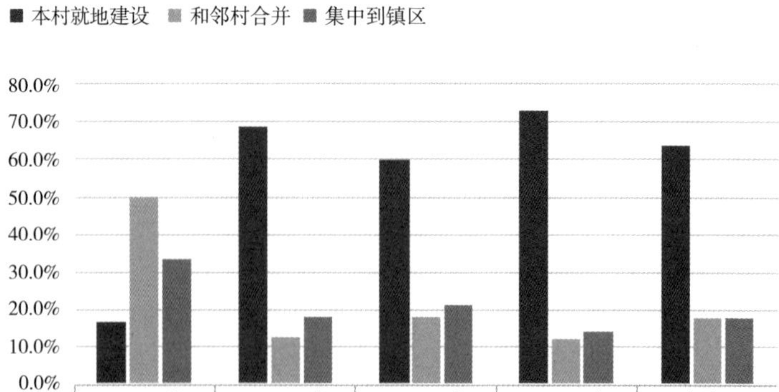

	20—29岁	30—39岁	40—49岁	50—59岁	60岁及以上
■本村就地建设	16.7%	68.9%	60.5%	73.2%	63.8%
■和邻村合并	50.0%	13.1%	18.3%	12.2%	18.1%
■集中到镇区	33.3%	18.0%	21.2%	14.6%	18.1%

图18-10　希望新型农村社区建设的位置（分年龄段）

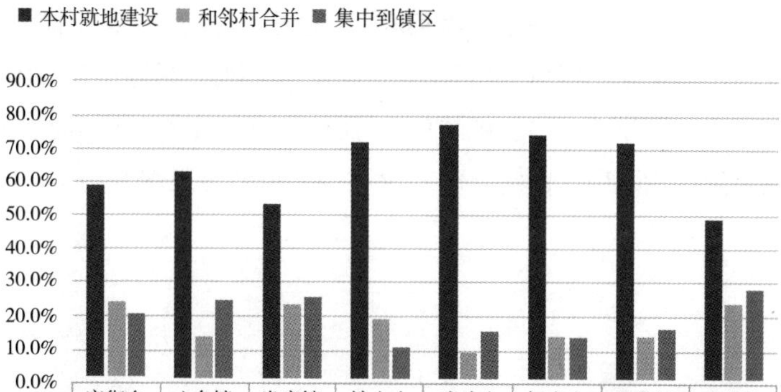

	庙街乡	八台镇	尚店镇	铁山乡	武功乡	杨庄乡	尹集镇	枣林镇
■本村就地建设	58.0%	62.2%	52.3%	71.4%	76.7%	73.3%	71.1%	48.9%
■和邻村合并	22.6%	13.5%	22.7%	18.4%	8.3%	13.3%	13.3%	23.4%
■集中到镇区	19.4%	24.3%	25.0%	10.2%	15.0%	13.4%	15.6%	27.7%

图18-11　希望新型农村社区建设的位置（分乡镇）

（4）独门独院120—150平方米的住房最符合村民期待

对于新型农村的建筑形式，绝大多数村民（占比93%）还是希望保持现在的居住风格，即独门独院。另有4%的村民表示愿意住4—6层的楼房，还有3%的村民愿意住高层楼房（7层及以上）。

对于新型农村社区的面积，20%的人选择90—120平方米，50%的人选择120—150平方米，30%的人选择150—200平方米。

（5）农民最排斥开发商建设新社区，支持政府统一建设

对于建设模式，55.6%的村民认为政府统一建设的比较好，同意政府规划。近三分之一（32.4%）的选择自己建设，9.3%的同意由村集体建设，同意由开发商建设的人微乎其微（占比2.7%）。这可能是因为村民们觉得由开发商建房成本会提高，以后入住房子要交的钱也会比政府统一规划或者村集体建设的高一些。

（6）多数村民愿意拆除宅基地和旧住宅

只要建好了新社区，农民对拆除旧房的决定还是比较支持的，59%的人选择了愿意拆除旧房和宅基地上的一些建筑，只有41%的人选择了不愿意。从不同年龄段对拆除旧房的态度来看，年轻的村民更加愿意拆除旧房和宅基地，比例为83.3%；60岁以上的村民中，表示

愿意的比例还不到一半，为48.6%（见图18–12）。对比不同乡镇对拆除旧房的态度，枣林镇和武功乡的村民最不愿意拆除旧房，比例都不到一半，分别为38.3%和45.0%。而杨庄乡和庙街乡有超过70%的村民愿意拆除旧房，比例分别为78.4%和76.7%（见图18–13）。

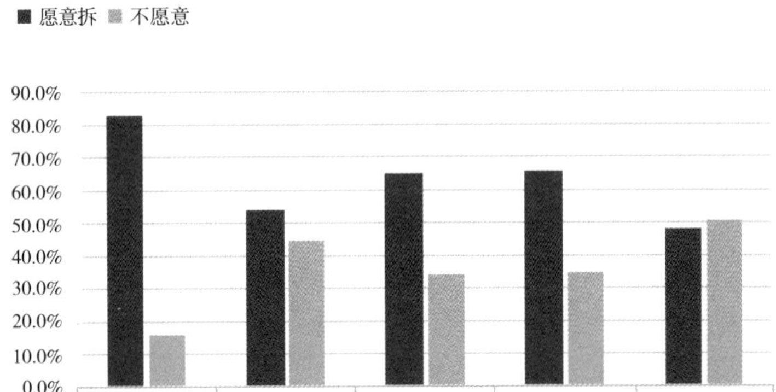

	20—29岁	30—39岁	40—49岁	50—59岁	60岁及以上
■愿意拆	83.3%	54.8%	65.1%	65.5%	48.6%
■不愿意	16.7%	45.2%	34.9%	34.5%	51.4%

图18–12　对拆除宅基地和旧住宅的看法（分年龄段）

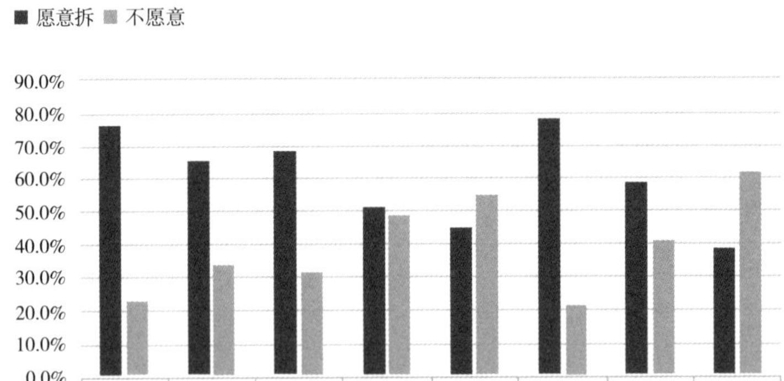

	庙街乡	八台镇	尚店镇	铁山乡	武功乡	杨庄乡	尹集镇	枣林镇
■愿意拆	76.7%	65.8%	68.2%	51.0%	45.0%	78.4%	58.7%	38.3%
■不愿意	23.3%	34.2%	31.8%	49.0%	55.0%	21.6%	41.3%	61.7%

图18–13　对拆除宅基地和旧住宅的看法（分乡镇）

（7）农民期望拆除旧房的补偿标准

对于拆旧房需要补偿多少钱，农民大都依据目前自己房子的价格或者是依照当时建房时的单价加上通货膨胀的水平，来计算补偿款。在同意拆除旧房的人当中，不到四分之一（23.3%）的村民选择了1000元以下的补偿单价，这可能和房子老旧有关系，所以要价不高。还有46.6%的村民选择了1000—1999元的补偿单价；15.1%的村民选择了2000—2999元的补偿单价；15.1%的村民选择了3000元及以上的补偿单价，这部分人是因为房子比较新，当时确实花了不少钱。另外也有个别村民要价大大超出了房子实际所值，这种情况属于个例。

三、舞钢就近新型城镇化的特点

2011年8月，河南省委书记在舞钢视察之后，认为舞钢的“新型城镇化”“新”在两个地方：一是舞钢的城镇化是包含了农村的城镇化。舞钢没有采取单纯的城市规模扩张的方式，即就城市说城市、就城市抓城市那种单纯意义、传统意义上的城镇化模式，而是包含了农村的城镇化，也就是农民就地城镇化的方式，把新型农村社区纳入多层级的城镇体系之中。二是舞钢的城镇化实现了城乡统筹发展，新型农村设施实现了基础设施一体化、公共服务设施均等化，农民不用进城就变成了市民，享有与市民同等的待遇。

总结而言，舞钢城镇化有两个突出的特点：一是以新型农村社区建设作为推进新型城镇化的重要抓手，新型农村社区既是带动农村发展的增长点，又是推进城镇化的战略基点；二是与以往以产业为主导的城镇化不同，舞钢的城镇化是以农村集中居住为主导，同时发展配套产业，主要有现代农业型、工业带动型、商贸流通型、旅游服务型四种类型。

1. 新型农村社区建设的选址布局

舞钢在新型农村社区选址布局方面，镇村干部对农民进行了初步的摸底调查，最终提出“三贴近”原则，即贴近城区、贴近镇区和贴近产业集聚区，以保障新型农村社区具有充分的就业支撑和发展动力。

其中中心城区周边的新型农村社区包括城区北部邻近产业集聚区的上曹社区、九龙山社区，城区南部的龙湖社区、吴庄社区。位于重点镇镇区的有尚店镇宝润社区、枣林镇枣林社区、尹集镇柏都社区、八台镇丰台社区以及中心城区东北武功乡武功社区等。位于产业集聚区的有石漫滩水库南侧龙凤湖度假区的张庄社区等。另外一些社区则考虑对农业地区的服务和集聚，依托于以前的乡集镇，如尚店镇王店社区等。

2. 新型农村社区建设的推进方式

舞钢市委市政府为了推进和落实“新型城镇化”的发展思路，颁布了三个文件。2010年3月4日颁布了《舞钢市关于加快推进中心镇中心社区建设促进农民向城镇集中的优惠扶持办法（试行）》（简称《优惠扶持办法》），2011年9月29日颁布了《关于以新型城镇化引领“三化”协调科学发展的实施意见》（简称《实施意见》），2011年12月19日又颁布了《关于建立健全新型农村社区建设管理工作机制的意见（试行）》（简称《社区管理意见》）。舞钢出台的政策文件主要有以下内容：

第一，政府投入资金扶持建设中心社区。舞钢根据“乡镇自建、财政奖补”的原则，中心镇和中心社区的基础设施建设费用由乡镇政府承担，一户社区住宅基础设施建设投资约6万元。新型农村社区只面向特定地区的农户放开，农户按照建房成本价购买新房，价格在10万—12万元。《优惠扶持办法》资金扶持政策中规定：“从2010年起，每个中心镇用于基础设施和公益事业建设的投资额不低于200

万元，每个已启动建设的中心社区用于基础设施和公益事业建设的投资额不低于50万元，市里根据中心镇、中心社区实际投资额按照一定的比例给予资金奖补。”

第二，农民就地集中，置换土地收益反哺社区建设。舞钢市190个行政村共有农户约7万户，宅基地用地面积共计7.11万亩。计划让农民就地集中进入新型农村社区居住，由此可节约建设用地指标用于城镇建设和发展，其土地收益用于反哺新型农村社区建设和土地整治。《实施意见》中写道：“中心镇、中心社区建设土地挂钩指标节余部分的50%由乡镇自主运作，其收益由乡镇投入到社区建设”，“中心镇、中心社区内的商业运作部分，土地招拍挂所获土地出让金净收益部分全额返还乡镇”；“中心城区集中使用的指标，按每亩1万元的标准补贴给乡镇，补贴资金从土地出让金中列支”。根据测算，集中建设的新型农村社区占地3.53万亩，可腾退出宅基地3.58万亩。建设用地增减挂钩节余的指标，一半约1.79万亩用于乡镇自主经营，收益投入社区基础设施建设；另一半约1.79万亩用于中心城区，主要计划用于产业集聚区建设和发展。

第三，政府给予购新补贴，而无拆旧补偿。舞钢的新型农村社区建设推行的原则是“规划先行、就业为本、群众自愿、量力而行”[①]，政府主要依靠新型农村社区的“三优”——优美的环境、优惠的政策和优质的服务——吸引农民购买新房。新型农村社区建设涉及“拆旧”和“建新”两个环节，舞钢市政府的做法是不补偿“拆旧”，只对于购买社区新房的农户给予一定补贴，金额在5000—15000元不等。根据《优惠扶持办法》，对于在中心镇及城市规划区外的中心社区购房、建房，并按时清理归还宅基地的农户，居住在新建的多层高层楼房的，最高可补贴1.5万元（每平方米补贴150元，每户补贴面积不超过100平方米）；居住在新建的三层及以下住房或自建住房的，每户补贴5000元。对于在城市规划区内中心

① 尹集镇张庄中心社区墙上标语。

社区购房，并按时清理归还宅基地的农户，居住在新建的多层高层楼房的，最高可补贴2万元（每平方米补贴200元，每户补贴面积不超过100平方米）。对于购房资金不足的农户，政府最高可提供3年期的免息贷款3万元。

第四，允许新型农村社区农户获得城镇户籍。根据《优惠扶持办法》，迁入中心镇、中心社区的舞钢本地农民，经审批可以免费办理城镇居民户口。这一办法也是符合国家相关规定的。根据2012年《国务院办公厅关于积极稳妥推进户籍管理制度改革的通知》，对于舞钢市这类县级市，只要有合法稳定职业并有合法稳定住所（包括租赁住房）的村民，都可以申请落户。

四、对舞钢农民就地城镇化意愿的思考

1. 舞钢新型农村社区的创新意义

舞钢推进新型农村社区建设虽然面临许多客观的困难，但是在当前的城乡二元制度环境下，无疑具有很强的创新意义。

第一，探索了破解小城镇建设用地困境的新模式。舞钢在选择17个新型农村社区试点时，对农民的意愿进行了初步的摸底调查，基本上符合相当一部分农民的意愿。在17个新型农村社区中，有10个社区是位于中心城区和镇区周边的，实质是通过新型社区建设做强小城镇，发挥聚集效应，具有模式创新意义。在我国现行的土地管理模式下，建设用地指标从中央到地方层层分解，实际上到了县域以后，建设用地指标已经非常紧张，能分配到小城镇的指标就更加匮乏。自20世纪80年代乡镇企业发展的浪潮过后，除了江浙等少数地区，大多数地区的小城镇发展进入了相对停滞时期，其中土地指标的缺乏是重要原因之一。农民宅基地、集体建设用地向城镇的置换和集聚，实际上提供了另外一种途径，破解了小城镇发展缺乏用地指标的困境，探索了现行制度下如何利用“级差地租”的机制。

第二，探索了农民就地城镇化和城乡一体化的新模式。新型农村社区建设，引导了农民适度聚集，便于公共服务。新型农村设施实现了基础设施一体化、公共服务设施均等化（包括教育设施、社区卫生服务站等），农民不用进城就变成了市民，享有和市民同等的待遇，是农民"就地城镇化"的一种新模式。不仅"城镇导向型"新型农村社区引导了农民的集聚，布局于乡村的新型农村社区，包括3个旅游服务型和8个农业服务型新型农村社区（含规划建议增加的），也具有探索乡村建设新模式的重要意义。在城镇化过程中建设富于魅力、活力的美丽乡村，是城乡一体化的重要方面。

第三，合理引导农民的消费需求，促进建设用地集约。舞钢农民就地城镇化的发展方式，探索了以不牺牲耕地保护为代价的可持续发展模式，对于河南这样以农业人口为主的农业大省而言具有重要的示范意义。调研发现，农民具有很强的改善型居住需求，特别是新一代农民从原有家庭独立出去以后，很多都需要购买或自建新房。如果这些需求不加以引导，则势必导致农村的住宅不断增加，未来出现更大的浪费。这正是改革开放多年以来，农村人口不断外流，但宅基地和农村建设用地反而持续增加的原因。新型农村社区建设，虽然在"拆旧建新"方面具有一定的实施难度，但至少起到了引导这些"新增"需求的巨大作用。同时，这样也可以抑制农村中的炫耀消费等不良风气。另一方面，传统乡村分布过于分散的局面，给设施一体化和建设管理带来很大难度，而新型农村社区建设则非常有利于乡村建设的统一规划和管理，在促进城乡建设集约用地上无疑迈进了很大一步。

2. 舞钢就地城镇化的主要问题

舞钢市力图将新型农村社区建设纳入城镇规划体系，把新型农村社区建设作为统筹城乡发展的结合点、推进城乡一体化的切入点，着力增强新型农村社区建设在新型城镇化发展道路上的战略基点作用。根据舞钢市的测算，全市190个村拥有存量建设用地7.11万亩，规划整合到17个中心社区后占用土地3.53万亩，可节约土地3.58万亩。利用城乡建设用地增减挂钩政策，把节约的用地指标一部分用于社区经济的发展，大部分可调剂到中心城区及产业集聚区，基本破解了土地哪里来和粮食怎么保的难题。

但问题在于，17个社区的合并，并没有经过全体村民的认可，农村新型社区内的占地行为也无法让大多数农民受益，目前所建的社区内的楼房大多为独栋二层小楼，无法满足广大农民的需求。而在住房的购买过程中也出现了问题，例如买而不住、一人多套等。根据对舞钢现行农民住宅“拆旧建新”补贴政策的了解，补贴主要有政府对新型农村社区公共服务设施和基础设施投入的补贴，以及农民购买新型社区住房的奖励补贴。从实践上看，存在如下问题：

首先，新型社区建设中的“隐形补贴”问题。融入城区的社区，已经部分分享了级差地租收益。以上曹社区为例，农民以10万—15万元购买未来市区住房一套，未来城区扩展后允许流通市价可达20万—30万元/套。城镇社区住房，农民也可获得部分收益。纯乡村地域的新型农村社区住房，农民购买积极性不高。其次，购新补偿为主，不符合公平原则，只在购买新房这一头上才有“奖补”措施，实际上只是鼓励了更有经济实力的农户（比如购买多层楼房户型的购买面积越大，得到政府补贴越多），而没有体现出公平性的原则，很容易造成村庄内部的矛盾。再次，无法鼓励农民“拆旧”，指标无法流转，目前已经建设的新型农村社区，农民购买新房后并未主动拆除旧房。据调研，已经购房的800多户农民中，仅有144户具有拆旧的意向。

鉴于“隐形补贴”存在激励机制不明确、补贴分配不够公平的弊端，我们建议政策上明确对农民住宅“拆旧”的补偿，实现“明补”，以提高农民“拆旧购新”的积极性。

3. 新型农村社区建设应该注意的原则

舞钢新型农村社区建设具有很多创新与突破的意义，但实践中也面临着许多问题，这也为其他地区进行城乡统筹建设提供了很多经验和启示。

第一，生活方式转变必须与生产方式转变相一致。从舞钢新型农村社区推进的成效和困难不难看到，农村生活方式的转变必须与生产方式的转变相一致。农民的城镇化首先是就业方式的转变，包括从农业进入工业或者服务业，或从小农生产方式进入现代高效农业生产方式。只有实现了生产方式的转变和收入水平的提升，城镇化才有物质基础和条件。农民本身的意愿明显印证了这一点。主动愿意迁往城镇和新型农村社区的农民大多早已经从事第二、第三产业，具有较高的收入水平；而愿意居住在原来村庄的农民很大程度是因为还处于小农生产方式下，经济条件也比较有限。

因此，推进新型农村社区建设，首要和基础的工作是发展经济促进农民非农就业，改传统小农生产方式为现代农业经营模式。在此基础上，才能有步骤地推动农民集中居住，也比较容易得到农民的支持。如果操之过急或者“运动式”推进，则效果相反，容易引起诸多社会问题。

党的十八届三中全会明确提出，要“健全城乡发展一体化体制机制，加快构建新型农业经营体系，推进家庭经营、集体经营、合作经营、企业经营等共同发展的农业经营方式创新，鼓励和引导工商资本到农村发展适合企业化经营的现代种养业，向农业输入现代生产要素和经营模式”，明确指出了农村发展模式和农业产业模式现代化在农村建设发展中的基础地位。

舞钢在推进新型农村社区建设中也比较重视农民就业问题，提出了一个新型农村社区配套一个小型产业集聚区的思路，发展与居住相配套的产业，给农民创造多条就业渠道。这样农民既可以外出打工，又可以就近就业。但由于农业产业化的复杂性，从实践看这仍然需要一个比较长期的过程。

第二，分类引导，根据经济社会发展水平逐步推进。由于农村情况千差万别，在发展模式上也可能走向不同的经营方式，例如规模化的种植、农旅结合、高效农业等，区位条件也存在着近郊和远郊及土地价值不同等因素，不同村庄具有很大的差异性。因此，应当结合各村发展的条件，对新型农村社区建设进行分类引导，在条件成熟的地区优先发展，逐步推进。在当前的城镇化发展阶段，建议采取“大集中、小分散”的发展方式，在县域整体谋划的基础上分类弹性对待。

第三，“自上而下”与“自下而上”相结合。村庄不仅存在着条件差异，在发展模式上也具有一定的偶然性和不确定性。而“村企合作”等都需要外部主体的参与和投入。因此，在农村居民点调整引导中，政府应该进行整体布局和政策引导，但必须注意“自上而下”与“自下而上”相结合。在全域规划指导下，政府应充分尊重农民意愿，鼓励村庄集体和外部企业、投资主体合作，提出村庄产业发展和土地整治方案，建立多层次规划沟通咨询体制。

第十九章
新型农村社区建设带动的就近就地城镇化
——以湖北省鄂州市为例

推进中部地区就近城镇化，是破除城乡二元结构的重要依托。近年来，各地在实践中，对就地就近城镇化进行了多种形式的尝试与探索。本章对城镇化道路探索中较具特色的湖北省鄂州市新型农村社区建设情况作一分析研究，以期对我国新型城镇化道路发展提出政策建议。

一、湖北省鄂州市城镇化发展概况与新型农村社区的发展背景

湖北省的新型农村社区建设发端于各地农民集中统一建设房屋的实践。进入21世纪以后，中央围绕农村社区出台了一系列政策。2005年，党的十六届五中全会指出："建设社会主义新农村是我国现代化进程中的重大任务，新农村建设的基本内涵是生产发展，生活富裕，乡风文明，村容整洁，管理民主。"2006年，党的十六届六中全会通过《中共中央关于构建社会主义和谐社会若干重大问题的决定》，提出："全面开展城市建设，积极推进农村社区建设，健全新型社区管理和服务体制，把社区建设成为管理有序、服务完善、文明祥和的社会生活共同体。"这是在中央的决定和文件中第一次使用"农村社区"概念，并提出了农村社区的建设目标。2007年，党的十七大再次强调，把城乡社区建设成为"管理有序、服务完善、文明祥和的社会生活共同体"，这表明社区不再只是城市的"专利"。

2008年，党的十七届三中全会通过的《中共中央关于推进农村改革发展若干重大问题的决定》进一步强调“必须完善农村社会管理体制机制，加强农村社区建设，保持农村社区和谐稳定”。2012年，党的十八大报告提出了“四化同步”的城乡一体化发展思路，同时指出，新型农村社区建设是新型城镇化的重要支撑，是推进农村“三化”协调发展的重要体现。在中央政策的指导下，2006年，湖北省武汉市的江夏区被确定为全国第一批“农村社区建设实验区”，江夏区按照“一村一社区”的原则，因地制宜地探索确定农村社区设立模式，形成了既统一又各具特色的农村社区建设格局。2007年，湖北的赤壁、谷城、秭归等12个县（市、区）被列入“全国农村社区建设实验县（市、区）”，湖北的宜城、孝感、京山等5个县（市、区）被纳为“湖北省级农村社区建设实验县（市、区）”，以及在3个省级农村社区建设研究联系点。

2008年，鄂州被湖北省确定为全省第一个城乡一体化试点城市，此后，在鄂州市有组织地启动了村庄搬迁整合工作。2009年，鄂州市制定的《鄂州城乡一体化发展纲要》明确提出，到2011年，初步建立城乡一体的经济社会发展体制和运行机制，城镇化率达到61%；到2016年，建立更加完善的城乡一体化经济社会发展管理体制和管理机制，城镇化率达67%。

湖北省在认真总结各地农民群体探索和地方新农村建设经验的基础上，创新性地将各地开展的“中心村、示范村、农村住宅社区”等归纳为新型农村社区。2011年8月25日，湖北省委、省政府出台了《关于进一步加强社区建设的意见》（鄂发〔2011〕26号），将新型农村社区建设纳入现代城镇体系规划，以新型农村社区为载体，着力增强新型农村社区的战略基点作用，推动城镇生产要素和产业链条向农村延伸、基础设施和公共服务向农村覆盖，化农村为城市、化农民为产业工人，让广大农民过上城市人的生活，从而推进城乡一体化发展。

新型农村社区的发展模式源于基层的实践与探索，从新农村到新型农村社区的转变，把新型农村社区作为新型城镇化的战略基点，作为城乡一体化发展的切入点，是就近城镇化道路的一种新的表现形式。

二、鄂州市新型农村社区建设的总体构想

鄂州市位于湖北省东部，濒临长江。帝尧时为樊国，夏商时为鄂国，秦汉时为鄂县。公元221年，吴王孙权改鄂县为武昌，取“以武为昌”之义称帝建都。1983年，鄂州成为省辖市。全市国土面积1593平方公里，是著名的百湖之市、鱼米之乡。闻名遐迩的“武昌鱼”就产自鄂州。

鄂州市拥有鄂城、华容、梁子湖3个县级区和葛店开发区，以及古楼、樊口、西山、凤凰4个直管街道办事处。鄂城区辖汀祖、碧石渡、泽林、燕矶、杜山、新庙、沙窝、花湖、杨叶、长港10个乡镇；华容区辖庙岭、华容、段店、临江、蒲团5个乡镇；梁子湖区辖东沟、太和、涂家垴、沼山4个乡镇和梁子岛生态旅游区；葛店开发区辖葛店镇。全市有汉、蒙古、回、苗、藏、壮、朝鲜、满、侗、瑶、白、土家、高山、水、纳西、锡伯、傈僳等20多个民族。

全市人口分布状况从2010年“第六次全国人口普查”数据中可见一斑。鄂州市登记的户籍人口为1082653人，常住人口[①]为1048672人。全市常住人口的地区分布如表19–1所示。全市常住人口中，具有大学（指大专以上）文化程度的77470人，具有高中（含中专）文化程度的174720人，具有初中文化程度的431821人，具有小学文化程度的247864人（以上各种受教育程度的人包括各类学校的毕业生、肄业生和在校生）。

进入21世纪后，鄂州市城镇化进入快速发展时期。2007年，鄂

---

① 此处的常住人口包括：居住在本乡镇街道，户口在本乡镇街道或户口待定的人；居住在本乡镇街道，户口在外乡镇街道，离开户口所在的乡镇街道半年以上的人；户口在本乡镇街道，外出不满半年或在境外工作学习的人。

表19–1　鄂州市常住人口地区分布

地区	鄂城区	华容区	梁子湖区	葛店开发区（含葛店镇）	鄂州开发区	凤凰办	古楼办	西山办
人口数（人）	303315	172599	142608	64734	31013	138032	127600	68771

资料来源：2010年“第六次全国人口普查”数据。

州市城镇化率达到56%，比2003年提高了6个百分点，平均每年提高1.5个百分点。城市建成区面积达到46平方公里，是建市之初的4.6倍。在这一进程中，城乡居民收入差距也逐渐缩小，但总体收入水平还不高，2007年全市城镇居民可支配收入低于全省平均水平。同时，城乡差距依然存在。

2008年，湖北省委、省政府为贯彻落实科学发展观、建设社会主义新农村，确定在鄂州开展推进城乡一体化的试点。在这一背景下，鄂州市政府按照武汉城市圈建设“两型”社会综合配套改革试验的总体要求，遵循“统一规划、循序渐进，市场运作、体制创新，城乡联动、双向推进，以人为本”的原则，推进新型农村社区建设。

鄂州市政府对全市市域1593平方公里进行科学规划、科学定位，按照经济流向和发展潜力进行城市功能分区，在鄂州靠近武汉、黄石的地域布局新城，在交通节点、经贸较发达镇区建设特色镇，突破行政村的界限规划中心村（新社区），构建以主城区为中心，三座新城（葛华科技新城、红莲湖旅游新城、花湖工贸新城）为依托，十个特色中心镇（太和、汀祖、燕矶、碧石、段店、蒲团、涂家垴、沼山、长港、长岭）为节点，其他建制镇和中心村为基础的四位一体城乡空间格局。

新型农村社区的规划坚持与“一主三新十特”的城镇体系规划相协调，遵循“用地集约节约、产业发展优化、聚居人口适度、服务半径合理、资源配置有效、功能相对完善、地方特色明显、公共安全保障”的原则，分类推进新型农村社区建设。全市共规划建设60个农村新型社区，计划到2016年，全市18万农村居民住进新型农村社区。在这一进程中，鄂州市政府出台了多项配套政策，一方面，发挥产业集群的辐射作用和吸纳作用，促进农村劳动力向城镇转移；另一方面，积极推进农村社区向城镇社区转变。

为发挥规划先行的作用，鄂州市政府提出，既要对城镇建设做出总体规划，也要对乡村民居建设做出总体规划，要求在全市范围内统一规划布局重大产业发展项目、公共事业项目和社会发展项目，提高资源配置效率和设施共享度，实现鄂州与武汉、城市与农村的产业发展、基础设施、国土利用、社会事业、生态环境保护等各类专项规划全面对接。

在新型农村社区建设的过程中，鄂州市沿着“试点→总结经验→逐步推进”的模式推进，分阶段完成预期目标。在这一过程中，鄂州市建设新型农村社区推进统筹城乡发展的主要目标是推进“六个一体化”：城乡规划一体化、城乡产业布局一体化、城乡基础设施一体化、城乡公共服务一体化、城乡社会管理一体化、城乡市场体系一体化。

三、鄂州市新型农村社区建设的模式特点

鄂州市政府紧密结合地方资源禀赋、经济条件、人文特点和长远发展需要，充分尊重群众的意愿，发扬首创精神，探索出多种农村新社区建设推进模式。当地政府将这些模式总结为六种类型：迁村腾地型、依托集镇型、项目拆迁型、城中村改造型、产业培育型、环境整治型。

不同模式的社区建设有各自的特色，但鄂州市新型农村社区建设的一个共性就是每个社区都采取改建、扩建或新建方式，建立了集管理、服务、教育、活动等功能于一体的农村社区综合服务中心，承接政府延伸到农村的政务服务及有关公共服务。每个社区综合服务中心一般按“1+8”的模式设置公共服务设施，即社区党（委）支部、村（居）委会的办公场所和便民服务中心、综治维稳中心、文体活动中心、劳动就业培训中心、卫生服务中心、计划生育服务中心、农村党员群众电教中心、农家超市。这种八位一体的社区综合

服务中心（“1+8”社区服务中心），会存在不同社区具有同一服务功能、部门名称却不同的情况，但从功能的角度看，都体现了新型农村社区公共服务设施配备状况和“以人为本”的思想。从鄂州市新型农村社区建设这几年的探索实践来看，试点村的村容村貌村风得到了快速改善，这些不同模式的社区建设实践中，一些富有特色的经验值得总结。在此，我们从产业支撑视角，对不同类型社区进行探讨，从中可以透视不同社区的特点。

1. 迁村腾地，节约土地资源

鄂州市政府将新社区建设与国土整理“增减双挂钩”项目相衔接，鼓励分散居住的农民以其宅基地置换新规划区内的住宅用地集中建房。蒲团乡横山新社区以这种方式安置农户360户，平均每户占地由2亩减到200平方米。横山村地处乡政府所在地，交通便利，武黄高速、樊寺路呈十字形穿村而过。在引导村民进新社区的过程中，政府出台了一些政策，控制、引导和激励农民向横山社区集中，如政府规定横山新社区所在地的横山村村民自行改建、新建住宅必须迁入新社区集中建设，否则不予审批。在新社区集中建房，要求村民做到“五个统一”：统一规划、统一式样、统一施工、统一放线、统一颜色。愿意在新社区集中建房或购房者，均可享受一些优惠政策。

调查发现，政府主导试点的这种社区，“迁村腾地”确实集中了部分村民住宅，在节约用地方面取得了初步成效。该地首期社区建设，整体搬迁了一个小组及周边零星散户，净增土地200余亩。但是，当地并无产业支撑，因此，当地政府也表示不会在该地继续扩大社区规模。

2. 发挥农业优势，推进新型农村社区建设

路口村地处鄂城主城区西南10公里，武黄高速路口出站口西侧，樊湖公路与武黄高速在境内形成立体交通关系，百里长港自东向西穿村而过，地理区位优越。域内沟港纵横，水系发达，交通十分便

捷。该村下辖13个村民小组、9个自然湾，农业人口781户、3161人。全村国土面积为6.8平方公里，拥有耕地面积6451亩（其中旱地2600亩，养殖面积2200亩，自留地面积800亩），是一个传统的农业大村。该村土地肥沃，雨量充沛，特别适合大规模农产品的种植，发展大农业的优势明显，是宜居宜业的理想场所。

根据路口村的资源优势和特点，当地政府采取村庄整治与新村建设相结合的模式建设路口新村。一方面，以村庄整治工程为重点推动新村建设，在“三清”（清淤泥、清垃圾、清路障）的基础上，实施“硬化、绿化、亮化”工程，着力推进村庄整治工程，改善农村人居环境。另一方面，以农业产业化为龙头推动新村建设，发展壮大水产和蔬菜两大支柱产业，建成农业特色板块，提高农业产业化水平。路口村是一个水产大村，拥有水产养殖面积2700亩。2011年，该村致力于南湖水产养殖改造工作，着手打造南湖水产千亩特色水产养殖基地。2012年，村委会以永达水产养殖专业合作社为载体，开展南湖基地千亩鱼池的流转工作，推行“公司+基地+农户”的新型养殖模式。为夯实村级集体经济，2011年，村委会注册成立了“鄂州市路口拓峰贸易发展有限公司”，为村级集体经济发展构建平台。通过努力，公司与北京市怀柔区鹿业协会签订合作协议，引进以鹿文化为主题的大型农家乐项目。公司将通过社会融资、个人参股、财政支持等方式筹资，结合北京市怀柔区鹿业协会成功的经营管理经验，新建了一个集梅花鹿养殖、鹿文化展示、人鹿互动、特色餐饮等于一体的大型工业园区。

尽管路口村农业产业化处于起步阶段，但从政府已采取的系列举措及其成效，包括当地的发展前景来看，路口村以农业产业化推动新型农村社区建设的模式具有可行性。

路口村主要着力于村庄的整治结合新农村建设。新社区建设本着不搞大拆大建的原则，以村庄整治为主。社区一期建设主要在村庄整治上，通过农村硬件设施的改造，来改善居民居住条件。目前已完成“百里长港示范区”沿樊湖线房屋的“穿衣戴帽”工作，以

“三清”（清淤泥、清垃圾、清路障）、“三化”（硬化、绿化、亮化）为重点，建成环境优良、和谐文明的农村新社区。在此基础上，优化产业结构，发展村集体经济，规划的社区二期建设将以“迁村腾地”模式为主。路口村一期新型农村社区建设，以村庄整治和产业结构调整为抓手，对人口相对集中、居住条件较好的自然村，通过推进村庄整治，建设自然生态型新社区，暂时没有出现失地农民和户籍变动情况。这种模式因地制宜，不需要大拆大建，可以减少投资、节约成本。

2009年以来，峒山村新农村社区的建设，也是发挥农业优势，打造“宜居宜业宜游”的旅游新社区。突出生态农业、观光旅游、古镇文化相结合的特点，以产业拉动峒山的经济发展。与路口村不同的是，峒山村的一期建设以“迁村腾地”为主。

3. 工业化带动新型农村社区建设，推进就地城镇化

在鄂州市新型农村社区建设实践中，泽林镇楼下村是“城中村改造型”的典型代表。

泽林镇楼下村下辖11个村民小组，3250人，耕地面积150亩，人均耕地面积不足0.05亩，是一个典型的土地资源匮乏村。多年来该村大力发展矿业、建筑业等支柱产业。2009年，借助市委区委强力推进城乡一体化建设的有利契机，楼下村“两委”确立了“四园一区”（工业园、现代农业高科技园、自然生态休闲园、物流园和商贸居住新区）的城乡一体化发展思路。

自2009年该村城乡一体试点实践以来，楼下村把搬迁村民的安置房建设同开发商的商品房建设结合起来。截至2012年5月，楼下村引进开发商对旧村集中改造，260户拆迁户住进新居，用腾退的300亩土地开发工业园，安置农民就业。

调研发现，整个楼下村村民基本上是无地的，因楼下村有村集体经济（矿产资源），村民大部分在矿上就业，有的组每年还发钱（物）。拆迁后，房屋面积按1∶1分配新社区房屋，社区基础设施完善，

属于自发形成的新社区。居民总体满意，大家更愿意拥有农村户口。

池湖社区的建设也是依托当地特有产业发展起来的。与楼下村不同的是，池湖村的试点实践是依托金刚石刀具产业园和葡萄基地，建成产业和社区同步发展的农村新社区。该社区以龙头企业、规模种养板块为基础，规划建设核心产业园区，配套建设农民集中居住区。池湖社区的建设属于政府主导推进，因地理位置与市区近、地势平，交通便利。一方面，政府征地用于产业发展，另一方面，让农民集中居住，可转换出一部分宅基地。与楼下村相比，池湖社区的村集体经济相对较弱，产业发展还处于培育阶段，征地补偿标准大约为每亩2万—3万元，而用于该社区建设的耕地质量较好，据了解，该地每年每亩可收益2万—3万元。从我们走访的情况来看，对于50多岁的村民来说，因为外出就业无望，考虑到长期的收入问题，一部分人不愿意土地被征用。

总而言之，在建设新型农村社区的城镇化过程中，产业支撑的重要性明显可见。只有与产业相关联的就业、住房和社会保障问题得以顺利解决，老百姓才会满意。

四、鄂州市新型农村社区建设的政策保障

鄂州市政府在推进新型农村社区建设的同时，以深化户籍管理制度、就业制度、社会保障制度、土地制度及农村行政体制改革为突破口，为促进城乡和谐发展提供体制性保障。

1. 深化户籍管理制度改革

为加快鄂州市城镇化、工业化和现代化进程，促进城乡经济和社会协调发展，进一步规范户籍管理，根据《国务院批转公安部关于推进小城镇户籍管理制度改革的通知》（国发〔2001〕6号）精神，鄂州市分别于2002年、2003年、2004年和2009年进行了不同程度的户籍制度改革。

表19-2　2002—2004年鄂州市城镇落户条件的变化

年份	落户条件变化
2002	在城区和建制集镇有合法固定住所并有常住户口者，直系亲属可投靠入户 年龄要求：子女小于18岁，父亲大于60岁，母亲大于55岁 在城区或城镇购商品房、合法自建房屋者，面积达80平方米以上 投资、经商，经营性资产额达10万元以上 本地生源的大中专毕业生，暂无工作者，办理城镇集体户口；失地农民登记为城区常住户口
2003	取消房屋面积限制 增加“从事个体经商、餐饮业三年以上者，可申请本人及直系亲属在城区入户” 本地生源的大中专毕业生，暂无工作者，可回原户口所在地入户
2004	房屋面积达50平方米 投资、办实业注册资金达5万元以上或经商、从事其他经营活动达2年以上 考取本市大中专院校（含技校）的学生，在校期间可不办理户口迁移，就业后可随单位或实际住地迁移

上表中所列内容均为在相应年份符合所列条件之一者，均可以在该市落户。从表中我们可以看出，鄂州市在人口城镇落户条件的设定上，随着时间的推移，为适应变化的形势，户籍政策有不同程度的调整。

根据湖北省政府进一步深化户籍管理制度改革的有关精神，鄂州市结合实际，进一步推进和深化鄂州市户籍管理制度改革。从2004年11月3日起，鄂州市打破城乡分割的户籍管理二元结构，建立以居住地登记户口为基本形式、以合法固定住所和稳定职业（生活来源）为基本条件的户籍登记制度，规定凡在鄂州市登记常住户口的居民，按实际居住地统一登记或改登为“湖北居民户口”。

为更好地推进城乡一体化，鄂州市政府进一步放宽户口迁移落户政策，最大限度地降低户口迁移条件，取消对农村劳动力进城落户的指标限制，取消申报、迁移户口的各种不合理的前置限制条件，积极探索城镇人口迁移农村落户的管理办法，统一按公民经常居住地登记户口，以合法固定住所、稳定职业或生活来源为户口准迁基本条件；改革暂住证制度，实现对流动人口由暂住证管理向居住证管理转变，保证领取居住证的流动人口与当地居民在纳税等方面履行同等义务的同时，享有同等待遇；简化户口办理程序，将户口审批统一到各区分局户政大厅直接受理，实行“一站式”服务。

现行户籍政策在2004年户籍政策的基础上，进行了一些调整。一是取消购房入户房屋面积限制。二是放宽户口迁移落户政策，主要体现在四个方面：（1）未婚子女投靠父母落户的，不受子女年龄在18周岁以下的年龄限制；父母在城镇购房落户的，其未婚子女随迁不受年龄在18周岁以下的年龄限制。（2）凡男方原籍在本市农村、现在城镇工作，其妻子及其未婚子女长期与男方父母实际生活在原籍所在农村的，经男方原籍所在村组同意，并出具接收证明，其妻子及其未婚子女可投靠男方父母落户。（3）在本市工作的本地生源或本科以上外地生源的大中专毕业生，可投靠本市任何亲戚朋友落户或在所在单位落户。（4）在城镇生活没有着落、原籍在农村且有固定住所并连续居住三年以上的，经原籍所在村组和乡（镇）同意并开具接收证明，由当地公安派出所审核、公安分局审批后可回原籍农村落户。

2. 完善就业保障制度

解决就业是推进人口城镇化的关键环节，而加强职业技能培训与认定则是保障就业的有效途径。鄂州市在这方面为我们提供了好的范例。

第一，整合培训资源，规范管理培训机构。市政府对培训机构进行了全面调查，在此基础上，整合资源并进行规范化管理。目前，鄂州市已基本上形成了以公办培训为主以民办培训为辅的门类齐全、设施配套的培训网络体系。截至2011年，鄂州市人社部门共有培训机构27个。其中，从地域分布上看，主城区有19个，开发区及乡镇有8个；从开设的专业看，有机电一体化、数控技术、应用电子技术、旅游、机床、机械加工、农副产品加工等30多个专业；从师资构成上看，有专职教师185人、兼职教师61人、实操教师43人。从设施设备上看，全市拥有职业培训设施设备1006台（套、批）。

第二，突出重点，巩固创业培训品牌。由于创业培训在发挥创业带就业的作用中具有辐射性、带动性强的特点，2008年，鄂州市在全市大力实施了“金桥创业带就业工程”，重点推进了创业培训工作。2011年，政府把创业培训作为培训工作的重中之重，加大巩固创业培训品牌力度，通过推行“创业培训+小额贷款”模式来促进城乡劳动者自主创业，充分发挥创业培训在创业带就业中的作用。目前，创业培训的人员已涵盖农村劳动者，复员、转业、退役军人，高校毕业生等人群，非城镇学员比例由2010年的15%上升到了26%。为满足不同人群、不同培训对象的要求，鄂州市政府拓展了培训方式方法，将创业培训班办到街道、乡村。为提高创业培训质量，成立了“鄂州市创业指导中心”、“鄂州市专家咨询委员会”及“鄂州市创业促就业志愿者服务组织”，这三支团队各司其职、各负其责，为创业者提供个性化和专业化的跟踪服务，极大地促进了创业者的创业热情。此外，针对鄂州市残疾人技能欠缺、求职困难的现状，鄂州市成立了专门的培训学校，如2011年鄂州市华容区成立的鑫诚职业技术培训学校。

第三，在培训方式上，以“服务企业、服务经济发展”为切入点，与企业开展联合培训，提高企业职工技术水平。如2011年，鄂州市天路机械职业学校直接把培训办到企业，与鸿泰钢铁厂、武钢球团厂联合，为企业开办了3期培训班，培训员工200多人；同年，对全市的星级宾馆人员进行技能鉴定与技能培训。

鄂州市在职业技能培训方面为我们提供了可供借鉴的成功经验。要促进农民工就业并能在城市公平参与竞争与就业，就需要加强职业技术技能的培训与认定工作，为农民进城提供前提保障。

3. 建立土地合理流转机制，保障农民权益

与以往不同的是，当今的农民收入来源呈多样化的特点，土地的收益功能弱化，保障功能增强。在这一背景下，建立适应城镇化

的土地合理流转机制，理应成为各级政府的责任。

新型城镇化与新农村建设是一个有机整体。加大城乡统筹力度，实现城乡良性互动，是我国“十二五”时期面临的一个重大战略。随着工业化与城镇化的快速发展，农村人口的非农化转移带来农村常住人口的逐渐减少，突出表现在农村人口转移减少未与农民居民点用地面积缩减挂钩，由此出现的农村“空心化”及其“空心村”问题，已引起政府部门的关注。2007年为探索并逐步完善农村社区建设思路，形成适合我国国情的农村社区建设管理体制和运行机制，民政部下发了《全国农村社区建设实验县（市、区）工作实施方案》，打算用一到两年时间开展农村社区建设实验活动[①]。农村社区建设拉开了我国迁村并居的序幕。从总体来看，迁村并居是件好事，完善了农村人居环境与基础设施，利于推进农村城镇化。但有些地区出现了明显的“冒进”倾向，有些地方政府利用城乡建设用地增减挂钩，为了增加城市建设用地指标，不顾农民的意愿和利益，强制推行迁村并居，致使一些农民“被赶上楼”，给农民的生产生活带来了不利影响。[②]

在城乡一体化过程中，鄂州市政府采取多种措施改革征地制度，探索不同模式的新型农村社区建设，一方面节约了土地，另一方面社区的基础设施和人居环境得到了很大的改善。这不失为一种解决农村“空心村”问题的好办法。实践证明，与产业发展相配套的新型农村社区建设取得了很好的效果。鄂州泽林镇楼下村多年来依托资源优势，大力发展矿业、建筑业等支柱产业，2009年，全村实现工农业总产值1.5亿元，村集体经济纯收入达2300万元。[③]2009年，楼下村“两委”确立了“四园一区”（工业园、现代农业高科技园、自然生态休闲园、物流园和商贸居住新区）的城乡一体化发展思路。

---

① 民政部《全国农村社区建设实验县（市、区）工作实施方案》，2007年3月29日。

② 徐光平：《“十二五”时期协调推进新型城镇化与新农村建设研究》，载《东岳论丛》2011年第8期。

③ 根据笔者2012年5月在鄂州市调研时的访谈记录整理而成。

4. 完善社会保障体系，推进城乡基本公共服务均等化

对农民来说，不管是在农村还是在城市生活，最关键的是就业与社会保障。我国户籍政策的改革，阻碍更多地来源于因为附加在户籍上的非均衡的公共服务供给。作为解决民生问题的基本公共服务状况直接关系到农村的稳定与发展，进而决定了整个国家的稳定与发展。各地在推进城镇化与城乡一体化进程中，在户籍改革、就业、社会保障政策、社区管理等方面进行了完善并取得了一些成绩。

从现行户籍政策的内容中，我们可以发现，住房、稳定职业（或收入）是人口进入城市的必要条件，因此，推进县域人口城镇化发展，就要把解决就业、提高农民收入作为突破口。自十六大提出构建社会主义和谐社会以来，中央政府及各级地方政府在推进城乡基本公共服务方面，制定了一系列有成效的政策措施，包括医疗卫生、养老保险等政策。当然，一些地方虽然在人口登记管理方面实现了城乡一致，但调研发现，城市户口与农村户口在社会保障体系方面的二元体制依旧存在，在当前需要完善农村土地制度的背景下，完善农村社会保障制度显得尤为重要。

五、新型农村社区建设促进人口就近迁移

在人口城镇化进程中，鄂州市农民工外出务工的形势依然热烈。但是，随着城乡一体化进程的推进，鄂州市对人口的吸引力明显增强。借助鄂州市48个行政村2008年、2011年和2012年的2月份农村劳动力外出务工的调查数据，我们可以了解该市农村人口的流向及其特点。

一是农民外出务工的形势依然热烈。从调查数据看，农民外出务工总量略增。2012年，鄂州市外出务工人数达到127479人，同比增加1300人，增长1.03%。

二是省内外出务工人数增加，省外减少。2012年在市内乡外务

工69075人，同比增长7.41%。市内务工人数占省内人数的86%，占全部外出务工人数的54.1%。到省外务工人数46693人，同比下降2.71%。这一现象折射出本地经济跨越发展呈现良好势头。

三是外出西部务工人员减少，外出中东部的增长。中部地区务工增长幅度较大。西部地区务工26373人，同比下降2.98%。中部地区务工81417人，同比增长4.87%。东部地区务工39689人，同比增长0.51%。西部务工人数不及东部五分之一，中部地区人数主要集中在本省，省内务工人数占中部地区人数的98.64%。

四是从就业的行业来看，这几年鄂州市农民工从事第二、第三产业的人员明显增加，而从事第一产业的人员基本持平。从2012年鄂州市农民就业的行业看，从业人数增长的行业主要是制造业，其次是服务业，第一产业从业人数5727人，同比增长0.17%，基本持平。第二产业务工人数71765，同比增长1.41%，占外出务工总人数的56.3%，第三产业从业人数49987人，同比增长0.58%。

从以上分析可以看出，近年来，省内及市内对当地农民的吸引力有所增加。鄂州市农民流向出现上述变动的主要原因有：

一是省内及市内就业机会的增加。中部地区尤其是湖北省的省内及市内经济发展迅速，从鄂州市的情况来看，2011年，全市新开工建设项目462个，比上年增长51%，其中亿元项目62个，比上年增长129.6%；竣工投产项目56个，其中亿元项目17个。2012年初，鄂州市又有一大批亿元项目开工建设，开发区、工业园、农产品加工园的建设和新企业投产，可吸纳大批产业工人，这是市内农民工务工人数大幅度增长的主要原因。

二是外出务工工资待遇的提升。企业为解决用工荒的问题，通过提高工人待遇，达到留住人特别是一些熟练工人的目的。如2011年，鄂州市部分企业出现用工荒的问题，到2011年底时从业的普通工人月工资从1500元涨到2200元，增长46.6%，技术工人月收入在3000元以上。

三是就近就业成本相对较低。虽然中东部地区的就业机会更多、收入相对较高，但在家附近就业生活成本更低，这也是大多数鄂州市农民选择在省内就业的重要原因。

四是社会保障体系的完善。中东部地区给农民工的各项保障是农民选择继续外出的主要原因。农民工通过多年打拼，有些已融入当地生活圈。在各级政府关心下，他们的生活环境已逐渐改善。子女能比较顺利地入托、入学、就医，条件好的企业，还为农民工提供月租价格低廉的公租房。大的企业、公司还为农民工购买养老保险和医疗保险，解决了农民工的后顾之忧。

湖北省鄂州市在推进城乡一体化方面进行的诸多探索，在就业、社会保障等政策方面进一步完善，对促进县域范围内的劳动力流动起到了促进作用。实践也证明，较高的工资水平和较好的社会保障，是吸引农民流入当地的关键因素。

六、总结与讨论

1. 鄂州市新型农村社区建设的主要经验

新型农村社区建设是新型城镇化的重要支撑，是推进农村“三化”协调发展的重要体现。鄂州市结合各地实际，探索不同模式的新型农村社区建设，既节约了土地，又使社区的基础设施和人居环境得到很大的改善。鄂州市新型农村社区建设的实践表明，新型农村社区建设对于农村“空心村”问题的解决与就近城镇化的推进，都具有非常重要的意义。鄂州市新型农村社区建设的实践取得了明显成效，也给我们提供了诸多借鉴经验。

第一，以新型农村社区建设推进就近城镇化。这是对城镇化道路的一种新探索。鄂州市政府把新型农村社区建设作为推进城乡一体化的切入点，以“统一规划、循序渐进，市场运作、体制创新，城乡联动、双向推进，以人为本”为指导原则，沿着“试点→总结经验→逐步推进”的模式推进新型农村社区建设，以深化户籍管理制度、就业制度、社会保障制度、土地制度及农村行政体制改革为突破口，为推进新型农村社区建设、促进城乡和谐发展提供体制性保障。实践证明，这种按照城镇化的要求建设的新型农村社区，对促进城乡基本公共服务均等化与推进就近城镇化产生了良好效果。

第二，坚持工业化、农业现代化与新型农村社区的协调发展。有产业支撑的新型农村社区建设更利于推进就近城镇化。如鄂州市的楼下社区，因有产业支撑，很好地解决了失地农民的就业、住房、社会保障等民生问题，民众收入有保障，老百姓满意度高，自然利于推进城镇化。而类似的横山社区就没有相应的产业支撑，从实践来看，农民主要靠土地生存，更多的人是通过外出务工获得收入，因此，该地不宜大范围扩建社区规模。

第三，要最大限度地发挥新型农村社区推进就近城镇化的作用，政策保障是关键。

2. 鄂州市新型农村社区建设的政策启示

鄂州市新型农村社区建设推进城乡一体化的实践，可以给推进县域人口城镇化提供一些微观的政策启示：

第一，加强职业技能的培训与认定。鄂州市在职业技术技能培训方面为我们提供了可供借鉴的成功经验。要促进农民工就业，使其能在城市公平参与竞争与就业，就需要加强职业技术技能的培训与认定工作，为农民进城提供前提保障。

第二，建立土地合理流转机制，保障农民权益。在城镇化进程中，我们要注意对耕地的保护、土地的征用补偿与土地流转的规范化管理。

第三，完善社会保障体系，推进城乡基本公共服务均等化。对农民来说，不管是在农村还是在城市生活，最关键的是就业与社会保障。协调推进农村土地制度与农村社会保障制度，对于推进县域人口城镇化的发展是非常重要的。要为不同类型的农民制定相应的保障政策：一是无地农民，应直接将其纳入城镇社会保障体系；二是在城镇打工的流动人口，应保留其耕地承包权，以此作为他们的基本生活保障；三是已脱离土地、失去工作机会又无其他生活来源的“三无”人员，可建立城镇生活救济制度。此外，要尽快实现劳保、社保、医保及养老保险的全国联网。劳动保障全域联网问题在一定程度上制约着农民工的合理流动。

当然，上述政策的完善需要理论与实践相结合，需要多方努力制定出更加完善的政策，以促进县域范围内的人口流动。值得注意的是，新型农村社区建设在引导农民集中居住的同时，要充分尊重农民的意愿。

总之，建设新型农村社区的实质是政府遵从城镇化、工业化规律，主导推动城镇化的过程。因此，新型农村社区建设理应成为新型工业化、新型城镇化与农业现代化协调发展的结合点和切入点。同时，新型农村社区建设在“应然”和“实然”层面都具有多样性的特点，由于不同地区经济发展水平的差异，以及自然地理条件、资源禀赋和风俗习惯等各不相同，新型农村社区建设也不可能有统一的模式适用于所有地区。

第二十章
新型农村社区建设带动的就近就地城镇化
——以河南省滑县J社区为例

近年来，随着城镇化的快速发展及土地等资源要素的调整，许多地方政府将农民集中居住作为城乡一体化的重要战略加以推进。通过村庄合并，将农民集中居住，促进农民就近转移就业，促进第二、第三产业的发展。这有利于调整优化农村产业结构，有利于集约节约用地，有利于合理利用资金，尤其有利于提高农村基础设施资金的利用率，有利于改善农民居住条件和提高农民生活质量。农民集中居住，这种形式突破了传统的农民进城的单一城市化模式，符合我国当前农村实际。近年来，许多地方在政府的引导下探索集中居住的模式，如我国浙江省、江苏省等沿海发达地区开展的集中建设公寓型农民小区，天津市的“宅基地换房”，重庆市的“地票交易”，四川省的“拆院并院”，河南省的新型农村社区建设等。

目前，我国的集中居住都是在政府引导下进行的，那么，在政府引导下集中居住是否真正保证了农民的物质利益，是否真正尊重了农民的民主权利，是否真正以人的城镇化为价值目标？对这些问题进行回答是探讨本案例的初衷。本案例的城镇化模式是在政府引导下，双“整合”的基础上，整体推进的农民集中居住。双“整合”是指“土地整合、村庄整合”，整体推进是指村庄统一进行土地流转，统一拆旧建新。

一、研究背景

J社区位于河南省安阳市滑县南部，离滑县县城约1公里。滑县地处豫北平原，县域面积1814平方公里，耕地195万亩，目前下辖10镇12乡1个产业集聚区1019个行政村，总人口数130万人，是河南粮食第一大县，素有“豫北粮仓”之称，也是国家扶贫开发工作重点县和省直管县。J社区始建于2009年，在河南省滑县县委县政府的引导下，以土地流转为突破口，整合土地，整合村庄，统一规划，集中建设，将集聚区内所辖的33个村合并为J社区。该社区共整合33个村12747户，规划建筑面积209.7万平方米，建成后，社区人口规模达5.4万人。J社区目前是河南省规模最大的新型农村社区，先后被河南省住建厅评为“双十佳村”，被河南省委农村工作办公室、河南省农业厅授予“河南省新农村建设十大幸福乡村”称号。

J社区现已建成社区服务中心、幼儿园、小学、中学、便民服务超市、社区卫生室等公共设施。社区服务中心占地30多亩，休闲健身广场和文化广场占地40多亩。社区服务中心设置便民服务大厅（服务内容：党团建设、民政救助、劳动保障、计划生育、家政水电、金融保险、通信邮政等）、计生指导室、图书阅览室、社区警务室、居民学校、党政办公室、居务公开栏、居务监督委员会、棋牌室、健身活动室、网络培训室、文化活动室等。

整合前的33个行政村是以农业生产为主，多数农民靠种地为生。农业基础设施薄弱，生产成本偏高；种植模式单一，农业产业化程度低；农户分散居住；基础设施比较缺乏，农民就医、上学难。

二、J社区的发展变迁过程

1. J社区集中居住的制度安排

（1）建设用地以及拆迁的制度安排

集中居住前的33个行政村共占地9451亩，新城占地2476亩，可节约土地6975亩。节约出的建设用地为滑县产业集聚区建设所用。

2009年，新区管委会制定了《滑县集聚区村庄合并奖励办法》，对农民的旧房屋、宅基地以及拆旧建新过渡期都给予了一定的补偿。旧房多层楼房楼层不同，砖混砖木结构不同，补偿标准也不同。按规定，以每亩3万元的补偿标准对农民进行拆旧建新的补偿，每宅3分地，不够3分的按照3分计算。被拆房屋为多层楼房结构，第一年搬迁的按每平方米200元，第二年搬迁的按每平方米150元，第三年搬迁的按每平方米100元进行奖励。被拆房屋为砖混结构，第一年搬迁的按每平方米150元，第二年搬迁的按每平方米100元，第三年搬迁的按每平方米80元进行奖励。被拆房屋为砖木结构的，第一年搬迁的按每平方米100元，第二年搬迁的按每平方米80元，第三年搬迁的按每平方米50元进行奖励。第四年不再奖补。

除此之外，所有被拆迁户在规定时间内拆迁的，每平方米再奖励50元。对先拆迁的农户，按每平方米3元给予拆迁过渡期费，过渡期为6个月。凡是主动放弃宅院，自愿在新社区居住多层楼房的村民，新规划宅院面积新区以每亩30万元的价格折算现金返还被拆迁户，同时制定居住多层（7层）楼房的优惠政策。多层优惠政策具体如下：（1）多层楼房有130平方米、150平方米两种户型，售价均为每平方米800元，下欠费用按每平方米1000元的标准由新区补贴。（2）多层楼房由新区管委会投资设电梯，免收电梯费，供居民无偿使用。（3）多层楼房的住户终身免交物业费，并赠送门窗，粉刷墙体，水电灯安装齐备（卫生洁具、厨房设施除外）。

J社区拆旧建新实行先建后拆。但搬迁的特点是依靠责任制，统一、迅速。责任制是指产业集聚区管委会与原村党支部签订承诺书，责任人是原村党支部书记，书记承诺带头搬迁，并完成本村的搬迁任务。按规定，村党支部必须承诺完成本村的搬迁工作。除了搬迁承诺外，还有完成集聚区下达的其他任务。例如，J社区某两个村党支部书记2012年签订公开承诺书，承诺书的对象都是集聚区管委会。其中一份公开承诺书的内容包括年内培养2名入党积极分子，至少发展一名党员，引进大项目一个；另一份承诺书的内容包括完成社区建设，安置150名工人进厂务工。

（2）农用地的制度安排

在合村之前，滑县产业集聚区推行的是合地。产业集聚区将33个村的2.5万亩土地统一进行流转，按规定，流转的土地承包权不变，流转的是土地的经营权。流转费按土地质量等级核定，以每年每亩1000斤小麦的价格向农民支付租金。在滑县政府的引导下，产业集聚区成立了新鑫田园开发公司，33个村庄统一流转的土地归新鑫田园开发公司管理。该公司按照“公司化运营、企业化管理、市场化运作”的模式，规划建设农业园区和畜牧养殖园区，包括以生产观光、生态休闲及管理服务为主的2500亩核心区，以粮食生产为主的1.4万亩粮食高产创建试验区，以花木为主的7200亩花木产业区，以养殖为主的900亩养殖区。统一流转的土地耕作权由新鑫田园开发公司交予拍卖公司公开拍卖。

2. 社区建设情况

第一，基础设施规划。在滑县县委县政府的引导下，社区聘请了中国农业大学规划设计院，按照社区农业的模式对社区进行规划，规划社区房屋建设用地、道路、给排水、公共绿地以及其他公共设施、配套设施建设用地。同时，根据农村农民收入水平的差异，对J社区规划设计了联排别墅，多层、高层住宅，廉租房等不同样式、不同面积的居住用房，目的是满足不同收入家庭的住房需求。

第二，多渠道筹集资金。J社区建设资金来源的渠道很多。一期18个村建设所需的13亿元资金包括：整合国家项目资金1.1亿元（水利、教育、交通、建设、林业等），产业集聚区管委会自筹资金1.8亿元（商业街开发收益），整合国有企业资金1.2亿元（电力、移动、通信、广电、天然气等），社会资金2.4亿元（社区医院、餐饮洗浴等城市配套功能建设等），农民自筹资金1.46亿元，争取银行贷款5.1亿元。银行贷款部分包括河南省农行农民新民居贷款2.3亿元（每户贷款5万元），省农业发展银行贷款2.8亿元（拆旧建新节约土地抵押贷款）。

第三，社会保障政策鼓励搬迁。集中居住后，社区居民的户籍性质不变，但是政府对集中居住的村民进行社保奖励性引导。2009年，新区管委会制定了《滑县集聚区村庄合并奖励办法》。主动拆迁的农户，可享受产业集聚区管委会在医疗保险、城镇居民养老保险、子女入学资助等方面的优惠。产业集聚区管委会出资对区内所有老年村民（女性55周岁以上，男性60周岁以上），按每人每月400元的标准发放养老补贴。管委会出资为区内全体村民免费办理城镇居民医疗保险，同时对符合条件的村民办理城镇居民养老保险。

滑县新区管理委员会有文件规定，新区所辖37个行政村常住户口居民的子女入学有资助，具体为:（1）资助对象、范围：具有新区所辖37个行政村常住户口，自2011年起考入全日制专科以上院校的大学生（不含研究生、专升本学生）;（2）资助标准：被清华大学、北京大学录取的学生每人一次性补助50000元，被国家“985”大学录取的学生每人一次性补助20000元，被国家“211”大学录取的学生每人一次性补助10000元，被国家普通一本院校录取的学生每人一次性补助6000元，被国家普通二本院校录取的学生每人一次性补助5000元，被国家普通三本院校录取的学生每人一次性补助4000元，被国家普通专科院校录取的学生每人一次性补助2000元;（3）资助金发放方式：学生凭户口本、身份证、村委会证明、原所在高中证明信、高考准考证、高考成绩单、入学通知书、入学缴费单据的原件复印件进行申报，核实无误公示后，学生本人凭身份证，签名领取资助金。

第四，房屋建设类型多样化。J社区房屋建设类型有联排别墅、多层和高层楼房、廉租房。廉租房主要是针对五保老人、特困户、因病致贫户。按规定，社区实行“一宅一户”，60岁以上的老人需要达到四代同堂才能分户。建设方式有两种，一是统规自建，二是统规统建。住别墅的居民是统规自建。如选择别墅，新区管委会将在规划区域划拨2.9分地，让村民按照统一的设计图纸自己盖房子。多层楼房是统规统建，按规定居住多层的居民享有优惠政策。主动搬迁的居民可享受9万元的补贴。多层楼房有130平方米、150平方米两种户型，售价为每平方米800元。多层楼房的住户终身免交物业费。

第五，居民优先在集聚区就业。管委会规定搬迁的农户可优先在园区内就业。流转土地实行挂牌竞拍方式承包给种粮大户，集中居住农户在同等条件下可享受优先承包权。在同等条件下，集中居住农户在农业核心区内可优先取得日光温室、塑料大棚的承包经营权，优先获得农业贷款扶持。如农民在集聚区企业务工，除每月领取企业所得工资，管委会每月奖励200元生活津贴，连续奖励半年。集中居住农民优先在新鑫田园开发公司农业园区内就业，优先安置在社区保洁、绿化等岗位。

3. 社区治理模式的变迁

集中居住对于农民来说不仅仅是居住地发生了变化，也伴随着经济关系、社会关系、政治关系的社会变迁。J社区在治理主体上也发生了变化。在集中居住前，村庄的治理主体主要是村党支部、村委会。而集中居住后，J社区成立了社区居委会。但调研发现，社区居委会只是个“牌子”，社区的主要治理主体是产业集聚区管委会、原村党支部和村民委员会。

（1）产业集聚区管委会

产业集聚区管委会成立于2005年，其前身是滑县新区，属县委、县政府派出机构。集聚区管委会设十二个职能科室，成立了两家投融资担保公司、一个新鑫田园公司和服装加工园管理办公室。县委县政府成立发展集聚区有其经济社会发展背景。2011年之前滑县经济发展在河南省排位靠后，2011年该县被列为河南省直管县改革试点，2012年国务院批复中原经济区建设，该县有了更多的发展自主权，同时也可以获得更多资源、政策支持，滑县试图借机提高经济发展水平。产业集聚区管委会是在该县致力于发展经济、促进资源要素整合、“按照小机构、大服务和精简、统一、高效的原则”进行体制机制改革的背景下产生的。

产业集聚区具有特殊的职能，“赋予县级权限，实行产业集聚区财政独立单独核算，封闭运行。需上报上一级管理部门审批的事项，由县级主管部门专门为集聚区预留出一部分文号，协助集聚区直接予以报送……免除所辖行政村及村民一切行政性收费，由集聚区出资，每年定期为村民体检身体，交纳医疗保险，对参加养老保险人员、安装有线电视的用户给予补贴，促进集聚区和谐发展”①。

由于资源要素的整合和集中，加上县政府的特殊授权，集聚区管委会成为该社区的主要治理主体。根据滑县县政府的规划，村庄整合、土地整合，集聚区管委会是集中居住要素资源的整合者，是集中居住后要素资源的掌控者，也是包括J社区在内的社区公共服务的供给者。集聚区管委会成立了“三资”②管理代理中心，专门管理33个村的“三资”。具体来说，33个村的2.5万亩土地统一流转，由该集聚区的新鑫田园公司负责规划、管理以及收益。集聚区管委会也是J社区的公共服务的主要供给者，包括社区的公共设施设备提供与维护、社区物业管理以及落实社区的十五项惠民政策。

---

① 摘自产业集聚区管委会内部文件。

② 三资：农村集体资金、农村集体资产、农村集体资源。

社区居民享受的十五项惠民政策

1. 社区干部、小组长、党员每人由产业集聚区管委会出资免费订阅一份党报或党刊。
2. 由产业集聚区管委会出资为社区的男60周岁、女55周岁以上老人免费体检。
3. 为男60周岁、女55周岁以上老人每月发放养老补贴。2012年标准为符合条件的人每月200元。
4. 居民养老保险每人每月补20—30元。
5. 居民医疗保险每人补助20元，大病救助30元，共50元。
6. 社区居民安装数字电视，平移费用产业集聚区管委会负担220元。
7. 社区居民享受夏季降温补助和冬季取暖补助，标准由产业集聚区管委会根据实际情况来定。
8. 具有社区常住户口，并在滑县范围内普通高中、职业高中有学籍的在校生（不包括私立民办学校），普通高中学生每人每年资助1000元；职业高中每人每年资助500元。新入学的大专以上学生，享受一次性助学金，标准按照滑新管字〔2011〕31号文件规定执行。
9. 每年对新入学的本科以上学生，经核实家庭确实困难的进行帮扶，帮扶资金2000元。
10. 居民办理相关证件到社区图书室可免费借阅。
11. 在同等条件下，居民优先在田园公司农业园区内务工就业。
12. 在同等条件下，居民在现代农业核心区内优先取得日光温室、塑料大棚承包经营权，并优先获得农业贷款扶持。
13. 搬入锦和新城后，凡为农业户口、年龄达到18周岁以上且具备分户条件，可申请多层楼房，并享受相应补贴。
14. 居民享受免费办理二代身份证。
15. 对特困弱势群体、天灾人祸造成的家庭贫困，根据需要由慈善基金及时予以救助。

（2）村党支部

村党支部在J社区治理中扮演重要角色，是集聚区管委会在社区各项工作的责任人和落实者。J社区搬迁规模大、人数多。集聚区管委会是新成立的，需要有组织载体来完成各项社区事务，而村党支部拥有原村庄社区的熟人社会关系，了解村民情况。用B村党支部书记的话说，"都一个家族的，搬迁动员起来比较方便，不愿意的，多做做工作"。B村是暴姓大家族，户主99%都姓暴。集聚区管委会利用家族关系，落实完成集聚区要求的全村搬迁任务。B村在村党支部的引导下，仅仅用两个月的时间就完成了全村的搬迁任务。

（3）村委会

J社区的村委会组织结构上还存在，主要人员的构成与集中居住前相比，基本没有发生变化，但是部分职位在称呼以及职责上发生了变化。下面以S村为例看看集中居住前后村委会角色的变化（参见表20–1、表20–2）。根据访谈来看，村民习惯将支书、村长等都称为村干部，这里也将他们都称为村干部。

表20–1　S村集中居住前村干部岗位职责表[①]

职　务	职　责
村支书兼村主任	负责全村的党支部工作，主持全村的行政工作，组织协调村集体企业的管理
副书记兼村会计	负责协助村支书的工作，负责全村的财务工作和各类报表填写、统计等工作
村出纳	办理现金收、付和银行结算业务。及时向村主要领导汇报财务收支情况
治安主任	负责全村的治安工作，协调邻里关系，处理民事纠纷，协助村支书做好全村的维稳工作
妇女主任	主管全村的妇女工作，负责全村的计划生育工作

表20–2　S村集中居住后村干部岗位职责表

职　务	职　责
村主任兼村支书	负责全村的党支部工作，完成集聚区管委会交给的任务，完成村搬迁工作
副书记兼记账员	统计转移支付补贴、高龄保险人数、土地流转租金，通知相关村民去集聚区管委会领取相关补贴
调解委员（2人）	负责全村的治安工作，协调邻里关系，处理民事纠纷，协助村支书做好全村的维稳工作
妇女干部	主管全村的妇女工作，协助集聚区管委会完成计划生育工作

4. 社区居民对集中居住的评价

就近、就地城镇化最重要的是人的城镇化，其出发点和落脚点是保障和改善农民的福利。在既定的经济、政治和文化社会条件以及制度环境下，作为集中居住最重要利益相关者的居民如何看待双

① 表格内容是根据S村村支书访谈资料整理而成。

“整合”、整体推进的集中居住模式，是这种模式推进是否成功的关键因素。调查发现，居民对此有认可的方面，也有表示不赞同或要求改进的方面。下面主要从居民的总体感觉、社区环境、社会保障、社会关系、社区参与、住房状况、经济收入以及就业状况等方面加以分析。

（1）居民的总体感觉比较好，但群体之间有差异

调查数据表明，集中居住后居民总体生活满意度打分为6.875分（分值为1—10分），生活满意度比较高。多数居民认为“路变宽了，有路灯了，环境变好了”。当问及与集中居住前相比，生活状况怎么样时，18%的居民回答比以前好多了，42%的回答比以前好一些，24%的回答和以前差不多，14%的回答比以前差一些，2%的受访者表示比以前差很多。访谈发现，感觉比以前好的居民一方面有意愿有能力改善住房条件，另一方面有就业渠道；而回答不如以前的居民，主要是出于以下几个方面的原因：一是因为集中居住而欠债，二是对就业的焦虑，三是社区四世同堂的住房制度，使一些老年人处于无房居住的境地或代际矛盾无法解决。这说明，集中居住在一定程度上满足了部分农民的需求，但是由于既定的制度条件以及原始的条件，集中居住后，有的居民的生活质量并未得到改善，甚至变得更差。

那么居民对未来的预期又是怎样的呢？当问及3—5年后生活状况会怎样时，4%的受访者回答会好得多，41%的受访者回答会好一些，回答差不多的占10%，而回答差一些或不好说的受访者分别占12%和33%。这说明约45%的居民对未来生活并不看好。究其原因主要有两个方面：一是40后和50后群体的就业问题。集中居住前多数居民稳定地务农，基本的吃饭问题不用担心。而集中居住后，土地没有了，什么都需要买，生活成本增加，加上非稳定的就业方式以及收入，他们无疑会感到担忧。二是非制度化的社会保障。集中居住后社区居民的养老没有制度依据，而是由集聚区管委会根据情况来确定是否有高龄补贴以及补贴多少。

（2）社区的居住环境和配套设施得到改善

集中居住后居民的生活环境是居民福利的重要因素。从调查的情况来看，J社区成立后居民的居住环境得到了比较大的改善。社区实现了绿化、美化、亮化和道路硬化，安装了天然气，实行了污水和雨水管网分离、集中收集，实行生活垃圾的集中收集和集中处理。社区中建有学校、幼儿园、医院、超市、广场、体育馆等，曾经在县城买了房的农户也重回新区买房。多数居民对社区环境、自来水、天然气、生活垃圾处理方式以及超市、银行、医院、学校等表示满意。调查显示，87%的受访者对居住区生活环境"很满意"，12%的受访者觉得"一般"，仅有1%的受访者表示"不满意"。在主要生活环境变化的指标中，受访者对生活垃圾处理方式的变化以及水冲式厕所满意度普遍较高。数据显示，集中居住前，70%的受访者表示用井抽水，95%的受访者用旱厕，98%的受访者回答垃圾随意丢弃，97%的受访者回答生活污水随意排放。

集中居住之后，生活便利性发生了显著变化。集中居住后，超市、公交站、银行、医院、幼儿园、小学等都步行15分钟内就可以到达，而集中居住前，数据显示，相比较而言，去公交站、银行、幼儿园等都较不方便，超过40%的受访者回答去银行需要坐一趟车，约20%的受访者表示去银行需要步行30—60分钟。约20%的受访者回答去医院、幼儿园需要坐一趟车。去超市、小学相对更方便。

（3）居民对老人和儿童等特殊群体的额外资助满意度高

按照集聚区管委会的规定，集中居住后，居民除了享受国家新农保基础养老金外，集聚区管委会出资为J社区的老人（男60周岁、女55周岁以上）免费体检，并且每月发放养老补贴。具体标准2010年是每月50元，2011年涨到100元，2012年是200元，2013年是400元。集中居住前，居民享受的农村养老保险，足龄老人每个月只能得到几十元的补助，集中居住后足龄居民除了能享受国家新农保基础养老金，还能额外得到比较高的补贴，这一政策居民都很认可。原B村一位暴姓居民说："我和老伴今年都65岁了，两个人每个月能领取社区养老金800元，再加上国家给的，一个月1000多块钱已经够我们花了。不给儿子增加负担。现在感觉很幸福。”

集聚区管委会规定，具有社区常住户口，并在县范围内的普通高中、职业高中有学籍的在校学生能得到集聚区管委会的资助，普通高中每人每年资助1000元，职业高中每人每年资助500元。新入学大专以上的学生，能享受一次性助学金。考入不同等级学校的学生享受的资助有差异。调研发现，社区居民对此项政策也很满意，访谈中一位居民说，“这是搬过来后我认为政府做得最好的一件事情”。

（4）人际关系仍属差序格局，社会关系满意度较高

总体上，该社区的人际关系仍是差序格局。J社区房屋分配采取分批随机选取，由于批次基本是按村来进行的，因此无论是选择别墅还是楼房，基本还是原村居民住在一起。尽管传统的地缘和血缘关系发生了一定程度的变化，但是原来的社会关系网络并未发生根本性的变化。而且原村基本都属于大姓村，如B村95%的家庭户主都姓暴，W村88%的家庭户主都姓王。据调查，几乎每个村都有其德高望重的族姓正式或非正式领导，每个村都有约定俗成的人际往来规则。集中居住后，这些规则并未发生实质性的变化，调查发现各个村基本还遵循原村的人际交往规范，只是在形式或范围上有一定程度的改变。B村是暴姓大家族，按习惯原来谁家有个红白喜事都得礼尚往来，家里的人会根据送礼钱的多少自己决定去几个人、吃几顿饭。集中居住后，由于社区空间位置的限制，谁家有红白喜事就摆在社区楼下，由于住得近很方便，刚搬进社区时一家送50元，一家人都去吃，东家的花费成本很高，通常是入不敷出。再加之在社区摆宴席没有那么多位置，因此，有些家庭的红白喜事就干脆低调处理或不公开。怎么办呢？该村开会大家商量采取发票制。谁家要是有红白喜事，一个村干部负责发票，每家只能去一个人，只能吃一顿饭。

该社区的社会关系满意度打分为8.17分（分值1—10分）。问及遇到困难时能否得到邻居的帮助，90%的居民回答是肯定的。当问

及急需日常用品找谁借时，回答找邻居借的受访者占78%。J社区人际关系满意度较高。

（5）社区参与度低

社区参与是公民参与的一种基本形式，社区参与是善治的基础。社区参与是指社区居民依照宪法和法律规定，通过一定的组织或其他渠道，参与社区的政治、经济、文化和社会生活管理，维护居民权利，影响社会公共权力的过程。J社区居民的参与可从集中居住过程的参与、集中居住后社区公共事务的参与以及集中居住后的选举情况来考察。集中居住过程中居民参与可从四个方面来考察，选址类型、房屋类型、建设类型以及补偿方案的参与，集中居住后居民参与可以从社区公共事务的情况以及访谈事件来考察。

表20–3　集中居住过程中居民参与情况

参与类型		本人参与了	家中有人参与	家中无人参与
选址类型	频数（个）	0	0	96
	百分比（%）	0.0	0.0	100
房屋类型	频数（个）	0	16	80
	百分比（%）	0.0	16.7	83.3
建设类型	频数（个）	0	0	96
	百分比（%）	0.0	0.0	100
补偿方案	频数（个）	3	3	90
	百分比（%）	3.0	3.0	94.0

从表20–3可以看出，集中居住过程中，居民的参与率低。关于社区地址的选择、建设类型，在所调查的样本中没有一人参加。在访谈中也了解到，社区地址的选择、建设类型是由集聚区规划设计的，居民没有参与。补偿方案大致的标准是一致的，但是在具体实施过程中，村与村之间有差异。而房屋类型在集聚区定方案时征求了村干部的意见。选址类型、房屋类型、建设类型、补偿方案这

四个方面事关“村转居”社区居民的居住状况，集中居住过程中居民有自由选择和参与的权利。从这个方面来说，村民的参与权利被剥夺了。

集中居住后，居民社区参与也明显不够，所调研的样本中，80%的居民选择了家里没有人参与社区公共事务的讨论，他们没有利益诉求的渠道。

集中居住后的社区选举形式上没有发生变化，都是村民直接投票选举，但是存在假性参与。如B村选举前，村民代表将选票发放到各家各户，在发放选票的过程中，拉票现象也有出现。选举过程有集聚区管委会的监督。通常情况下，集聚区认为能力比较突出的、能拿项目的会被选为村支书。但是村民对谁当村干部已不太关心。在调查谁当村干部的重要性时，42%的村民选择了“不重要”，32%表示“一般”。在访谈中村民这样说：“选举反正也是个形式，选了干部还是不为我们做事，啤酒厂的事情这么久了也没有解决。”

（6）住房满意度评价有差异

社区的选址类型、房屋类型、建设类型以及补偿方案都是在县委县政府的引导下、社区居民低参与的情况下进行的，那么居民在这四方面的满意度怎样？调查样本显示，一半以上的居民对社区地址满意，因该社区离县城很近，到县城、银行、医院、幼儿园、小学都是步行15分钟以内，而在转居前，如双楼等村到县城都得坐一趟车才能到达，转居后居民出行更方便。

但是对于房屋类型，约30%的居民比较满意，约30%表示一般，还有约20%表示不满意。对于房屋类型，该社区有多种形式，包括别墅、多层和高层楼房。对于房屋类型的选择由于选户条件的限制以及集中居住农户经济水平的差异，并不一定都是自愿的选择。多样化的建设方式，资源选择的不平等，可能会导致居民心理的不平衡。对于补偿方案，如果将比较不满意和非常不满意都视为不满意，则不满意率高达58.3%。该社区的补偿方案有两类，第一类是土地流转的居民宅基地的补偿，第二类是土地买断的补偿。国家对于征地补偿以及土地综合整治宅基地补偿没有统一标准，只能是地方政府给定标准。有的农户在农村刚花几十万新建了楼房，这时拆迁，补偿费用大大少于建房成本。集中居住借债新区建房，给农户带来很大经济负担。

（7）经济收入状况欠佳

集中居住后居民的经济收入状况将直接影响社区居民的生活质量。J社区居民经济收入的满意度均值为5.78分（分值为1—10分）。按照1—2分为非常不满意、3—4分为比较不满意、5—6分为一般、7—8分为比较满意、9—10分为非常满意来定义五个等级，13%和31%的受访者表示非常不满意和比较不满意，还有27%的样本回答一般。很显然，多数居民对经济收入评价不高。集中居住后家庭收入显著增加和增加一些的占样本量的8%和36%，有35%的受访者表示与集中居住前收入差不多，但是支出却显著增加，尤其是食品开支大幅增加，约占样本量的92%。因集中居住而负债的家庭数占比为66%，平均欠债为52950元。可见，从短期来看，集中居住并未从总体上改善居民的经济收入状况。

从收入结构来看，集中居住后，居民土地被统一流转，多数农民不再从事农业生产，家庭收入主要是工资性收入，其次是经营性收入。土地流转后的收益仅为固定的租金，而并未参与增值收益的分配。他们也不清楚自己土地流转后经营什么，更不清楚自己的土地流转后的收益。

（8）就业状况较差

在社区调研的过程中，受访者谈得最多的也是最担忧的问题就是就业。在所调查的样本中，就业的满意度均值为5.67分（分值为1—10分），29%的受访者处于未就业状态，其中有部分是没有劳动能力的老年人，有因为照顾孩子或者家庭而自愿放弃就业的妇女，还有一部分是希望就业却没有合适就业机会的劳动力，这部分人约占未就业人群的20%。而就业人群中，就业者平均工作时间为每年8个月，其中工作时间在每年6个月以下的为45%，说明就业群体中非充分就业人数比较多。只有24%的受访者表示有特殊技能，而76%的受访者回答没有特殊技能，且88%的受访者表示没有参加过社区组织的就业培训。进一步问及是否愿意参加社区组织的就业培训，表示愿意参与的受访者占89%。

土地整合后，绝大多数的居民失去土地，75%的居民从事非农职业。失去土地保障的非农就业模式，对许多居民来说存在就业方式的不适应性。非农就业模式对于农民来说非稳定性因素增加，即便是有活干也会有对未来就业的担忧，有49%的居民表示担心未来是否有活干，有53%的样本表示即便有活干也怕赚不到足够的钱。这里影响社区居民对就业满意度评价的因素主要包括两个方面，一是就业不理想，二是就业不稳定。

就业状况影响社区居民对生活满意度的评价。表20–4显示，未就业的群体对生活满意度的评价明显偏低。

表20–4　就业状况与生活满意度的差异

分类	样本均值		ANOVA检验				
	就业	未就业	平方和	df	均方	F	显著性
就业满意度	7.82	3.52	187.94	1	192.87	56.42	0
生活满意度	7.698	6.052	9.75	1	9.27	3.02	0.31

总体上看，居民在J社区集中居住后，总体感觉较好，对社区环境尤其是社区设施以及便利性比较满意，社会关系评价也比较好，社会福利尤其是针对老年人和学生的补助，居民满意度高，但是社区参与、住房类型以及补偿制度、经济收入和就业状况并不乐观，居民的生活质量并未从总体上得到根本改善。我们认为，集中居住和就近、就地城镇化应是公平、有效、可持续的，而最基本的出发点应是保障居民参与和选择的权利。纵观该社区的双“整合”、整体推进的集中居住模式，其实质是资源的集中、权力的集聚，是全能型政府主导下的集中居住。

5. 全能型政府主导下的集中居住

J社区的成立，并非是自下而上的推进，而是自上而下的推进。集聚区管委会是经济权力、政治权力的集聚者，是集中居住的掌舵者和划桨者。主要体现在以下几个方面：

第一，经济权力集中。通过土地整合、村庄整合，将土地、“三资”等重要资源集中到集聚区管委会。集聚区管委会负责被流转土地的使用、收益以及分配，决定集中居住而节约出的建设用地指标的使用。村庄的经济权力也集中在集聚区，我们以B村为例加以说明。B村有1148人，耕地960亩，6个村民组，劳动力600多人，在集聚区上班的约占10%，其余都外出打工。55岁以上的女性村民和60岁以上的男性村民有341人，大概占全村人口的30%，低保户有49人，大概40户，没有五保户。集中居住前，村里没有企业，也没有合作社，村集体所有的只有一所学校、村委会办公室，还有一千来棵树木。2012年转居之后，耕地有200多亩被征用，剩下统一流转给集聚区。集中居住后，村里的学校、办公室以及办公设备、树木等卖了8000多元钱，交给了集聚区“三资”代理中心。被流转的土地，不管其土地是好地还是坏地，以及本年度的收益如何，集聚区管委会统一按每年每亩1100元补助给村民，无增值收益。本村341人的高龄补贴以及低保户的补贴由集聚区按照标准发放，医疗保险全部由农村医疗保险转为城镇职工医疗保险，医疗保险和养老保险费用都是集聚区管委会交的。对于村干部的补贴，支部书记每年7000元，委员每年5040元，也是由集聚区管委会支付。所在社区的物业管理以及相关费用全部由集聚区管委会承担。

第二，政治权力集中。政治权力的集中主要体现在村党支部、村委会是集聚区管委会的类行政组织，集中居住后主要的职能就是完成集聚区管委会交给的任务。集中居住的土地整合、村庄整合是在村“两委”与集聚区管委会签订承诺书的情况下完成的。村庄搬迁的速度之快，有的村庄从宣传到搬迁完毕仅仅用了1个月。这么快的速度是如何做到的呢？主要通过村干部做思想工作。

> 村支书：我们村当时搬进来时有30%的人不愿意搬。他们觉得老院子大，方便，挨着大街。有些屋盖得比较好点。
>
> 调查员：那这些人你们怎么处理呢？
>
> 村支书：做工作呗。
>
> 调查员：怎么做工作呢？
>
> 村支书：他不可能和村里的每个干部都有联系，找关系近一点的做工作。

然而，居民并非都有能力搬迁。在访谈中，了解到该村一村民情况如下：X，男，29岁，现在集聚区一企业帮老板开车，年收入2万元。原村的房子2009年翻新，花了25万元，向亲戚家借了4万元。2010年村组织搬迁，因为家里不符合“四世同堂”的规定，不能享受“分居”，老人也与他们住在一起，家里常住5个人，只能选择联排别墅。当时他很不愿意搬迁，也没有经济实力，但是村干部三番五次到他家做工作，感觉面子上过不去，还是搬了。搬迁到新居花了24万元，借了15万元。现在感觉生活很吃力，现在没地了，什么都要自己买，家里除了61岁的父亲能领取集聚区的400元补贴，其余家庭成员全靠他一个月不到2000元的收入生活。他说如果要是家里哪个生大病了，真是没办法生活。再加上父母住在一起，婆媳关系不好，现在压力很大。没有搬过来之前，在原村和父母是分开住的，他说现在还真是后悔搬过来。

从以上案例和访谈资料得知，村党支部为了完成搬迁任务，通过家族关系做思想工作，没有经济能力搬迁或不愿意搬迁的村民最终碍于面子搬迁了。集中居住前，J社区居民表示不愿意搬迁的比例高达55%，还有24%持观望态度。可见，通过干部做思想工作等渠道完成的整村搬迁并非都如居民所愿。村党支部完成了集聚区管委员交给的任务，但是并没有满足村民的利益诉求，并没有支持和保障村民的权利。从这个意义上说，村党支部的行动逻辑是自上而下的，受集聚区管委会的支配。

第三，集聚区管委会是该社区主要的公共服务的提供者。给社区提供什么样的公共物品，提供多少公共物品，什么时候提供等都由集聚区管委会决定。如该社区的高龄补贴，2010年是每人每月50元，2011年是100元，2012年是200元，2013年是400元。

集聚区管委会掌控着整个社区的资源分配，控制着该社区的建设以及社区未来的发展方向，影响整个社区的治理状况。

居民的利益诉求是怎么处理的呢？下面以S村啤酒厂的补偿为例来讨论。在S村调研的时候，很多村民对村干部、对集聚区管委会有很大的意见，甚至对他们持敌对的态度。20世纪90年代兴建的啤酒厂占用了S村的土地，第一次占地约50亩，补偿给了该地块承包经营权的村民。几年后啤酒厂扩建，又占用了一部分该村的地，有这部分地承包经营权的村民说该得到补偿，但是至今没有补偿。他们去找啤酒厂，啤酒厂说已经给过村里钱了。于是，村民就认为是村干部将这笔补偿费私吞了，或是与村干部关系好的人得到了，他们多次找村干部未果。后来从与村干部访谈中了解到，第二期扩建的土地性质与第一期不一样，这部分是村建设用地，村民不应该得到补偿，这部分费用已用于村内建设。在访谈中，村干部说不理村民，让他们闹。因为这件事情，村民集中居住后遇到各种不适时，也将矛头集中在村干部的身上。在S村调研时，不时听到这样的怨言“万人村，万人坑”“新区新区，心里憋屈”。

可见，村民没有表达诉求的自下而上的通道。社区集中居住速度快、规模大，但村民并不全是有能力、有意愿搬迁的。科层式、指令式方式，将会集聚各种矛盾，影响集中居住的效果。就业矛盾、家庭纠纷、心理调适等都需要有自下而上的诉求通道，需要给予村民社区参与的机会，需要给予村民行使权利的机会。

而集聚区管委会为什么能将资源集聚，为什么成为社区公共服务的主要提供者，这是值得我们探究的。这又回到集聚区管委会成立的背景，滑县GDP在河南省排名靠后，为了抓住中原经济发展机遇，促进经济社会的发展，县政府决定整合要素资源。滑县县政府高度授权集聚区管委会，集中资源要素（经济资源要素与政治资源要素），其根本逻辑是县政府权力的集中。资源和权力的高度集中，使集聚区管委会具有很强的动员和组织能力。政府在滑县J社区的集中居住过程中，既是掌舵者也是划桨者，既是服务的供应者也是生产者，扮演了全能的角色。

三、新型农村社区建设推进集中居住的问题与建议

1. 全能型政府主导下整体推进集中居住应注意的几个问题

J社区的集中方式是自上而下的。集聚区管委会为社区村民提供了一定的惠民政策，在一定程度上满足了村民的需求，尤其是针对老年人的高龄补贴以及对中学生、大学生的学费补助得到了村民的认可。但是因为是非需求导向的自上而下的方式，村民社区参与不足，就业状况、经济收入状况较差，集聚区管委会为社区提供的公共物品的精准性和效率不够。有以下几个方面的问题应注意。

（1）部分居民因集中居住而贫困

集中居住贫困是指因为集中居住，村民经济状况比集中居住前更差的状况，是相对贫困。在既定的补偿制度框架下，从能力和意愿来看，可以将集中居住村民分为四种类型：一是有能力有意愿搬迁的村民，二是有能力无意愿搬迁的村民，三是无能力有意愿搬迁的村民，四是无能力也无意愿搬迁的村民。这里的能力包括集中居住时需要建房或买房的资金，集中居住后能就业能解决自己生计问题的能力。从前面的统计数据看，该社区超过一半的样本表示不愿意搬迁，进一步访谈了解到，由于新社区的硬件比原村庄好很多，从这个层面上说他们是愿意住在新社区的。初次搬迁需要的资金以及搬迁后就业是这个社区村民面临的最大的问题，也就是在表示不

愿意搬迁的受访者中，无能力有意愿搬迁的村民比较多。

J社区有两栋未装修的联排别墅分属两户村民。其中一村民因建楼借了8万元，他说，装修怎么也得花4万元或5万元，实在是拿不出来。当初不想搬，但是村干部做工作，还是搬了。失去土地后，家庭由原来的稳定收入转为非稳定的收入，两个孩子正在上学，两口子都40多岁，没有特殊技能，社区也没有组织就业培训，两口子只能打零工，收入不稳定，就业无保障，于是想着准备在家开个小饭店。两个孩子上学一年得开支一万多，家里生活开支、人情往来等得开支近万，还有借款，他感觉压力很大。通过问卷调研发现，该社区因为集中居住而借款的农户占了所调查样本的66%。在因为集中居住而借款的居民中，平均借款为52950元，借款最多的是30万元，最少的是5000元。可见，由于非渐进的制度变迁，在既定的制度框架下，许多村民没有能力搬迁，失地又失业，因集中居住而陷入贫困。

（2）政府、村集体、农民之间的利益分配关系

党的十八届三中全会《决定》提出，“建立城乡统一的建设用地市场……建立兼顾国家、集体、个人的土地增值收益分配机制，合理提高个人收益。完善土地租赁、转让、抵押二级市场”，让农民也能分享土地的增值收益。城乡一体化过程是经济社会的巨大变迁，本质上是利益格局的调整，利益的交汇点是农村的土地[①]。土地的整合、村庄的整合其实质上是土地等资源要素的调整，是相关利益者利益的整合。该社区集中居住前，土地并未确权，居民不知道土地流转给了谁，也不知道15年到期后土地是否还属于自己，如果还属于自己，那么又如何分配。居民更不知道被流转的土地拍卖的价格以及收益。

土地整合、村庄整治可以节约数量可观的土地，但缺乏健全的利益分配机制。调查发现，政府运用土地增减挂钩政策，将节约的土地通过增减挂钩等形式变成城市建设用地。国家和河南省的有关

---

① 张晓山等：《构建新型城乡关系》，社会科学文献出版社，2014年。

政策均要求村庄整合节约出的土地首先应复垦为耕地，其次给今后的农村发展留下足够的非农建设用地空间，最后节约下的指标才可以转为城市建设用地。但在实际操作中，J社区所节约的土地主要为政府所用。农民除了得到较低的补偿，并未参与土地的增值收益分配。

农民被流转的土地由新鑫田园公司统一管理，主要划分为现代农业园区、花卉园区、畜牧园区等，而农民得到的是一亩900斤小麦的固定租金。表面上看，农民所得到的并不低于自己种植小麦的收入，但是在一定条件下农民自己也同样会调整种植结构，甚至发展观光、休闲农业，农民把土地流转给公司后虽获取了可观的租金，但也意味着失去了进一步调整土地使用方向的机会及相应的收益。

（3）“四世同堂”制度可能会增加家庭矛盾

集聚区管委会规定，严格实行“一户一宅”的政策，在原村有通过审批的宅基地的才能在社区有一住房，老人不符合“四世同堂”标准的，与孩子一起居住。就是这一规定，使很多老人失去了独立的住宅，与子女住在一起。老人如果有多个孩子，就轮流住在孩子家。这样由于生活习惯、轮流开销等问题，造成了很多家庭矛盾，甚至有由于生活习惯不同而导致老年人独住车库的案例。下面是B村某二老的苦衷。

暴××老人74岁，患有高血压和肠胃病，老伴70岁，身体很好。根据新区的优惠政策，老两口每人每月能领到400元养老补助，加上老伴每月60元的养老保险，每月一共能领到860元养老金。暴××老人从1969年开始在当时县里的科技中学教农业技术，“文革”后回到B村担任小学教师，直到1999年退休，现在暴××每月能领到2248元退休工资。这笔钱在农村足够两位老人生活开销了。在搬进新区之前，两位老人在老院子里和三儿子分开居住，大儿子和二儿子在同村，住得很近，也方便照应，因此老两口生活一直很轻松自在。

搬进新区之后，由于“一户一宅”政策，且不符合“四世同堂”的条件，新区没有分给老两口住房指标，他们开始跟着三个儿子轮流居住，一个季度换一次。以下是对老人的一次访谈记录：

老人："这是他们家，老伴我俩就是借宿在这里。"

调查员："你们不愿跟孩子一起生活吗？"

老人："这是儿子儿媳他们自己的家，不是一代人居住在一起很不方便，上个厕所都不方便，生活习惯也不一样，怕儿媳妇看不惯……轮流居住在几个儿子家里，没有家的感觉，哪里都是家，哪里又都不是家。平时家里吃饭、水电费、孩子买零食等开销都是我们支付。没办法，我们没地方住，住在孩子家不能白吃白喝啊！……老伴跟我商量好几次了，说要不去找找村长，即使花点钱也行，只要能给我俩分个住的地方，我们跟着儿子，像要饭的。"

在另一户调研时，一村民开口就说："我现在最大的心愿就是家里婆媳关系搞好。以前在老家各自住，没有那么多矛盾。现在不符合新区'四世同堂'的规定，住在一起。我妈与我媳妇三天两头地闹矛盾，搞得我很头疼。"

在制定相关政策时，村民没有参与机会，集聚区管委会指令式的自上而下的治理方式，增加了家庭矛盾。

（4）多样化的住房类型，可能会导致新的邻里矛盾

集聚区管委会考虑到村民家庭经济条件的差异，所以规划住房类型有联排别墅、多层和高层楼房。目前高层还没村民入住，除了制度限制外，住在多层的村民多数的确是经济条件相对较差的。这样人为将村民分为三六九等，住在多层的居民感觉更自卑，不愿意与住在联排别墅的人交往。房屋的增值价值不等，也可能带来矛盾。据村民估计，联排别墅目前市值60万元左右，而多层楼房的增值收益很显然不如联排别墅。集聚区管委会自上而下的安排，影响集中居住的效果。

（5）社区自治能力减弱

集中居住后，资源和权力的高度集中，使集聚区管委会具有很强的动员和组织能力，社区秩序完全依赖于行政控制的力度，社区

生活几乎完全依靠行政驱动。集中居住后，多村合并的社区随着熟人社会性质的变迁，本身已缺乏自治的基本条件，在这个社会化的过程中，自上而下的指令式治理方式，最终将可能导致社区自治和自组织能力减弱。

（6）缺乏制度供给

集聚区管委会作为社区治理规则的制定者，也是公共服务的提供者，还缺乏有效的监督机制。对社区的惠民政策没有形成制度依据，只是口头上的承诺，随意性比较大，甚至是“走着瞧”的规则，村民缺乏安全感。下面是对B村书记的访谈记录：

调查员：给农民高龄补贴，这钱哪儿来的呀？

B村书记：新区政府，明年经济好的话，可以涨到每人每月800元，2010年是50元，然后2011年涨到100元，2012年200元，2013年是400元。

调查员：这个会发到老死吗？

B村书记：嗯嗯，会发的。

调查员：现在有些人担心这个钱会不会一直发下去，还有就是农民预期明年会翻一番，你们能保证吗？

B村书记：应该能。

调查员：这个钱是怎么定的呢？

B村书记：新区开会领导班子定的。

调查员：流转土地每年1100元钱的粮食补贴标准会不会随着田园公司的收益有变化呢？

B村书记：那以后他们再说。根据将来形势发展，也许会涨。暂时管不了这事。根据物价上涨，有可能上涨。

我们认为，由于集中居住是在政府引导下进行的，多村合并、集中居住、社区治理需要政府引导是合理的，也是必要的。但是集中居住要着眼于公平、效率、可持续原则。集中居住的意义在于重新整合资源，实现工业化、信息化、城镇化，同步推进农业现代化，推进社区治理体系和治理能力现代化，实现经济社会发展与人的发展的利益契合。在资源整合的过程中，资源结构的调整以及相对规模的集中也是合理的。但是资源的整合，是需要时间和方法的，是需要在尊重村民的基本权利的基础上、在满足村民物质需求的基础上进行的。而该案例中，行政主导下的治理策略是自上而下，没有自下而上的信息渠道，村民没有权利和机会去表达自己的利益诉求，社区的公共服务提供没有更直接地回应村民的需求偏好，因此产生了一些弊端，如出现集中居住后陷入贫困、增加家庭矛盾和邻里纠纷、社区自治能力减弱等问题。

2. 优化集中居住的几点建议

就近、就地城镇化是一个崭新而又复杂的课题。农民在一定程度上集中居住是趋势，但是农民什么时候集中居住、多大范围集中居住、以什么形式集中居住，还未有标准。为了避免运动式、激进的集中居住，需从增加农民福利、增加农民收入、保障就业、提高公共服务水平、集约节约用地、农民参与度等方面制定必要的标准，防止集中居住盲目推进，使集中居住稳步、有序进行，真正体现新型城镇化在引领“四化”协调发展方面的作用。

（1）资产确权，让农民分享土地增值收益

保障农民的合法权益，在土地整合、村庄整合前将农民资产确权。这里的资产包括土地等集体资产。通过土地等资产确权、登记、颁证，将集体资产量化到个人，使农民真正成为资产的主人，还权于农民。《宪法》规定，农村土地属于集体所有。但这个集体到底指的是谁，谁来代表集体行使各项权能，目前的法律并未很清晰地界定。正是集体这个概念的模糊性，使得在土地整合过程中许多地方集体资产变成了村干部所有，村干部在信息不透明的情况下受经济利益的驱使，就有了寻租行为的可能。

在确权的前提下，政府应鼓励和支持土地流转。土地流转可以是通过土地信托中介服务中心进行的，服务内容可包括土地信息咨询、供求登记、项目推介、中介协调、合同签订、跟踪服务等。整村集体大规模的土地流转应该保护好农户的利益，让农民有知情权、参与权和监督权，不能违背农民的意愿。一些地方的做法可以借鉴，如成立村民理事会或村民代表会，会员由村民选举产生，这样农民与村集体、企业等之间就有了沟通机制。政府应探索农民入股被流转土地的制度，根据制度安排，让农民成为被流转土地的股东，参与分红，让土地变为资产，确保农民的长期收益。

此外，农民除了得到拆迁补偿，还应该分享土地开发的增值收益，这里的土地指被节约的建设用地或被征用的土地，要让农民有分享土地增值收益的机会。在信息透明的情况下，收益的比例可量化，让农民有可持续的发展能力，也是对农民财产权的保障。被流转的土地也应该在制度上有所保障，确保被流转土地的用途以及收益分配合理合规合法，防止农业用地非农化。

（2）循序渐进地推进集中居住

集中居住不仅是居住地点的变化，更是经济关系、政治关系、社会关系的巨大的社会变迁，是一个长期的系统的过程，不可能一蹴而就。为了方便，简单行事、快速整村推进的办法是不符合实际规律的，也是不科学的。

首先，应该科学规划，在制定规划方案时应该有农民代表的参与，包括社区的选址、房屋的类型、社区规模、基础设施、娱乐场地等多方面的内容。

其次，分层分类赋予农民更多选择去留的权利。农民搬迁的意愿在很大程度上影响集中居住的效果。根据前文意愿和能力维度的分类，大致将农户分为四类，一是有意愿有能力的农户，二是有意愿无能力的农户，三是无意愿有能力的农户，四是无意愿无能力的农户。在同等享受社保的同时，应给予农户更多考虑的时间和鼓励条件。对于有意愿无能力的农户，政府可以通过和银行连接建立无息或低息贷款机制，或提供廉租房。由于新社区大多环境好于原村庄，其实在有能力的情况下，如果补偿可接受、就业有保障，多数农户会选择搬迁。根据理性人原理，如果搬迁后的收益好于不搬迁，通常情况下农户会做比较而选择有利于自己的行为。如果因为集中居住而使居民陷入贫困，这种贫困不管是暂时的还是持续的，都有悖于集中居住、城镇化的初衷。

最后，创造良好的就业环境和就业渠道。建立培训体系，给居民创造更多的就业机会和渠道，打造适合该群体该地方的职业孵化基地，让居民有事可做、有钱可赚。同时，可建立居民的就业信息系统，了解居民的就业状况，及时跟踪居民的想法。只有基本的生计问题解决了，农民的生活质量才有可能提高。如果只有社区硬件环境得到改善，而居民生活无来源，环境再好的社区也无法吸引农民搬迁，如本案例部分居民对社区“新区新区，心里憋屈”的感受。

（3）保障社区居民的参与权利

保障农民的物质利益，尊重农民的民主权利并不是口号，而是需要通过社区居民的参与来保障的。在本案例中，我们看到对拆旧建新的补偿制度，政府花大量人力成本、资金成本提供的住房类型，居民的满意度并不高。很多事情居民不知道、不了解，这势必会导致一些矛盾。首先，在制度上需建立农民参与机制，农民应该完全了解集中居住的整个过程。对于社区地址在何处、房屋采取什么建设类型、如何选房、时间安排、补偿制度、过程的监督、项目验收评估等，农民都应有知情权、参与权、监督权、决策权。我们建议探索建立满意度评价和信用评价机制，建立健全相关法律体系，使居民的社区参与对土地整合、村庄整合的整个过程有民主制衡能力。其次，集中居住后，政府要保障社区居民对居委会或村委会的选择权。J社区是多村合并型社区，尽管该社区名誉上成立了居委会，但是该社区规模大、集中的村多，总体上属于非熟人社会，没有选举的基础。

党的十八届三中全会通过的《中共中央关于全面深化改革若干重大问题的决定》规定，要强化权力运行制约和监督体系，“坚持用制度管权管事管人，让人民监督权力，让权力在阳光下运行，是把权力关进制度笼子的根本之策”，“创新社会治理，必须着眼于维护最广大人民根本利益，最大限度增加和谐因素，增强社会发展活力，提高社会治理水平，全面推进平安中国建设，维护国家安全，确保人民安居乐业、社会安定有序”。而要维护村民的利益，最根本的就是要有自下而上的信息通道，要以满足农民的需求为导向。也就是政府的治理价值观要在制度保障的情况下，以保障村民的基本权利为基点，从村民的实际出发，让更多的村民参与到社区的治理中来。只有权利机会公平，才能保证治理的效率，才可能持续发展。

（4）建立服务型政府

集中居住是在政府的引导下进行的，地方政府的角色定位对于集中居住的效果有很大的影响，如果政府高度集权，一切从政府的利益出发而忽视其他治理主体的利益，治理方式是自上而下的领导式模式，社区治理的效果就会差。这里的政府角色包括两个方面：一是政府的治理价值观，二是政府的职能。

政府的治理价值观是指在治理过程中，政府所持有的态度、期望。治理价值观是治理行为选择的基础，是掌舵者，把握航向。在同一条件下，不同价值观的行动者会产生不同的行为。政府的治理价值观同样如此，持有不同治理价值观的政府对于“村转居”会有不同的政策、制度以及其他资源导向的行为。美国学者理查德・C.博克斯（Richard C. Box）认为，社区治理模式的选择，最关键的是社区领导选择怎样的社区政策导向和社区发展态度。政策导向的选择最终会左右地方领导者的治理价值观，决定政府对公民的态度和与公民的关系[①]。他认为，美国的社区发展故事就是美国公民与他们所选择的管理者之间形成不确定或不一致的关系的故事，谁应该行使合法的权威以及出于什么样的目的行使权威？在形成和决定正式的管理结构时，在选择采取什么行动时，以及决定谁将从公共行动

① 理查德・C.博克斯：《公民治理：引领21世纪的美国社区》，孙柏瑛等译，中国人民大学出版社，2014年。

中获得利益，或谁将为公共行动支付成本时，普通公民的角色和作用是什么？政府应该向哪些群体或个体负责？他同时指出了治理价值观不同的三种类型政府，即地方控制型政府、小而富有回应的政府、作为顾问的政府。意识形态及其价值体系最有可能成为制度最核心的要素，其次才是规则和规范①。

从职能上看，政府角色有两类，一是全能型政府，二是服务型政府。全能型政府的职能模式是政府通过指令性计划和行政手段进行经济和社会管理，政府是全能型的，政府同时扮演了生产者、监督者、控制者的角色，其为社会和民众提供公共服务的职能和角色被淡化。政府的价值观主要侧重于政府本身的利益。而服务型政府是一个为社会提供公共产品和服务的角色，是合理分权而不是高度集权的政府，是法制和高效的政府。在集中居住的过程中，不同的地方政府，持有不同的价值观和职能角色定位，对集中居住的效果有极大的影响。具有服务型政府角色的地方，从满足社区居民利益出发的地方，居民的满意度会更高，而政府的管理也更高效。

（5）建立健全农民集中居住的政策和制度体系

农民集中居住是实现城乡统筹发展和“三化”协调发展的重要手段，但农民居住和生活方式的转变是一个渐进的长期的过程。集中居住、要素资源的流动以及一系列的相关利益问题需要制度保障，如居民的产权问题、补偿问题、土地流转后收益分配问题、集体资产的处理、房屋建设类型、房屋类型、社区公共服务、配套基础设施、社会保障、就业、社区参与等。布罗姆利认为，制度决定了个人的选择集。个人的最大化行为是被界定在选择集的一种最大化选择。②笔者曾调查过成都市RQXC社区，由于成都在产权改革中，对集体土地所有权、集体建设用地（宅基地）使用权、土地承包经营

① 李汉林等：《组织和制度变迁的社会过程——一种拟议的综合分析》，载《中国社会科学》2005年第1期。

② 丹尼尔·W. 布罗姆利：《经济利益与经济制度——公共政策的理论基础》，陈郁、郭宇峰、汪春译，上海三联书店、上海人民出版社，1996年。

权、林权、房屋所有权进行了确权，农民拿到了“四证”[①]。这“四证”不仅可以作为得到银行贷款的抵押，更为重要的是通过“四证”，农民可以降低对宅基地复垦后利益受损的担心，弱化了农民对土地的执念。

制度的差异直接影响集中居住的效果，直接影响社区民主实现状况、经济状况、社区居住环境、住房状况、就业状况、社会保障以及总体生活感受。在RQXC社区所属的成都市，有专门针对集中居住社区的一系列制度，如集中居住前的确权政策，有《关于加强耕地保护进一步改革完善农村土地和房屋产权制度的意见（试行）》《成都市集体土地所有权确权、登记暂行规定（试行）》《成都市集体土地所有权和集体建设用地使用权确权登记实施意见》等，对农村集体土地所有权和使用权、农村房屋产权进行确权、登记、造册，要求明晰农村土地财产权（包括所有权和产权关系）。《成都市征地补偿安置办法》明确了农村集体建设用地使用权、农村房屋和农村土地承包经营权可用于抵押融资，明晰了居民最关心的产权关系，保证要素资源的有序流动，还防止了干部的权力寻租等行为。

同时，该市各级政府还针对转居后的社区公共服务、提高居民生活质量、入住管理、自治组织的设置和行使民主权利、物业管理等制定了一系列的政策，形成的政策文件如《关于深化城乡统筹进一步提高村级公共服务和社会管理水平的意见（试行）》《成都市公共服务和公共管理村级专项资金管理暂行办法》《关于进一步提高农民集中居住质量的意见》《关于农民集中居住区入住管理的试行标准》《成都市农村集中居住区物业管理规范化建设指导标准（试行）》《关于农民集中居住区群众自治组织设置和保障群众行使民主权利的指导意见》《社区自治章程》《议事会成员考评办法》《议事会成员联系群众制度》《公益银行积分办法（试行）》。政府作为掌舵者，在这

① 国有土地使用证，建议用地规划许可证，建议工程规划许可证，建议工程施工许可证。

一系列的制度框架下，促进土地、人以及资金等要素资源的流动，保障“村转居”居民的物质利益。

从某种程度上说，J社区集中居住所面对的困难正是其相关政策和制度改革滞后的反映。因此，要改善集中居住的效果，需要进一步深化各项改革，建立健全集中居住的政策和制度体系。

四、结语

本案例是在政府引导下进行的双“整合”、整体推进的农民集中居住模式。J社区整合前的33个行政村是以农业生产为主，多数农民靠种地谋生。农业基础设施薄弱，生产成本偏高；种植模式单一，农业产业化程度低；农户分散居住；基础设施比较缺乏，农民就医、上学难。从以上情况来看，我们认为，出于改善生产生活条件考虑，农民集中居住是有必要的。

但是，J社区集中的特点是规模大、速度快，在整个集中居住过程中，社区居民参与度不高，政府扮演了全能的角色，权责不清，大部分居民并非主动积极搬迁。即便社区的硬件环境以及生活便利性比集中居住前得到了很大的改善，但是总体上，最事关居民基本生活保障的经济收入、就业状况等没有得到根本改善，甚至存在比集中居住前还差的情况。居民对未来生活的信心并不高。因此，从增进农民福祉，提高居民生活质量的视角看，政府引导下的双“整合”、整体推进的农民集中居住模式并没有达到理想效果。我们认为，集中居住应该是循序渐进地推进，应有健全的政策和制度体系，以保障居民的财产权和生存权为前提，对农民的资产进行确权，合理地允许农民参与土地等资产的增值收益分配，保障居民的民主参与权利，赋予居民更多自由选择的权利。在这一利益博弈的过程中，政府应改变价值观，建立服务型政府，维护最广大农民的利益。就近、就地城镇化符合我国的基本国情，新社区—城镇化的道路是可行的，但一定要以人的城镇化、以提高农民的福祉为终极目标。